카네기 인간관계론

카네기 인간관계론

2021년 4월 15일 1쇄 발행
2024년 6월 10일 3쇄 발행

저   자 | 데일 카네기
편   역 | 이승원
발 행 인 | 이규인
발 행 처 | 도서출판 창
편   집 | 이안
등록번호 | 제15-454호
등록일자 | 2004년 3월 25일
주   소 | 서울특별시 마포구 대흥로4길 49, 1층(용강동 월명빌딩)
전   화 | (02) 322-2686, 2687   팩시밀리 | (02) 326-3218
e - m a i l | changbook1@hanmail.net

ISBN : 978-89-7453-454-7 (03320)
정가 14,000원

ⓒ 도서출판 창

Dale Carnegie

상대의 마음속에 강한 욕구를 일으키게 할 수 있는 사람은 만인의 지지를 얻는 일에 성공하고, 할 수 없는 사람은 한 사람의 지지자를 얻는 데도 실패할 것이다! 자기의 장점이나 욕구를 잊어버리고 남의 장점을 생각하도록 하자. 그렇게 되면 아첨 따위는 전혀 쓸모가 없는 것이 되어버릴 것이다. 거짓이 아닌 진심으로 칭찬을 하도록 하자. 진심으로 아낌없이 칭찬을 주자!—자기 집 문간이 더러운 주제에 눈 쌓인 옆집 지붕을 시비하지 말라.

카네기 인간관계론

데일 카네기 지음 | 이승원 편역

How To Win Friends And Influence People

창
Chang
Books

친구를 얻고 사람을 움직이는 방법

데일 카네기는 미국의 미주리주(州)의 농가(農家)에서 태어나 주립(州立) 사범대학에서 공부했다. 그 무렵 그는 이상한 열등감에 사로잡히고 고민에 빠져 있었으며 그것을 극복하기 위해서 변론법(辯論法)을 연구하였다.

그는 대학 졸업 후, 교사·세일즈맨·회사원·잡상인 등의 잡다한 일에 종사한 경험이 있다.

1911년에는 뉴욕 연극연구소(演劇研究所)에 들어가 지방순회 극단에 소속되기도 하였지만 별로 취미를 못 느끼고 뉴욕의 트럭회사에서 세일즈맨을 시작했다. 그러다가 그는 자기에게 가장 적합한 일은 역시 대학 시절에 연구한 〈변론술〉이라는 것을 깨닫고 〈YMCA 변론술〉 강좌를 담당하기로 하였다.

처음에는 하룻밤에 2달러의 보수밖에 얻을 수 없었으나 차차 강좌의 수강자가 늘어 하룻밤에 30달러의 보수를 받았다. 그는 비로소 성인 교육에 대한 자기의 적성(敵性)을 발견한 것이다.

이 책은 데일 카네기(Dale Carnegie)의 저서 『HOW to Win Friends and Influence People(어떻게 친구를 사귀며 사람을 다루는가)』이다.

나는 이 책을 쓰기 위해 신문·잡지·재판기록 등의 많은 자료와 심리학, 철학 그 밖에 인간관계 서적을 일 년 반 동안이나 수집했다. 그리고 각계각층의 명사를 만나 직접 그 대화를 채록하기도 했다.

그리고 나는 오랫동안 '사람을 움직이는 법'에 대한 강습회를 개최해 왔다. 미국 내뿐만 아니라 유럽 곳곳의 도시로 출장을 다녔고, 전기·전화회사 등의 초청을 받아 사원들의 연수교육을 맡았다. 처음 강습회를 시작할 무렵, 강의에 필요한 교재를 찾았지만 쓸 만한 책을 구할 수 없었기에 내가 직접 교재를 만들겠다고 결심했다.

이렇게 마련한 자료를 기초로 하여 나는 〈친구를 얻고 사람을 움직이는 법〉이라는 짤막한 강연 초고를 준비하였다.

나는 그것을 '짤막한' 것이라고 불렀다. 그것은 처음에는 짤막한 것이었지만 지금은 한 시간 30분이나 걸리는 꽤 알찬 내용의 강연거리가 되었다.

지난 수년 동안 계절이 바뀔 때마다 뉴욕에서 열리는 카네기 연구소 강습회에서 성인 남녀들에게 이 강연을 들려주었다. 강연이 끝난 다음 수강생들에게 나아가서 직접 사업이나 사교적인 접촉에서 들은 바를 시험해 보고 다시 강의실로 들어와 그들이 겪은 경험 또는 성과를 이야기해 보도록 하였다.

그것은 꽤 재미있는 숙제거리였다.

자기 발전을 갈망하는 이들 남녀는 이 새로운 실험실 — 이 세상에서 최초이며 유일한 인간 관계 실험실 — 에서 배운다는 생각에 크게 매혹당하고 말았다.

이 책은 일상적인 의미에서 말하면 '저술'되었다고 말할 수 없다. 이 책은 어린아이와 마찬가지로 성장하였으며 실험실(實驗室)과 수천 명의 경험 속에서 자라고 발전되어 나온 것이다.

몇 년 전만 해도 우리는 우편엽서만 한 조그만 카드에 몇 가지 원칙을 프린트한 것으로 출발하였다. 그다음 계절에는 카드가 조금 커졌고, 그다음에는 전단(傳單)만 해졌고, 그다음에는 몇 권의 조그마한 책자가 되어 그 부피는 점차 범위가 확대되어 갔다.

그 이후 15년에 걸친 실험과 연구의 결정으로 이 책이 나오게 된 것이다. 이 책 속에 게시된 원칙은 단순한 이론이나 추측의 산물이 아니다. 이들 원칙은 신통할 만큼 잘 들어맞는다. 사실같이 들리지 않을지 모르겠지만, 그 원칙을 적용함으로써 여러 사람의 생활에 문자 그대로 혁명을 가져오는 것을 나는 목격하였다.

사회는 여러 사람이 어우러져 사는 공동체적인 삶의 터전이다. 그러므로 인간관계의 중요성을 인정하지 않을 수 없다. 이토록 중요한 것을 학교에서는 가르쳐주지 않는다.

이로 인해 사회 초년생 또는 기성세대들이라 하더라도 사회에서 실패와 좌절을 겪는다. 많은 사람 중 단지 몇 명만이 인간관계를 조정하는 원리를 일깨울 뿐, 대부분의 사람은 평생 그 비결을 알지 못한 채 생을 마친다.

나는 요즘같이 눈부시게 진보하는 현대 사회에서 인간관계를 조정하는 원리를 찾았고 아울러 풍부한 경험과 실례를 들어 알기 쉽게 그 원리를 설명하고자 했다.

인류 역사를 살펴보면, 동서고금 현자들의 가르침 대부분이 바로 인간관계를 조정하는 방법들이다. 그러므로 내가 설명하고 있는 원리는 새롭거나 심오한 것이 아니라 오히려 진부할지도 모른다. 그렇지만 당장 내일부터라도 실천할 수 있는 구체적인 실용성, 현자들의 옛 진리를 현대에 알맞게 구성한 생활법 등, 그 효용에 있어서만큼은 실로 귀중한 가치를 지니는 것이라고 확신한다.

어쨌든 나는 오랫동안 전해 내려온 심오한 사상을 설명하는 것이 아니라, 다만 현대 사회를 살아가는 우리에게 꼭 필요한 생활 테크닉을 전하고 싶을 따름이다.

데일 카네기

출세의 지름길

—토마스 로우얼

　지난 1월 몹시 추운 날 저녁, 2천5백 명의 남녀가 뉴욕에 있는 펜실베이니아 호텔의 큰 강당으로 몰려들고 있었다. 일곱 시 반에 이미 모든 좌석은 다 차 버렸지만, 여덟 시가 되어도 찾아드는 군중은 끊이질 않았다.

　그 넓은 발코니까지 사람들로 들어차고 드디어는 호텔 로비까지 입추(立錐)의 여지가 없이 꽉 차 버렸다.

　하루의 격무(激務)에 시달린 수백 명의 사람이 피곤도 잊은 듯이 그날 저녁, 한 시간 반 동안이나 선 채로 무엇인가를 구경하려고 하였으니 그 구경거리란 대체 무엇이었을까? 패션쇼? 6일간의 자전거 경주, 아니면 영화배우 클라크 게이블이라도 나타나는 것일까?

　그런 것이 아니라, 이 사람들은 신문 광고 하나를 보고 이렇듯 이곳에 몰려든 것이다.

　이틀 전, 석간지 〈뉴욕선〉에 실린 다음과 같은 전면 광고를 보자 호기심이 생겼던 것이다.

"수입을 늘리고 화술(話術)을 배우고 인간 통솔법(人間統率法)을 터득하고자 하는 분은 모두 모이시라!"

무슨 수작들이냐고 무시해 버리기가 십상이다.

그러나 어쨌든 이처럼 닳고 닳은 도시에서 더구나 주민의 20퍼센트가 정부의 구제에 힘입어 살고 있는 이같은 불경기 중에 2천5백 명이나 되는 많은 사람이 그 광고를 보고 펜실베이니아 호텔로 몰려든 것만은 사실이다.

특히 주의해야 할 점은 상기의 광고가 대중적인 신문이 아니라 뉴욕 시에서도 가장 보수적(保守的)인 석간지 〈뉴욕선〉지(誌)에 나왔다는 점이다. 그리고 모여든 모든 사람들은 경제적으로 보아 비교적 상류층에 있는 회사 중역이나 고급 사원 및 정신적인 전문직에 종사(從事)하는 인사들로서 1년 수입이 2천만 내지 5천만 달러나 되는 사람들이었다.

이들 남녀는 초현대적이고 초실용적인 〈상업상의 화술(話術)과 인간 통솔법〉이라는 제목의 과정을 듣기 위해 온 사람들이다.

이 과정은 데일 카네기 웅변 및 대인관계 연구소에서 주최한 것이었다. 그러면 이 2천5백 명의 사람들은 왜 이 자리에 온 것일까? 불경기 때문에 많은 교육을 받아야 되겠다고 생각했기 때문일까?

그렇지는 않을 것이다. 왜냐하면 이와 똑같은 과정이 24년 동안, 계절이 바뀔 때마다 뉴욕에서 대성황리에 실시되어 왔기 때문이다.

그동안 데일 카네기가 훈련시킨 실업가며 기타 전문 직업인의 수는 1만5천 명이 넘었고 심지어 웨스팅 하우스, 전기 제품회사, 멕로우 힐 출판사, 브루클린 유니언 가스회사, 브루클린 상공회의소, 미국 전기기술 연구소 및 뉴욕 전화회사와 같은 크고 의심이 많은 보수적인 단체에서 그들의 사원과 간부들을 위하여 카네기 초빙(招聘) 강좌를 마련해왔던 것이다.

초등학교, 고등학교, 혹은 대학을 졸업한 지 10년에서 20년씩이나 된 사람들이 이 훈련을 받으러 왔다는 사실은 우리 교육제도의 근본적인 결함을 여실히 말해 주고 있는 것이다.

이들 성인(成人)이 배우고자 하는 것은 무엇일까? 이는 매우 어려운 질문이며, 그에 대한 해답을 찾고자 시카고 대학, 미국 성인교육협회, YMCA 연합학교가 합동으로 2만5천 달러와 2년이라는 세월을 들여 실태조사(實態調査)를 시행하였다. 그 실태조사의 결과 성인의 가장 큰 관심사는 건강이라는 것이 밝혀졌다. 또한 성인의 제2의 관심사는 대인관계 기술을 발전시키는 데 있다는 것도 밝혀졌다. 즉 타인과 어떻게 잘 어울리며 어떻게 사람을 잘 다룰 수 있는가를 배우고 싶어하는 것이다.

무슨 웅변가가 되려고 하는 것도 아니고, 어려운 심리학 이론의 강의를 듣고 싶어서도 아니다. 그날그날 사업과 사교, 가정에 직접 활용할 만큼 충고를 얻고자 함이다.

모든 성인 남녀가 원하는 것은 바로 이것이었다.

그래서 그들이 원하는 것을 제시(提示)해야 하겠다고 그 실태조사 담당자들은 생각하였다.

이에 필요한 교재를 찾아본 끝에 그들은 대인관계상의 당면문제를 해결하는 데 도움이 될 만한 실용적인 교범으로 저술된 책자가 일찍이 하나도 없었다는 것을 발견하게 되었다.

이는 퍽 난처한 일이 아닐 수 없었다. 수백 년 동안에 희랍어며 라틴어에 관하여 쓰인 권위 있는 서적은 많이 있지만 일반인들은 그러한 문제에는 별로 관심이 없는 것이다. 반면에 그들이 가장 배우고자 갈망하는 문제, 즉 실제 인간관계를 개선하는 데 필요한 지도와 조언에 관해서는 아무 참고서도 없다는 점이다.

이 설명으로 왜 2천5백 명의 열성적인 인사들이 신문 광고만 보고도 펜실베이니아 호텔 대강당으로 몰려들었는지 그 이유를 짐작할 수 있을 것이다.

고등학교나 대학 시절에 그들은 지식(知識)만이 경제적 영달(榮達)과 사회적 진출의 관건(關鍵)이라 믿고 책을 열심히 읽었을 것이다. 그러나 거칠고 뒤숭숭한 상업이나 직업생활 속에 몇 해 시달리고 보니 심각한 환멸의 비애를 느끼게 되었다.

그들은 지식뿐 아니라 화술(話術)이 능하고 설득력이 강하며, 자기의 실력과 착상(着想)을 잘 팔아 넘길 수 있는 능력을 지닌 사람들이 사업에서 큰 성공을 거두는 것을 목격하여 왔다. 또한 사업에 성공하고 많은 사람을 거느리고자 하는 사람에게는 인품(人品)과 화술(話術)이 라틴어 동사의 지식이나 하버드 대학의 졸업장보다도 더 중요하다는 것을 깨닫게 되었던 것이다.

〈뉴욕선〉지의 광고는 펜실베이니아 호텔에서의 집회가 대단히 흥미로울 것이라고 예 고하였는데 실지로 그러했다.

그 강좌에 참가한 사람 중의 15명이 마이크 앞에 초청되어 그중 10명이 각각 자기의 경험담을 얘기하게 되었다. 1인당 할당시간은 꼭 75초씩으로 한 사람씩 차례로 등장하였다.

이 경험담 발표회는 물소 떼가 들판을 치닫는 것처럼 빠른 속도로 진행되었다. 연쇄점포 지배인, 제과업자, 조합위원장, 2명의 은행가, 트럭 판매원, 약품 판매원, 보험회사 설계사, 벽돌공장협회 서기, 공인회계사, 치과의사, 건축가, 위스키 판매원, 크리스천 사이언스 교파 전도사, 또는 멀리 인디애나폴리스에서 연설법을 습득하러 온 변호사까지 있었다.

첫 번째 연사(演士)는 패트릭 J. 오헤어라는 아일랜드 출신의 외무 판매원이었다. 그는 학교 교육이라고는 4년밖에 못 받았으며 미국으로 건너와서 기계공으로, 또는 운전사로 전전한 사람이다.

나이 40 고개에 이르고 식구는 늘고 돈이 더 필요해졌다. 그래서 그는 트럭 자동차 판매원으로 나서기로 했다. 그는 늘 열등감에 젖어 있어서 그의 말을 빌리자면 마음이 자꾸 좀먹어 들어가고 있었다는 것이다.

낯선 사무실에 자신 있게 문을 열고 들어갈 용기를 내기 위해서는 그 앞을 대여섯 번이나 오락가락할 만큼 그는 소심한 사람이었다.

판매원으로서 전혀 성과를 못 올렸으므로 그는 마침내 기계공장 직공으로 되돌아갈 결심을 하기에 이르렀는데, 하루는 데일 카네기 화술강좌의 집회에 참석해달라는 초청장을 받았던 것이다. 그 자신은 별로 참석하고 싶은 마음이 없었다.

자기하고는 어울리지 않는 수많은 대학 출신자들과 직접 만나야 하는 일이 어쩐지 두려웠던 것이다. 그러나 그의 아내가 참가하는 것이 당신에게 유익할 것이니 꼭 가야 한다고 권유하는 바람에 집을 나섰다. 그는 강좌가 열리는 장소에 갔으나 용기가 나지 않아 선뜻 들어서지를 못하고 옆길에서 들어갈 자신이 생길 때까지 한동안 서성거렸다.

처음 서너 번은 여러 사람 앞에서 말을 하려고 하면 두려움으로 현기증이 날 지경이었다. 몇 주일이 지나자 청중에 대한 불안감이 없어지고, 연설하는 것이 오히려 즐거움처럼 느끼게까지 되었다.

청중들이 많으면 많을수록 더욱더 자신이 생겼다. 이제 그는 사람을 피하지 않고, 고객(顧客)을 두려워하지도 않게 되었다. 점점 수입이 증가하고 사업은 번창해 갔다. 오늘에 와선 뉴욕에서도 손꼽을 만큼 유능한 판매원이 되었다.

그날 저녁 펜실베이니아 호텔에서 패트릭 J. 오헤어는 2천5백 명의 청중 앞에 그의 눈부신 경험담을 재미있고 유쾌하게 피력(披瀝)하였다. 청중들은 강당이 떠나가도록 웃으며 환호를 보냈다. 아마 직업적인 웅변가일지라도 그처럼 능란한 솜씨로 말하기는 어려웠을 것이다.

그다음 연사(演士) 고드프리 마이어 씨는 머리가 희끗희끗한 나이가 많은 은행가로 일곱 자녀의 아버지였다. 처음 강연석상에서 이야기하려고 했을 때 그는 문자 그대로 입이 막혀 어쩔 줄을 몰랐다. 머리가 제대로 기능을 발휘하지 못했기 때문이다.

그의 경험담은 화술(話術)이 능한 사람에게는 통솔력도 따라가기 마련이라는 것을 증명해 주는 것이었다.

그는 월 가(街)에서 사업을 하고 있었으며, 뉴저지주(州)의 클리프턴에서 25년간이나 살아왔다. 그동안 사교적 공공활동에도 별로 적극적으로 참가하지 않았고 아는 사람도 한 5백 명에 불과했다.

카네기 강좌에 등록한 지 얼마 되지 않아서 그는 납세고지서 한 장을 받았는데, 그 고지서에 많은 액수가 적혀있어서 몹시 화가 났다. 그전 같았으면 집에 앉아서 그냥 신경질을 부리거나 이웃 사람들에게 불평이나 하는 정도로 그쳤겠지만 이번에는 그렇지가 않았다. 그는 그날 밤으로 시(市) 집회(集會)에 나가 공식석상에서 항의하였다.

이렇게 분개하여 행한 연설을 듣고 난 뉴저지주의 클리프턴 시민들은 그에게 시의회의원(市議會議員)으로 출마하라고 권하였고 그는 출마를 결심했다.

수주일 동안 그는 여기저기 공장집회에 따라다니면서 시정(市政)의 낭비와 무절제를 규탄하면서 그의 인기는 날이 갈수록 올라갔다. 시의회의원 후보자는 96명이나 되었는데, 투표 결과를 보니 고드프리 마이어가 단연 우세하였다.

하룻밤 사이에 그는 만 명의 시민을 대표하는 지도적 인물이 되었고 그 능란한 화술 덕분으로 과거 25년 동안에 얻은 친구보다 여덟 배나 되는 친구를 9주 동안에 사귀게 되었던 것이다. 시의회의원으로서 받는 봉급은 자기가 투자한 것의 열 배에 해당하는 소득이었다.

세 번째 연사(演士)는 전국 식료품 제조업 협회 이사장으로서 과거에는 이사회(理事會)에서 앞에 나가 제대로 의견을 발표하지 못하였음을 고백하였다.

스스로 독립해 사고(思考)하는 길을 배운 후 두 가지 놀라운 일이 일어났다.

첫째, 그는 전국 협의회 이사장(理事長)으로 선출되었고 따라서 미국 각지를 돌아다니면서, 업자들의 회합에서 연설을 해야만 했다. 그의 연설 내용은 매우 훌륭했기 때문에 AP통신의 전파를 타고 각지로 전달되었으며 신문·잡지에 전재되게끔 되었다.

둘째, 연설법을 배운 지 2년이 되자 그는 그 전에 25만 달러의 광고비를 들여 얻은 것보다 더 큰 홍보 효과를 그의 회사와 제품을 위해 돈 한 푼 들이지 않고도 얻을 수 있게 되었다.

그의 고백에 의하면 과거에는 맨해튼의 중견 실업가들에게 전화를 걸어 점심을 하자는 말조차 선뜻 하지 못하였다는 것이다. 이제는 그의 능변(能辯) 때문에 얻어진 명성으로 오히려 저쪽에서 먼저 전화로 점심 초대를 하고 바쁜 시간을 내주어서 고맙다는 치사를 할 지경이었다.

말을 잘하는 능력은 출세에의 첩경이다.

화술이 능한 사람은 사회의 주목을 받게 되고 대중 위에 군림하게 된다. 남의 마음을 흔들어 놓을 정도로 말을 잘하는 사람은 그의 실제 능력보다 훨씬 과대평가를 받게 된다.

성인교육 운동이 오늘날 사회를 휩쓸고 있다. 그리고 이 운동의 주도적인 한 사람이 바로 데일 카네기로 그는 수없이 많이 남의 연설을 경청하고 그에 비판을 가하는 것으로 유명해졌다.

리플리의 〈기문이사(奇問異事)〉라는 최근 만화를 보면, 그가 비판한 연설은 10만 번에 달하였다. 이 숫자가 얼마나 큰 것인지는 짐작도 가지 않는다. 일찍이 콜럼버스가 미 대륙을 발견한 후, 매일 하루에 한 번꼴로 연설을 들었다고 할 수 있는 것이다.

즉 달리 말하면 그의 앞에서 말한 사람들이 30분씩만 차례로 했다고 쳐도 꼭 1년 동안 하루 24시간씩 들어야만 한다는 결론이 된다.

파란곡절이 많은 데일 카네기의 생애는 창의성과 열의에 충만한 사람이 얼마나 큰일을 이룩할 수 있는가를 웅변으로 말해 주고 있다.

철로에서 10마일이나 떨어진 미주리주 어느 농가에서 태어난 그는 열두 살이 될 때까지도 전차(電車)를 구경하지 못하였다. 그러나 마흔여섯이 된 오늘에 와서는 홍콩에서 함메르페스트에 이르기까지 세계 어느 곳이나 알려지지 않은 곳이 없다. 그는 소(小) 아메리카에 있는 버드 제독(提督)의 본거지보다 훨씬 더 북극에 접근한 때도 있다.

옛날에는 남의 밭에서 딸기를 따거나 김을 매주고 한 시간에 5센트밖에 못 받던 이 미주리주의 청년 데일 카네기는 지금은 대기업체의 간부들에게 자기표현(自己表現)의 기술을 습득시켜 줌으로써 1분에 1달러씩이나 돈을 받게 되었다.

이 왕년(往年)의 카우보이(牧童), 한때는 사우스다코타주(州)의 서쪽 변두리에서 소나 몰고 다니던 이 청년은 후에 런던으로 건너가 영국 왕세자의 은고(恩顧)를 입어 그의 사업을 시작하였다.

처음 대여섯 번은 여러 사람 앞에서 말하려 할 때마다 실패했던 이 사람은 후에 나의 감독이 되었다. 내 성공은 데일 카네기 밑에서 훈련받은 데 힘입은 바가 크다.

미주리주 서북부의 그의 고향 마을은 항상 천재지변(天災地變)에 시달리고 어린 카네기는 교육을 받으려고 버둥거리지 않으면 안 되었다.

해마다 강물은 범람하여 옥수수나 밀밭을 휩쓸고 목초도 못 쓰게 되었다. 철이 바뀔 때마다 돼지는 돼지 콜레라에 걸려 죽어나갔다. 가축시장은 경기가 없어지고, 은행은 저당물을 매각하겠다고 채무자들을 위협하였다.

닥치는 재난을 견디다 못해 그의 가족은 그곳의 농지를 팔고 미주리주와 렌스버그에 있는 주립 사범대학 근처에 새 농장을 사서 이사하였다. 시내 하숙비는 하루 1달러 정도면 되었는데, 카네기는 그것조차 낼 능력이 없었다.

그리하여 그는 농촌에 있는 자기 집에서 3마일이나 되는 대학까지 매일 말을 타고 통학할 수밖에 없었다.

집에 오면 소젖을 짜고 나무를 패고 돼지 먹이를 주고, 밤에는 침침한 램프 밑에서 눈이 가물거리고 졸음이 와서 견딜 수 없을 때까지 라틴어 동사를 공부하였다. 자정이 되어 잠자리에 들 때에는 탁상시계의 종을 새벽 세 시에 맞추어 놓고 잠이 들었다.

그의 아버지는 듀록 저지 순혈종(純血種)의 돼지를 키우고 있었는데 추운 겨울날 밤에는 어린 돼지들이 죽을 염려가 있었다. 그래서 어린 돼지를 광주리에 담아서 포대에 덮어 주방 난로 옆에 놓아둔다. 그러면 새벽 세 시쯤 되면 이 식성 좋은 새끼 돼지들은 먹이를 달라고 꿀꿀대는 것이었다. 세 시에 시계 종이 따르릉 울리면 카네기는 이불 속에서 기어 나와 어린 돼지에게 어미젖을 먹게 한 다음, 다시 따뜻한 난롯가에 갖다놓는 일을 해야만 하였던 것이다.

그 주립 사범대학에는 1백 명의 학생이 있었는데, 그중에는 데일 카네기처럼 시내에다 하숙을 정하지 못하고 멀리서 통학을 하는 가난한 학생은 불과 5~6명밖에 안 되었다.

매일 저녁 학교가 끝나면 말을 타고 농가로 돌아와 소젖을 짜는 것이 창
피하게 생각되기도 하였다. 품이 너무 좁은 양복 윗도리에 짧은 바지를 입
고 나서기도 부끄러운 노릇이었다. 그는 곧 유달리 심한 열등감에 사로잡히
게 되었고, 어떻게 하면 빨리 출세할 수 있을까 하고 고민하기 시작하였다.

이윽고 그는 학교 내에도 축구나 야구선수들, 또는 토론회나 웅변대회
에 입선한 학생들처럼 영향력과 명성을 떨치는 집단이 있는 것을 알게 되었
다. 운동에는 소질이 없음을 깨닫고 그는 웅변대회에서나 한번 두각을 나타
내어 보려고 마음먹었다.

몇 달 동안 그는 열심히 그 준비를 하였다.

집에서 학교까지 통학하는 길에 말 잔등 위에 앉은 채로 연습하기도 했
고, 소젖을 짜면서도 연설문을 중얼거리기도 하였다. 그러다가는 곳간 속의
풀더미 위에 올라가 열을 올리고 손짓 발짓을 해 가면서, '일본인 이민을 중
지시켜야 할 필요성에 관하여' 일장일변(一場一邊)을 토하기도 하였다.

그의 열성과 노력의 준비에도 결과는 언제나 실패였다.

그때 그의 나이는 한창 감수성이 강하고 자존심도 높은 18세였다. 어찌
나 실망하고 낙담하였던지 그는 자살까지도 생각해 보았다.

그러던 중 갑자기 그의 웅변이 효과를 거두기 시작하여 교내의 연설회나
토론회에 나가는 족족 입상(入賞)하였다. 다른 학생들은 그에게 지도(指導)를
구하게 되었고, 그의 지도를 받은 학생은 또 누구나 승리를 거두게 되었다.

대학을 졸업하고 나서 그는 서부 네브래스카와 동부 와이오밍의 산중에
사는 목장 노동자들에게 통신 강의록을 팔러 다니기 시작하였다. 그 무한한

정열과 열성에도 불구하고 그는 별 성과를 거두지 못하였다. 장사가 하도 뜻대로 안 되었기 때문에 하루는 대낮에 네브래스카주의 얼라이어즈에 있는 여관방에 돌아와 자리에 엎드려 절망 끝에 대성통곡을 하고 말았다.

그는 다시 대학 시절로 돌아가고 싶고 격심하고 냉정한 생활전선(生活戰線)에서 벗어나고 싶었지만 그럴 수가 없었다. 따라서 오마하로 가서 다른 직업을 구하기로 결심하였다. 기차표를 살 돈조차 없었으므로, 곳간차 두 칸에 실린 야마(野馬)에게 물과 먹이를 주기로 하고 그 차에 편승(便乘)하기로 하였다.

사우스 오마하에 도착한 그는 아머회사에 베이컨, 비누 및 돈지(豚脂) 외무 판매사원으로 취직하였다. 그의 담당구역은 배드랜드와 사우스 다코타 서부목장 및 흑인 거주지였다.

그는 화물차와 말 잔등에 물건을 잔뜩 싣고 담당구역을 돌아다니면서 싸구려 숙소에 칸막이도 없는 방에서 잠을 잤다. 그는 사나운 서부의 야마(野馬) 잔등에 흔들리면서 판매술(販賣術)에 관한 책을 읽었고, 북미 토인들과 포커 놀이도 해가면서 수금(收金)하는 법을 배우기도 했다.

섬에 있는 상점주가 주문한 햄이나 베이컨 대금을 지불하지 못할 때 데일 카네기는 그 상점 진열장에서 구두 한 켤레를 들고 나와 그 구두를 철도원들에게 팔아 아머회사로 송금하기도 하였다.

그는 하루 백 마일씩이나 곳간차를 타고 돌아다니기가 일쑤였다. 기차가 어느 정거장에 짐을 내리려고 멎으면 그는 뛰어내려서 몇몇 상인들을 만나보고 급히 주문을 받고는 다시 기차 신호가 들리기가 무섭게 정거장까지 달려와서 움직이기 시작하는 기차에 뛰어 올라타곤 하였다.

2년이 못 되어 스물다섯 번째로 항상 판매성적이 좋지 않던 구역을, 그는 사우스 오마하 주변 스물아홉 군데의 철로변 판매구역 중에서 제1위로 끌어올리고야 말았다. 아머회사 담당자도 그가 불가능한 일을 성취하였다고 칭찬하면서 그에게 승진을 제의하였다. 그러나 그는 승진을 거절하고 사표를 내었다.

뉴욕으로 돌아와 미국 연극학교에서 공부한 다음, 그는 전국을 순회하면서 〈서커스의 폴리〉 중에 나오는 하아틀리 박사의 역을 맡아 공연하였다.

그러나 그 자신이 영화배우가 되지는 못하리라는 것을 알고 있었기 때문에 그는 다시 상업으로 돌아가 패커드 자동차회사의 화물 자동차 판매원으로 취직하였다. 기계에 대해서는 전혀 아는 바가 없었지만, 그는 그런 점에 대해서 별로 관심을 두지 않았다.

매일매일 자기 자신을 채찍질해 가면서 정진(精進)함으로써 생활의 괴로움을 잊으려고 무척 애를 썼다. 공부할 수 있는 시간과 대학 시절에 써 보려고 꿈꾸었던 책을 써 볼 시간이 아쉬웠다. 그는 그 회사를 사직(辭職)하고 어디 야간학교 강사 노릇을 하며, 생계나 유지하고 서적과 소설을 써 보려고 했다.

야간학교에서 가르칠 과목은 무엇일까? 과거를 돌아보고 대학에서 배운 것을 재평가해 볼 때, 〈연설법〉이 다른 모든 과목을 합친 것보다 더 그에게 자신과 용기와 안정과 사회생활에서 필요한 사람을 대하고 다루는 능력을 주었음을 깨닫게 되었다.

그래서 그는 뉴욕 시내에 있는 YMCA학교에서 실업가들을 위한 〈연설법〉 강좌를 개최할 기회를 달라고 요청해 보았다. 장사꾼들을 웅변가로 만들 심산이냐고 비웃는 사람도 있었다. 그들도 그 필요성을 잘 알고 있었고 그러한 강좌를 열어도 보았지만 모두 실패로 돌아갔기 때문이다.

주최자 측에서도 하루 저녁 강의료로 1달러마저 지불하기를 거부하자, 그는 그러면 커미션제(制)로 하기로 계약을 하였다. 3년이 채 못 되어 그들은 카네기에게 2달러 대신 30달러나 지불하게 되었던 것이다.

이 강좌는 점점 크게 확장되어 다른 교육기관과 지방에서도 소문을 듣고 따라오기 시작하였다. 그 후 얼마 안 되어 데일 카네기는 유명해진 순회목사(巡廻牧師)처럼 뉴욕, 필라델피아, 볼티모어, 그리고 후에는 런던과 파리까지 바쁘게 돌아다니지 않으면 안 될 그런 처지에까지 놓이게 되었다. 구할 수 있는 교재라는 것은 그 강좌에 모인 실업자들에게는 전부 지나칠 만큼 학문적이거나 비실용적인 것들뿐이었다.

그리하여 그는 용기를 내어 『상업상의 화술과 통솔력』이라는 제목의 책을 직접 저술하게 되었다. 이 책이 현재 전국 각지의 YMCA 강습소와 미국 은행가협회 전국 신용조사원협회의 교재 등으로 쓰이고 있는 것이다.

오늘날 뉴욕에 자리잡고 있는 22개 단과대학이 실시하는 연설법의 공개강좌에 참석하는 사람보다 더 많은 사람들이 데일 카네기에게 훈련을 받으러 오고 있다.

'사람은 화가 나면 말을 하게 된다'라고 데일 카네기는 말하고 있다.

만약 마을에서 가장 무식한 사람을 한 대 때려서 넘어뜨렸다고 하면, 그는 벌떡 일어나서 전성시(全盛時)의 유명했던 웅변가 윌리엄 제닝스 브라이언 못지않게 힘 있고 유창하고 열렬하게 떠들어댄다는 것이다.

누구나 자신이 있고, 마음속에서 용솟음치는 생각이 있으며, 여러 사람 앞에서 부드럽게 말할 수 있다고 그는 주장한다. 자신(自身)을 기르는 것은 두려워하는 생각 때문에 하기 어려운 일을 하나하나 해나가면서 그것을 성취하는 경험과 관록을 쌓는 데 있다고 하는 것이다. 그래서 그는 강좌 기간 중에는 시간마다 모든 학생들이 이야기하게 시키고 있다. 청중들은 모두가 같은 어려움을 당하고 있기 때문인지 서로 동정(同情)하고 있다. 그들은 끊임없는 연습을 통하여 자신(自信)과 용기(勇氣)와 열의(熱意)를 키워 나가면서 화술(話術)의 밑바탕을 쌓아 나간다.

데일 카네기는 그저 우연한 기회로 '연설법' 교수가 되어 생활을 해온 사람이 아니라는 것을 차차 알게 될 것이다.

그는 자신의 본업(本業)은 모든 사람이 어려움을 극복하고 용기를 가질 수 있도록 도와주는 것이라고 역설하기도 했다. 처음에는 연설법의 강좌만 하기 시작하였으나 참가하는 수강생들은 대부분 실업자였다. 그들의 대부분은 지난 30년 동안 교실 안이라고는 들어가 본 일조차 없었고 등록금조차도 조금씩 분납(分納)해야 하는 형편이었다.

그들은 즉시 성과를 얻기를 기대하였다. 그 성과란 내일 즉시라도 상거래상의 면담과 여러 사람을 앞에 두고 연설하는 자리에서 곧바로 이용할 수 있는 것을 뜻하고 있었다. 그렇기 때문에 그는 강좌를 단기 속성으로 하고, 또 실용적으로 진행하여야만 했다. 그래서 나타난 것이 카네기식(式)의 독특한 훈련과정(訓練科程), 즉 연설 판매술과 대인 관계 및 응용심리학을 잘 조화시킨 새로운 교육과정이었다.

그는 딱딱하고 고정화된 원칙에 얽매이는 법이 없이 지극히 실용적이면서도 매우 재미있도록 강좌를 만들었던 것이다.

강좌과정이 끝나면 졸업생들끼리 서클을 조직하여 2주일에 한 번씩 만나는 회합을 몇 년 동안이나 가지기도 하였다. 필라델피아 주에 있는 19명의 모임은 겨울철이면 한 달에 두 번씩 만나는 회합을 17년 간이나 계속 갖기도 하였다.

어떤 사람은 카네기의 강좌를 들으려고 50마일에서 100마일을 차로 달려오기도 하고 또 어떤 학생은 시카고에서 뉴욕까지 매일 통학하기까지 하였다.

보통 학생은 자기 잠재능력의 10퍼센트밖에 발휘하지 못한다고 하버드 대학의 윌리엄 교수는 말한다.

데일 카네기는 사회생활을 영위(營爲)하고 있는 사람들이 잠재능력을 발휘하게 함으로써 성인의 교육적인 면에서 가장 뜻깊은 운동을 선도(先導)하였다고 말할 수 있을 것이다.

독자에게 들려주고 싶은 말들

1 이 책을 가장 값어치 있게 이용하기 위해서는 한 가지 꼭 필요한 요건이 있는데, 이는 다른 어느 원칙이나 기술보다 더 중요한 필수 조건이다. 이 기본적인 요건을 갖추지 않고서는 천 가지의 원리(原理)를 공부해 봐도 아무런 소용이 없을 것이다. 이 가장 기본적인 천품만 가지고 있으면 이 책에서 어떻게 하면 큰 소득을 얻을까 하고 머리를 짜내지 않아도 저절로 기적적인 성과를 얻을 수 있을 것이다.

이 신기한 요건이란 무엇일까? 그것은 다름 아닌 사람을 다루는 능력을 터득하려는 깊고 열렬한 의욕과 그 능력을 키워 나가고자 하는 굳은 결의인 것이다. 그러면 어떻게 해야 그러한 의욕을 발달시킬 수 있을 것인가? 인간 관계의 원칙이 얼마나 우리 인간 생활에 중요한가를 명심하고 있으면 되는 것이다.

이들 원칙을 실천함으로써 우리가 사회적으로나 경제적으로 성공하려는 생존 경쟁에 얼마나 큰 도움이 되겠는가를 생각해 보라. '나의 인망(人望)과 나의 행복(幸福)과 나의 수입이 사람을 다루는 능력에 크게 달려 있다.'는 점을 항상 기억하고 있어야 한다.

2 우선 각 장(章)을 빨리 통독(通讀)하여 대의(大意)를 파악하도록 하라.

물론 다음 장으로 빨리 넘어가고 싶겠지만 그렇게 해서는 안 된다. 그저 심심풀이로 이 책을 읽는 사람이라면 모르지만, 그렇지 않고 대인 관계 상의 기술을 터득하려는 의도에서 이 책을 읽고 있다면 읽은 장을 다시 한 번 숙독하여야 할 것이다.

이것이 결국은 시간을 절약하고 또 좋은 성과를 거두는 지름길이다.

3 읽는 도중에 잠깐씩 눈을 감고 이제껏 읽은 책의 내용과 의미를 음미하고 검토해 보라. 책이 알려주는 방법을 어떻게, 그리고 언제 실제로 생활에 응용할 수 있을까를 생각해 보라. 이렇게 내용을 소화시켜 내려가면서 읽는 것이, 사냥개가 산토끼를 쫓아가듯이 앞으로 내닫는 것보다는 훨씬 독자들에게 유익할 것이다.

4 붉은 사인펜이나 연필을 손에 들고 읽어가면서 동조되는 부분이 있으면 밑줄을 칠 것. 아주 훌륭하고 기억할 만한 말이 있으면 그 문장 밑에 줄을 긋거나 표를 해 두는 것도 좋은 일이다. 줄을 치거나 표시를 해 놓으면서 책을 읽으면 읽기에도 훨씬 재미있고 나중에 다시 읽기에도 훨씬 편리하다.

5 내가 아는 사람 중에 15년 동안이나 모 보험회사의 지점장을 지낸 사람이 있는데, 그는 매달 그의 회사가 체결하는 모든 보험계약서를 다 읽는 버릇이 있었다. 그는 똑같은 계약문서를 매달, 그리고 해가 바뀌어도 되풀이해서 꼭 읽고 있었다. 그 이유는 그 계약의 조건을 기억하기에는 경험에 비추어 그 방법이 가장 좋다는 것을 알고 있었기 때문이다.

나도 2년씩이나 걸려 연설법에 관한 책을 저술했었는데, 나 자신도 내 책 속에 쓴 내용을 몰라서 가끔 다시 꺼내어 읽는 수가 있다. 실로 우리의 망각 속도라는 것은 놀랄 만하다. 따라서 이 책을 정말 오랜 세월 유용하게 사용하려면 한 번 쭉 훑어 봐서는 안 된다.

전권(全卷)을 한 번 다 읽은 다음에 한 달에 한 번씩 시간을 내어 다시 천천히 읽어 보라. 그리고 항상 그대의 책상 앞에 이 책을 비치해 두고 틈틈이 이 책의 이곳저곳을 읽어 보라.

앞으로 펼쳐져 있는 무한한 개선과 발전의 가능성을 늘 생각하라.

끊임없이 그리고 꾸준히 이 책이 제시해 주는 원칙을 반복해서 읽고 그것을 또 응용함으로써만이 자신도 모르는 사이에 절로 습관적으로 몸에 스며들게 되는 것이다. 이것만이 최선의 방법이며 길이다.

6 영국의 문호 버나드 쇼 옹(翁)은 말하기를, 인간이란 타인이 가르쳐 주려고 하는 것은 배우려 하지 않는다고 하였다. 과연 옳은 말이다. 습득이라는 말은 능동적(能動的) 과정(科程)을 가리키는 말이다. 우리는 자기가 직접 실천함으로써만 습득할 수 있는 것이다. 그러므로 내가 하고자 하는 말은 이 책에서 배우고자 하는 원칙이 있으면 그것을 몸소 행동함으로써 터득해야 한다는 것이다.

기회가 있을 때마다 이들 여러 원칙을 잘 응용해 보도록 하라. 그렇지 않으면 그 원칙은 곧 잊어버리고 마는 법이다. 실제로 생활에 활용한 지식만이 산지식이 되어 마음속에 깊이 뿌리를 박게 되는 것이다.

항상 인간관계의 제 원리(諸原則)를 실생활에 응용한다는 것은 정말 어려운 일이다. 그것은 나 자신이 이 책을 쓰고서도 내가 제창(提唱)한 바를 실제 응용하기 힘든 경우를 수차 겪었기 때문에 잘 알고 있다.

예를 들면 기분이 저조할 때 남을 비판하고 욕하기는 쉬운 일이지만 상대방의 관점(觀點)을 이해하려고 노력한다는 것은 대단히 어려운 일이다. 남을 칭찬하기보다는 헐뜯기가 쉬운 노릇이다. 남이 원하는 것보다는 자기가 원하는 것을 내세우고자 함은 인간의 본성이기도 하다.

여러분은 이 책을 읽어가면서 단지 어떤 지식을 얻으려 하기보다는 그것을 자기 몸의 습성으로 삼아야 한다. 여러분은 이제부터 새로운 생활 방식을 시도하려 하는 것이니 많은 시간과 꾸준한 인내와 노력이 필요할 것이다. 그러므로 이 대목을 자주 참고삼아 찾아 읽어야만 된다. 이 책을 인간관계를 원만하게 잘 이끌어 나가기 위한 교본으로 삼고, 어떤 특수한 문제에 부딪쳤을 때마다 ― 가령 어린아이를 다룬다거나 화를 내는 고객(顧客)의 비위를 맞춘다거나 할 경우 ― 자기 본능대로 충동적으로 행동하는 것을 금(禁)해야 한다. 그렇게 단순하게 순간적 기분에 따라 실수를 범하지 말고 이 책을 펴서 참고할 만한 대목을 다시 읽어보고 난 후에 이 책이 지시하는 대로 행동한다면 놀라운 성과를 거둘 수 있을 것이다.

7 여러분은 각기 이 책의 지시를 어겼을 때마다 아내나 아들이나 혹은 회사 동료에게 10센트씩, 아니면 1달러쯤 벌금을 내게 하는 것도 괜찮을 것이다. 그렇게 내기를 하다 보면 재미도 있고 차츰 원칙을 지키는 것이 습관화될 것이다.

8 어떤 강좌 석상에서 월가(街)의 모 대은행 총재가 자기 개선을 도모하는 데 사용한 효과적인 방법을 이야기한 일이 있다.

그 사람은 정식 학교 교육은 별로 받지 못한 사람이지만 지금은 당당한 미국 일류의 경제가(經濟家)의 한 사람이 되었다. 그가 항상 실천함으로써 그토록 큰 성공을 이룬 처세법이란 다름이 아니라 다음과 같은 것이다. 그의 말을 그대로 옮겨 보기로 한다.

나는 그날그날의 약속을 몇 년 동안 계속해서 수첩에다 기재해왔다. 토요일 밤이 되면 나는 혼자 방에 틀어박혀서 자기반성과 검토와 평가하느라 몇 시간씩을 보내곤 했다. 즉 수첩을 펼쳐 놓고 지난 한 주일 동안에 만난 사람, 그 사람들과의 대화, 그리고 단체적 회합의 경과 등을 하나하나 회고해 보는 것이다.

나는 자문자답하기를, 내가 그때 무슨 실수나 저지르지 않았을까, 내가 한 일이 과연 옳았을까, 어떻게 했으면 더 좋은 결과를 가져왔을까, 지난 경험에서 나는 어떤 교훈을 얻을 것인가, 하고 생각해 보았다.

이러한 주말의 반성에 마음이 괴로울 때도 있었고 내가 저지른 큰 실수로 인해 스스로 놀랄 경우도 있었다. 그러나 한 해, 두 해 세월이 흐름에 따라 그러한 과실이 점점 줄어들고 또 놀랄 만큼 빨리 진보된 대인 관계의 개선에 흡족한 자기만족을 맛볼 수 있게 되었다. 이러한 자기분석, 자기교육이 몇 년 동안 계속된 결과 나는 이 세상의 다른 어느 것에도 비교될 수 없을 만큼 훌륭한 성과를 거두게 되었던 것이다. 그것이 나의 결단력을 향상시켜 주었고, 대인 관계에 큰 도움이 되었다. 세상 모든 사람들도 이러한 방법을 실천해 보도록 나는 적극 권하는 바이다.

여러분도 이 책에서 익힌 원리를 응용함에 있어 이러한 방법을 쓰는 것이 좋을 것이다. 그렇게 한다면 그 결과로 여러분은 다음의 두 가지 소득을 얻을 것이다. 첫째는 매우 재미있고 가치 있는 교육 과정을 수료할 수 있을 것이고, 둘째는 사람을 대하고 다루는 능력이 눈에 띄게 하루하루 발전해 간다는 것이다.

이 책에서 가장 큰 소득을 보려면,

① 인간관계의 원칙을 터득하는 데는 불붙는 듯한 의욕이 첫째이니 그 의욕을 키울 것.

② 각 장을 반드시 두 번씩 읽은 다음에 다음 장으로 넘길 것.

③ 이 책에 써 있는 방법들을 어떻게 실행해 나갈 것인가를 항상 책을 찾아보면서 생각할 것.

④ 중요하다고 생각되는 부분에는 밑줄을 쳐 놓을 것.

⑤ 매달 한 번씩 책을 다시 읽어 볼 것.

⑥ 책에 쓰여 있는 방법들을 기회 있을 때마다 실제로 응용해보고 늘 책을 곁에 두고 일상생활의 문제를 해결하는 열쇠로 생각하고 유효 적절하게 사용할 것.

⑦ 이 책의 지시를 어길 때마다 친구와 벌금을 물도록 내기를 할 것.

⑧ 매주 이 책의 가르침대로 잘 활용하고 있는가를 점검해 보고 자기의 과오와 진보와 경험 등을 장래를 위하여 평가하고 반성하도록 할 것.

차례

책머리에 - 친구를 얻고 사람을 움직이는 방법 4

출세의 지름길 8

독자에게 들려주고 싶은 말들 24

1. 사람의 마음을 읽는 5원칙   33

   남을 비난하기 전에 상대를 이해하라 34

   중요한 존재임을 인식시켜라 52

   남의 입장에서 생각하라 70

   듣는 입장이 되어라 92

   상대방의 관심을 파악하라 108

2. 남에게 호감을 얻는 방법   115

   진실한 마음으로 꾸준히 관심을 보여라 116

   항상 얼굴에 미소를 지어라 133

   상대방의 이름을 기억하라 144

   진심으로 칭찬하라 156

3. 상대방을 설득하는 방법   174

   가급적 시비를 피한다 176

   상대의 잘못을 지적하지 않는다 186

깨끗이 자기의 잘못을 시인한다　202

되도록 침착하게 조용히 말한다　211

'네'라고 대답할 수 있는 문제를 선택한다　226

상대방으로 하여금 말하게 한다　233

스스로 생각하게 한다　241

상대방의 입장이 되어 본다　251

따뜻한 동정심을 갖는다　256

아름다운 감정에 호소한다　265

극적인 연출 효과를 생각한다　273

상대방의 경쟁심을 자극한다　277

4. 상대방을 교정(矯正)하기 위한 방법　283

먼저 칭찬하라　284

타이를 때는 간접적으로 하라　291

자신의 실수를 인정하라　293

명령조로 말하지 말라　297

체면을 살려라　299

사소한 일이라도 칭찬하라　302

기대를 걸어라　306

격려를 아끼지 말라　309

DALE CARNEGIE

1
사람의 마음을
읽는 5원칙

- 남을 비난하기 전에 상대를 이해하라

- 중요한 존재임을 인식시켜라

- 남의 입장에서 생각하라

- 듣는 입장이 되어라

- 상대방의 관심을 파악하라

1. 사람의 마음을 읽는 5원칙

인간의 행동은 마음속의 욕구에서 생긴다. 그러므로 사람을 움직이는 최
선의 방법은 우선 먼저 상대의 마음속에 강렬한 욕구를 일으키게 하는 것
이다.

남을 비난하기 전에 상대를 이해하라

남의 결점을 고쳐 주려고 생각하는 마음은 분명히 훌륭하고 칭찬받을 가
치가 있다. 그러나 어째서 먼저 자신의 결점을 고치려고 생각하지 않는
것일까?

1931년 5월 7일 뉴욕시에서는 세상에 일찍이 없었던 범죄와의 전쟁이
벌어졌다.

포악한 살인범이자 사격의 명수이며, 게다가 술도 담배도 하지 않는다는
쌍권총의 명수 크로레가 몇 주간에 걸친 수사 끝에 마침내 추적을 당하고 웨

스트엔드 가(街)에 있는 그의 정부(情婦) 아파트로 도망쳐 들어갔다.

범인이 잠복하고 있는 그 아파트의 맨 위층을 150명의 경찰대가 포위하여 지붕에 구멍을 뚫고 최루(催淚)가스를 집어넣어 크로레를 사로잡으려고 하였다.

한편 주위의 빌딩 옥상에는 기관총이 준비되어 있었다.

이윽고 뉴욕의 고급 주택가에 느닷없는 총성이 한 시간 이상 걸쳐서 요란스럽게 울리게 되었다. 크로레는 큼직한 소파 뒤에 숨어서 경찰을 향하여 맹렬한 총격을 가하였다. 이 소란을 구경하려고 모인 군중의 수는 무려 1만 명에 달하였다. 그야말로 뉴욕에서는 전에 보지 못했던 대활극이 벌어졌기 때문이었다.

크로레가 체포되었을 때 경시총감 마르네가 발표한 바에 의하면, 이 쌍권총의 명수는 뉴욕의 범죄사에서 드물게 보는 흉악범으로 '바늘 끝만 한 동기'가 있어도 간단하게 살인을 저지르곤 했다고 한다.

그런데 이 쌍권총 크로레는 스스로를 어떻게 생각하고 있었을까? 실은 이에 대한 해답을 얻을 실마리가 남아 있었다. 그것은 그 총격전의 난장판에서도 이 사나이는 '관계자 제위'에게 보내는 한 통의 편지를 남긴 것이다. 그것을 쓰는 동안에도 피를 계속하여 흘렸다. 피에 물든 편지의 한 귀절에는 다음과 같은 말이 기록되어 있다.

> 66 나의 마음 — 그것은 삶에 지쳐 버린 마음이긴 하나 부드럽고 온화한 마음이다. 그 누구도 사람을 상하게 하리라고는 생각한 적이 없는 마음이다."

이 사건이 일어나기 조금 전에 크로레는 롱아일랜드의 시골 길가에 차를 세워 놓고 정부(情婦)와 함께 휴식을 취하고 있었다.

그때 경찰이 나타나 차에 다가가서 말을 건넸다.

"면허증을 보여 주시오."

그러자 느닷없이 권총을 꺼낸 크로레는 아무 말도 없이 상대를 향하여 총알을 퍼부었다. 경찰이 그 자리에 쓰러지자 크로레는 차에서 뛰어내려 경찰의 권총까지 탈취해 그것으로 다시 한 발을 쏘아서 숨을 거두게 했다.

이런 살인마가 '누구 하나 사람을 상하게 할 수 없는 마음의 소유자'라고 자기 스스로를 말하고 있는 것이었다.

크로레가 형무소의 전기의자에 앉았을 때,

"이렇게 된 것도 나의 자업자득이다 ─ 수많은 사람을 죽인 범죄자이니까."

하고 말했을까? 천만에, 그렇게 말하지 않았다.

"나는 내 몸을 지키려다 이런 꼴이 되었다."

이것이 크로레가 남긴 최후의 말이었다.

이 말의 요점은 흉악무도한 크로레마저 자기가 나쁘다고는 전혀 생각하지 않았다는 것이다.

이런 생각을 가진 범죄자는 결코 드물지 않다.

"나는 한창 일할 나이의 태반을 이 세상과 사람들을 위해 살아왔다. 그런데 결국 내가 얻은 것은 차가운 세상의 비난과 전과자라는 낙인뿐이다."

라고 한탄한 자는 전 미국을 떨게 했던 암흑가의 황제 알 카포네였다. 카포네 같은 극악한 인간도 스스로를 악인이라고 생각하지 않았을 뿐만 아니라 자기는 사회의 자선사업가라고 생각하고 있었다. 그런데 세상이 오히려 그의 선행을 오해하고 있다고 말한 것이다.

뉴욕의 제1급 악인인 다치 셰러도 역시 마찬가지였다. 갱들끼리의 싸움으로 목숨을 잃기 전의 일인데, 어느 신문기자 회견석상에서 셰러는 자신을 '사회의 은인'이라고 칭하고 있었다. 사실 그 자신은 그렇게 믿고 있었다.

이 문제에 대해서 나는 신신 교도소 소장으로부터 흥미있는 이야기를 들은 바 있다. 수형자들 가운데 자기 자신을 악한이라고 생각하는 사람은 거의 없다는 것이다. 곧 그들은 자기는 일반 선량한 시민과 조금도 다르지 않다고 생각하며 어디까지나 자기 행위에 대해 정당한 사유를 들어 옳다고 믿고 있었다.

즉 그들은 왜 금고를 털지 않으면 안 되었던가, 또는 권총의 방아쇠를 당기지 않으면 안 되었던가 따위의 이유를 정말 그럴듯하게 설명한다.

범죄자는 대개 자신의 나쁜 짓에 그럴듯한 이유를 달아서 그것을 정당화하고 교도소에 수감된 것을 매우 부당하다거나 재수 없이 자신이 걸려들었다고 생각하고 있는 것이다.

앞에서 열거한 악인들까지도 자신이 옳았다고 생각하고 있다면 그들처럼 악인이 아닌 일반인들은 자기 자신을 도대체 어떻게 생각하고 있겠는가.

"30년 전에 나는 사람을 나무라는 것은 가장 어리석은 짓이라고 생각했다. 어느 누구도 완전하지 못하다는 사실을 알고 있었기 때문이다. 자신의 일까지 자신의 생각대로는 되지 않는다. 하느님이 모든 사람에게 평등한 지능을 주시지 않았다는 것까지 화를 낼 수는 없는 노릇이다."

라고 말한 사람은 미국의 위대한 설법가 존 워너메이커였다.

워너메이커는 젊어서 이러한 것을 깨달았지만, 나는 아쉽게도 사십이 가깝게 되어서야 비로소 인간은 비록 아무리 자기가 잘못되어 보여도 결코 자기가 나쁘다고는 생각하기를 꺼린다는 것을 알게 되었다.

타인의 허물을 찾아내는 것은 아무런 소용이 없다.

상대는 곧 방어 태세를 갖추고 어떻게든 자기를 정당화하려고 할 것이다. 게다가 자존심을 상하게 된 상대는 결국 반항심을 일으키게 되니 실로 위험천만한 일이 된다.

지난날 독일의 군대에서는 무슨 불만이 있어도 그 자리에서 곧 불평하는 것을 허락하지 않았다. 화가 치밀고 속이 상해도 하룻밤을 잠자고 난 후가 아니면 말할 수가 없었다.

다음날이 되면 어느새 기분도 진정되고 있어서 아무런 말도 할 수 없게 된다는 것이다. 이 규칙은 엄격히 지켜졌다.

이것은 당연히 일반 사회에도 법률로 적용되어서 항상 잔소리만 하는 부모, 까다로운 남편, 고용인에게 무조건 호통만 치는 고용주, 그 밖에 세상의 허물만을 들추는 사람 모두를 단속해야 한다고 생각한다.

남을 비난하는 일의 무익함은 역사에도 많은 예가 있다.

루스벨트 대통령과 그 후계자인 태프트 대통령과의 유명한 반목이 그 한 예이다.

이 사건 때문에 두 사람이 이끄는 공화당이 분열되고 결국은 민주당의 윌슨이 백악관의 주인이 되었다. 이는 제1차 세계대전에 미국이 참전하는 등, 역사의 흐름을 변화시키는 데 일조를 하게 되었다.

1908년, 루스벨트는 같은 공화당의 태프트에게 대통령 자리를 양보하고 자신은 아프리카에 사자 사냥을 가버렸다.

그런데 얼마 후 돌아와 보니 아무래도 태프트가 하는 일이 마음에 들지 않았다. 보수적인 성향이 너무 강했던 것이다. 그래서 루스벨트는 차기 대통령의 지명을 확보하기 위하여 진보당을 조직했다. 그 결과 공화당은 파멸의 위기에 빠졌고 다음 선거에서 태프트를 대통령 후보로 내세운 공화당은 버몬트와 유타 등 불과 2개 주에서만 지지를 받았을 뿐 전례 없는 참패를 당하였다.

루스벨트는 태프트를 책망하였다. 그렇다면 책망을 받은 태프트는 정녕 자신이 나쁘다고 생각했을까 — 물론 그렇게는 생각하지 않았다.

"아무리 생각해도 나로서는 그렇게밖에 할 도리가 없었다."

하고 태프트는 참회의 눈물을 머금고 사람들에게 말했다.

이 두 사람 중에서 어느 편이 나쁜가, 하고 말한다면 솔직한 얘기로 나는 그것을 분간할 수 없고, 또 알 필요도 없다.

내가 말하고 싶은 것은 루스벨트가 아무리 태프트를 힐난한다손 치더라도 태프트로 하여금 자기는 나쁘다고 생각하게 할 수는 없었으리라는 것이다.

결과는 다만 어떻게든지 자신의 입장을 정당화하려고 기를 쓰고 '아무리 생각해도 그렇게 할 수밖에 다른 방법은 없었다.'라는 이야기만 반복시킬 따름일 것이다.

또 한 가지 예를 들면 티포트 돔 유전 의혹 사건을 들어보자.

이는 미국에서도 공전의 대의혹으로 국민의 격분이 수년 동안에 걸쳐서 수습되지 않았을 정도로 사회적으로 큰 파문을 일으킨 사건이었다.

이 의혹 사건의 중심인물은 앨버트 펄이라는 사람으로 그는 하딩 대통령 때 내무장관이란 요직을 지내던 자이다. 이 사람이 당시 정부 소유지인 티포트 돔과 엘그 힐의 유전(油田) 대여에 관한 실권을 쥐고 있었다.

그는 그것을 빌미 삼아 해군용으로 보존하도록 되어 있었던 유전을 공개 입찰도 없이 친구인 에드워드 드헤니와 계약을 체결하고 유전을 대여해 주어서 큰 돈벌이를 시켰다.

그 결과 드헤니는 엄청난 부를 축적할 수 있었고, 그 대가로 10만 달러를 대부금조로 펄에게 융통해 주었다. 그러자 내무장관인 펄은 해병대를 동원하여 그 유전 부근의 다른 업자들까지 축출하려고 했다. 엘그 힐의 석유 매장량이 이웃 유전에 영향을 받아 감소될 것을 염려한 것이다.

그런데 해결이 안 되는 것은 총칼로 내쫓긴 사람들이 대거 법정에 고소를 제기하는 문제였다.

이리하여 1억 달러의 독직 사건이 백일천하에 폭로된 것이다. 이 사건은 너무나 추악하고 또 그로 인하여 마침내 하딩 대통령의 정치 생명을 끊었으며, 전 국민의 격분을 사서 공화당을 위기에 빠뜨리고, 앨버트 펄에게 투옥의 고역을 치르게 하는 결말을 가져왔다.

펄은 현직 관리로서는 전례가 없을 정도의 무거운 형을 받았다. 그러면 펄은 자기의 죄를 뉘우쳤을까? 천만에, 대답은 전혀 그렇지 않았다.

그로부터 몇 년 후에 허버트 후버 대통령이 어느 강연회에서, 하딩 대통령의 하야를 재촉한 것은 가장 가까운 측근들에게 배신당한 정신적 고통이었다고 술회한 적이 있다. 그러자 우연히 강연회에 참석해 이 말을 듣고 있던 펄의 부인이 난데없이 의자에서 일어나서 울면서 앙칼진 목소리로 팔을 휘저으며 소리쳤다.

"뭐라구요? 하딩이 펄에게 배신을 당했다구요? 천만에요! 내 남편은 남을 배신한 일이 한 번도 없습니다. 이 건물 가득히 황금을 쌓아 놓아도 남편을 나쁜 일에 끌어넣을 수는 없습니다. 오히려 남편이 하딩으로부터 배신을 당한 것입니다. 그는 배신으로 인해 고통받은 제1의 수난자입니다."

이와 같이 악한 사람일수록 자기가 한 짓은 미화하고 남의 탓을 하는 것이 일쑤이다. 이것이 인간의 천성이다. 그런데 이것은 악인의 경우에 국한된 것은 아니다. 우리들도 역시 마찬가지이다.

그러므로 만약 남을 비난하고 싶어지면 알 카포네나 크로레나 펄의 이야기를 상기해 주기를 바란다. 남을 비난하는 것은 마치 하늘을 쳐다보고 침을 뱉는 것과 같아서 반드시 자기 몸으로 되돌아온다.

남의 잘못을 들추거나 비난하면 결국 상대는 반대로 이쪽을 노렸다가 태프트와 같이, '그렇게 할 수밖에 방법이 없었다.'라고 말하는 것이 고작이다.

1865년 4월 15일 토요일 아침, 포드 극장에서 부스의 흉탄에 쓰러진 에이브러햄 링컨은 극장 맞은편 어느 싸구려 여관의 침대에 눕혀져 죽음을 기다리고 있었다. 침대가 너무 작아서 링컨은 대각선으로 침대 위에 눕혀져 있었다. 방 벽에는 로자 보뇌르의 유명한 그림인 〈말 시장〉의 값싼 모조품이 걸려 있을 뿐이었다. 그리고 침침한 가스등 불빛이 누렇게 흔들리고 있었다.

　　이 참담한 광경을 지켜보고 있던 스탠턴 전쟁장관은, '여기에 누워 있는 사람만큼 완전하게 인간의 마음을 지배할 수 있었던 사람은 세상에 둘도 없을 것이다.'라고 중얼거렸다.

　　이처럼 교묘하게 인간의 마음을 사로잡은 링컨의 비결은 무엇이었을까? 나는 링컨의 생애를 10년간 연구하고 그로부터 3년에 걸쳐서 『세상에 알려진 링컨』이라고 하는 책을 내놓게 되었으나 링컨의 사람됨과 그 가정생활에 관해서도 남김없이 연구하고, 그 성과에 대해서도 타인의 추종을 불허한다고 자부하고 있다.

　　또 링컨의 사람을 다루는 방법에 대해서는 특히 온갖 노력을 기울여서 연구했다.

　　링컨이 사람을 비난하는 일에 흥미를 가진 적이 있었느냐 하면, 그렇다. 그것도 매우 많이 있었다. 그가 아직 젊었을 때 인디애나주의 피존 크리크 바레라는 시골 동네에 거주하고 있었을 때, 그는 남의 잘못을 찾아내어 헐뜯었을 뿐만 아니라 상대방을 비웃는 시(詩)나 편지를 써서 그것을 일부러 사람들의 눈에 띄도록 길에 떨어뜨려 놓기도 하였다. 그 편지의 하나가 근원이 되어 평생 동안 그에게 반감을 지니게 된 사람도 있었다.

그후, 스프링필드(일리노이주의 수도)에 나와 변호사를 개업한 후로도 그는 반대자를 비난하는 편지를 신문지상에 공개하는 등의 행동을 서슴지 않았으며, 그것이 너무나 지나쳐서 나중에는 큰 봉변을 당하게 되었다.

1842년 가을, 링컨은 제임스 실즈라는 겉멋쟁에다 시비를 좋아하는 아일랜드 출신의 정치인을 비난하기 위해 〈스프링필드 저널〉지에 익명으로 풍자문을 써 보냈던 것이다. 이것이 게재되자 온 동네가 폭소를 자아냈고, 실즈는 당장 비웃음의 대상이 되었다.

그러자 감정적이고 자존심이 강한 실즈는 불덩이같이 화를 냈다. 투서의 주인공이 누군인지를 알게 되자, 즉각 말을 타고 링컨에게 달려가 결투를 신청했다.

링컨은 결투에는 반대하였으나 결국 거절하지 못하고 신청을 받아들이게 되어서 무기의 선택은 링컨에게 일임되었다. 링컨은 팔이 길었으므로 기병(騎兵)들이 쓰는 폭넓은 검을 선택하여 육군 사관학교 출신인 친구에게 이 검의 사용법을 지도받았다.

약속된 날이 되어 두 사람이 미시시피강의 모래섬에서 만나 드디어 결투가 시작되려고 했을 때, 쌍방의 입회인이 끼어들어서 결투는 그것으로 끝나버리고 말았다.

이 사건은 링컨의 간담을 서늘하게 만들었다. 덕분에 그는 사람을 다루는 방법에 대해서는 더없는 교훈을 얻었다. 두 번 다시 사람을 어리석게 하는 편지를 쓰지 않았고, 사람을 조롱하는 일도 중지하고 어떤 일이 있어도 남을 비난하는 일은 거의 하지 않게 되었다.

그 후 꽤 오래된 일이지만 남북전쟁 때의 일이다.

포트맥강 지구의 전투가 신통치 않았기 때문에 링컨은 사령관을 자꾸 갈아치우지 않으면 안 되었다. 그러나 그가 임명한 맥래런·포프·번사이드·후커·미드 등의 5인의 장군을 갈아 보았으나 모두가 공교롭게도 실수만을 저질렀다.

링컨은 그야말로 비관적이었다. 국민 대부분도 이 무능한 장군들을 통렬하게 비난했으나 링컨은 '악의를 버리고 사랑을 하라'는 성구(聖句)에 따라 자신을 타이르며 마음의 평정을 잃지 않았다.

'남을 책하지 마라. 남의 책망을 받는 것이 싫다면'이라고 말하는 것이 그가 즐겨 쓴 좌우명이었다.

링컨은 아내나 측근의 인물들이 남부 사람들을 욕할 때마다 이렇게 말했다.

"남에게 욕질하는 것을 삼가하시오. 우리들도 입장이 바뀐다면 틀림없이 남부의 사람들처럼 될 테니까."

그런데 당연히 남을 비난해도 좋은 사람이 이 세상에 있다면 링컨이야말로 바로 그 사람이다.

한 가지 예를 더 들어보자.

1863년 7월 1일부터 3일간에 걸쳐 게티스버그(펜실베니아주 남부 도시)에서는 남북 양군의 격전이 벌어지고 있었다.

4일 밤이 되자, 리 장군이 이끄는 남군이 때마침 폭우에 쫓겨 후퇴하기 시작했다. 패잔병을 이끌고 리 장군이 포트맥강까지 퇴각하자 강물은 밤새 내린 큰 비로 범람하고 있었다. 도저히 건너갈 수 없었고, 배후에서는 기세를 얻은 북군이 추격하고 있었다. 남군은 완전히 궁지에 몰리고 말았다. 링컨은 남군을 괴멸시키고 전쟁을 즉각 종결시킬 수 있는 좋은 기회를 얻은 것을 기뻐하고 기대에 가슴이 부풀었다.

그는 미드 장군에게 작전회의 따위는 취소하고 지체 없이 추격할 것을 명령했다. 이 명령은 우선 전보로 미드 장군에게 전해졌고, 뒤이어 특사가 파견되어서 당장 공격을 개시하도록 독촉했다.

그러나 미드 장군은 링컨의 명령과는 정반대되는 일을 해버렸다. 작전회의를 열어서 공연히 시간을 낭비하고 여러 가지 구실을 붙여 공격을 거부해 버렸다. 그동안에 강물은 줄어들고 리 장군은 남군을 이끌고 무사히 강을 건너 후퇴해 버렸다.

링컨은 울화통이 터졌다.

"도대체 이것이 어떻게 된 일이냐!"

그는 아들 로버트를 붙들고 소리쳤다.

"이게 무슨 꼴이람! 적은 독 안에 든 쥐가 아니었던가! 이쪽에선 손만 약간 내밀어도 될 것을, 내가 아무리 말해도 우리 군대는 꿈쩍도 하지 않으니 말이다. 그런 경우라면 어떤 장군이라도 리 장군을 격파할 수가 있었을 거야. 나라도 할 수가 있을 정도다!"

심히 낙담한 링컨은 미드 장군에게 한 통의 편지를 썼다.

이때의 링컨은 매우 조심스럽게 글을 쓰고 있다는 것을 알 수가 있다. 그리고 1863년에 쓰여진 이 편지는 링컨이 몹시 화를 내어 쓴 것임에 틀림없었다.

> 장군께!
>
> 나는 적장 리의 탈출로 인하여 야기되는 불행한 사태의 중대성을 귀하께서 올바르게 인식하고 있다고는 생각하지 않습니다. 적은 확실히 우리의 수중에 있었습니다. 추격하기만 하면, 최근 우리 군대가 거둔 전과와 더불어 전쟁에 종결을 가져왔을 것이 분명합니다. 그럼에도 이 절호의 기회를 놓친 지금에 있어서는 전쟁 종결의 가능성은 도무지 서지 않게 되었습니다.
>
> 귀하는 지난 월요일에 리를 공격하는 것이 가장 안전하였던 것입니다. 그것마저도 할 수 없었다고 한다면 적장이 피안으로 도망쳐 버린 지금에 있어서 그를 공격하는 것은 절대로 불가능할 것입니다. 그날 병력의 3분의 2밖에 오늘날은 이용할 수가 없습니다.
>
> 앞으로 귀하의 활약에 기대한다는 것은 무리라고 생각됩니다. 사실 나는 기대하고 있지 않습니다. 귀하는 천재일우의 기회를 놓친 것입니다. 그 때문에 나도 역시 말할 수 없는 고통을 겪고 있습니다.

미드 장군은 이 편지를 읽고 어떻게 생각했을까?

그러나 미드는 이 편지를 읽지 못했다. 왜냐하면 링컨이 보내지 않았기 때문이다. 이 편지는 링컨이 죽은 후에 그의 서류 속에서 발견된 것이다.

이는 내가 추측해 보건대 아마 링컨은 이 편지를 써놓고 한참 동안 창밖을 내다보았을 것이다. 그리고 이렇게 중얼거렸을 것이다.

6 가만 있자, 어쩌면 이것은 너무 성급한 일인지도 모른다. 이렇게 고요한 백악관의 구석에 앉은 채로 미드 장군에게 명령을 내리는 것은 내게 있어서는 매우 쉬운 일이지만 만약 내가 게티스버그 전선에 지난 1주간 미드 장군이 보았을 만큼의 유혈 사태를 눈여겨보고 있었더라면, 그리고 부상병의 비명과 단말마적인 절규를 귀가 따갑도록 들었다면 아마 나도 나아가 공격을 계속할 마음이 없어졌을지도 모른다. 또한 만약 내가 미드와 같이 태어날 때부터 소심했다면 틀림없이 나도 그와 같은 행동을 했을지도 모른다. 게다가 이미 모든 일은 때가 늦었다. 하긴 이 편지를 보내면 나의 마음은 풀릴지 모른다. 그러나 미드는 어떻게 할 것인가? 자기를 정당화하고 반대로 나를 비난하겠지. 그리고 나에 대한 반감이 더해져서 앞으로도 사령관으로서는 쓸모가 없어지고 결국은 군대를 떠나지 않으면 안 될 것이다.'

링컨은 이 편지를 전술한 바와 같이 책상 서랍 속에 그대로 방치해둔 것임에 틀림없다. 링컨은 과거의 쓰라린 경험에서 심한 비난이나 책망은 대개의 경우 아무 효과도 없다는 것을 알고 있었던 것이다.

루스벨트는 대통령 재임 중 어떤 난국에 부닥치면 언제나 거실의 벽에 걸려 있는 링컨의 초상화를 쳐다보며,

'링컨 같으면 이 문제를 어떻게 처리할까?'

하고 생각해 보는 것이 습관이 되었다고 스스로 말하고 있다.

우리들도 남을 공격하고 싶어졌을 때에는 루스벨트 대통령의 생활 신조를 본받아서,

'링컨이라면 이런 경우에 어떻게 했을까?'

하고 생각해 보도록 하자.

남의 결점을 고쳐 주려고 생각하는 마음은 분명히 훌륭하고 칭찬받을 가치가 있다. 그러나 어째서 먼저 자신의 결점을 고치려고 생각하지 않는 것일까? 섣불리 타인을 타이르기보다는 자신을 먼저 바로잡는 것이 무엇보다 이득이고 또 위험도 적다. 이기주의적인 입장에서 생각한다면 확실히 그렇게 될 것이다.

"자신과의 싸움을 시작한 사람은 자기가 가치 있는 인간임을 증명하는 것이다."

이것은 영국의 시인 브라우닝의 말이지만, 자기와 싸워서 자기를 완전한 인간으로 만들려면 적어도 1년은 아무래도 걸릴 것이다. 그러나 그것이 성공만 한다면 깨끗한 신년을 맞이할 수가 있다. 내년부터는 생각대로 남의 결점을 찾아내어도 좋다. 그러나 그에 앞서 자신이 완전하게 되어 있어야 하는 조건이다.

'자기 집 문간이 더러운 주제에 옆집 지붕 위의 눈에 시비하지 말라'고 가르친 것은 동양의 현인 공자(孔子)였다.

내가 젊었을 때의 일이다. 당시 나는 어떻게든 남들에게 나의 존재를 인

식시키려고 마음먹고 있었다. 그 무렵 미국 문단에서 이름 있는 작가의 작가론을 쓰게 되었기 때문에 그의 창작 방법을 직접 문의했다. 마침 그 수주일 전에 어떤 사람으로부터 편지를 받았는데, 그 편지 말미에는 다음과 같은 문구가 있었다.

"글의 책임은 쓴 사람에게 있다."

나는 이 문구가 매우 마음에 들었다. 이 편지의 주인은 대단히 훌륭한, 매우 저명한 인사일 것이라고 생각했다. 나는 결코 바쁘지 않았기 때문에 어떻게 해서라도 데이비스에게 강한 인상을 주려고 그 문구를 편지의 글머리에 첨가해 버렸다.

데이비스는 답장 대신에 나의 편지를 돌려보냈다. 되돌아온 편지의 여백에는, '무례한 짓을 함부로 하지 말게!'라고 쓰여 있었다. 물론 말할 나위 없이 내가 나빴고, 나는 그런 모욕을 받아도 할 말이 없었다.

그러나 나도 감정을 가진 인간이라 역시 분개했다. 매우 울화가 치밀었다. 그로부터 10년 후에 리처드 하딩 데이비스의 부음(訃音)을 신문에서 읽었을 때 우선 내 가슴에 떠오른 것은 부끄럽고 화가 났던 그때의 모욕이었다.

죽을 때까지 남에게 미움을 받고 싶은 사람은 남을 신랄하게 비평만 하면 된다. 그 비평이 들어맞으면 맞을수록 효과는 커진다.

대체로 사람을 다룰 경우에는 상대방을 논리적인 동물이라고 생각해서는 안 된다. 상대는 감정의 동물이며, 뿐만 아니라 편견(偏見)과 자존심과 허영심에 의하여 행동한다는 사실을 늘 염두에 두지 않으면 안 된다.

남을 비난하는 것은 가장 위험한 불꽃놀이다. 그 불꽃놀이는 자존심이라고 하는 화약고의 폭발을 유발하기 쉽다. 이 폭발은 때때로 사람의 목숨을 빼앗기도 한다.

가령 레널드 우드 대장의 경우, 그는 비난을 받고 프랑스 전선에 파견되지 않았다. 이것이 그의 자존심을 상하게 하여 죽음을 재촉한 원인이 되었다고 한다.

영문학의 대가 토머스 하디가 영원히 소설을 쓰지 않게 된 이유는 매정한 비평 때문이며, 영국의 천재 시인 토머스 채터턴을 자살로 몰아넣은 것도 역시 비평이었다.

젊었을 때 대인 관계가 나쁘기로 유명했던 벤저민 프랭클린은 뒷날 매우 외교적인 기술을 터득하고 사람 다루는 방법이 능숙한 것을 인정받아 마침내 프랑스 대사로 임명되었다.

그의 성공 비결은 다음과 같이 말하고 있다.

"남의 단점을 결코 들춰내지 않고 장점만 칭찬한다."

남을 비평하거나 잔소리를 늘어놓는 것은 어떤 바보라도 할 수 있다. 그리고 바보일수록 그런 것을 하고 싶어 한다.

이해와 관용은 뛰어난 성품과 인내심을 갖춘 사람이 처음으로 가질 수 있는 미덕이다.

영국의 사상가 칼라일은 '위인은 소인(小人)을 다루는 방법에서도 그 위대함을 나타낸다.'라고 말하였다.

그러므로 남을 비난하는 대신 상대를 이해하도록 노력하지 않으면 안된다. 어떤 이유로 해서 상대가 그러한 것을 저지르게 되었는가 잘 생각해 보지 않겠는가. 그렇게 하는 것이 훨씬 유익하고 재미도 있다. 그렇게 하면 동정·관용·호의가 저절로 우러나온다.

모든 것을 알면 모든 것을 용서하게 된다.
영국의 위대한 문학가 닥터 존슨은,
"하느님도 사람을 심판하려면 그 사람의 사후(死後)까지 기다린다."
라고 말하였다.
그런데 하물며 우리 인간이 그때까지 기다리지 못할 까닭이 없지 않겠는가?

■■■ 사람의 마음을 읽는 요령의 첫 번째 방법 :

☞ 남을 비난하기 전에 상대방을 이해하는 것이다.

중요한 존재임을 인식키려라

인간은 무엇을 탐내는가 — 인간이 갖는 가장 뿌리 깊은 충동은 '주요 인물
이 되고자 하는 욕구'라고 했다. 자기 중요성의 욕구를 만족시키는 방법에
따라 그 인간의 성격이 정해지는 것이다.

사람을 움직이는 비결은 이 세상에 오직 한 가지밖에 없다. 이 사실을 알
고 있는 사람은 극히 드문 것 같다. 그러나 사람을 움직이는 비결은 확실히
한 가지밖에 없다. 즉, 스스로가 움직이고 싶은 마음을 일으키게 해주는 것,
이것이 비결이다.

거듭 말하거니와 그 외에는 별다른 비결이 없다.

물론 상대의 가슴에 권총을 들이대고 팔목시계를 풀어 주고 싶은 마음
을 일으키게 할 수는 있다. 종업원에게 해고할 거라고 위협하여 협력을 하
게 할 수도 있다. 적어도 감시의 눈이 번쩍이고 있는 동안만은 채찍이나 호
통을 쳐서 아이들을 마음대로 움직일 수도 있다. 그러나 이런 서툰 방법에
는 항상 좋지 못한 반작용이 있게 마련이다.

사람을 움직이는 데는 상대가 원하고 있는 것을 주는 것이 유일한 방법
이다.

그 사람이 무엇을 원하고 있는가?

20세기의 위대한 심리학자 프로이트 박사에 의하면 인간의 모든 행동은
두 가지 동기에서 출발하는데, 즉 성적(性的)인 충동과 위대해지고자 하는 욕

망이 그것이다.

미국의 저명한 철학자이며 교육가인 존 듀이 교수도 그와 같은 사실을 말을 약간 바꾸어 표현하고 있다.

그는 인간이 갖는 가장 뿌리 깊은 충동은 '주요 인물이 되고자 하는 욕구'라고 했다. '주요 인물이 되고자 하는 욕구'라는 것은 사실 의미심장한 문구이다.

이 책에서는 이에 대하여 자세하게 생각해 보고자 한다.

인간은 무엇을 탐내는가? 비록 원하는 것은 별로 없는 듯한 사람에게도 어디까지나 손에 넣지 않고는 배기지 못하는 것이 몇 가지는 있을 것이다. 평범한 인간이면 우선 다음에 드는 것을 소망할 것이다.

❶ 건강과 장수

❷ 맛있는 음식물

❸ 안락한 휴식 — 수면

❹ 금전 및 금전으로 살 수 있는 것(물건)

❺ 죽은 다음의 재생(부활)

❻ 성적인 만족

❼ 자손의 번영

❽ 자신의 중요성 — 자기 자신의 확고한 지위 확보

이상의 욕구는 대체로 만족할 수 있는 것들이나 하나만은 예외가 있다.

이 욕구는 성욕이나 휴식 같은 욕구와 같이 매우 뿌리가 깊으며 더구나 좀처럼 충족될 수가 없다. 그것은 맨 마지막 여덟 번째의 '자기의 중요성'이다. 프로이트가 말하는 '훌륭한 사람이 되고 싶은 욕망'이 그것이며, 듀이가 말하는 '주요 인물이 되고 싶은 욕구'가 그것이다.

링컨의 편지 가운데 서두에 '사람은 누구나 겉치레를 좋아한다.'라고 쓰인 것이 있다. 훌륭한 심리학자 윌리엄 제임스는 '인간이 지닌 성정(性情) 중에서 가장 강한 것은 남에게 인정받는 것을 갈망하는 기분이다.'라고 한다.

여기서 제임스가 '희망한다'든가, '원망한다'든가, '동경한다'든가 하는 우아한 표현을 쓰지 않고 굳이 '갈망한다'는 말을 쓴 것에 주의해 주기를 바란다.

이야말로 인간의 마음을 끊임없이 흔들고 있는 불타는 듯한 갈증이다. 남의 이와 같은 마음의 갈증을 올바르게 채워 줄 수 있는 사람은 극히 드물지만 그것을 할 수 있는 사람이야말로 비로소 타인의 마음을 자기의 손아귀에 넣을 수가 있는 것이다.

장의사(葬儀社)라 할지라도 이런 사람이 죽었다면 진심으로 슬퍼할 일이다.

자기의 증오감 또는 중요한 사람이 되고자 하는 욕구는 인간을 동물과 구별하고 있는 가장 중요한 인간의 특성이다.

이에 대하여 재미나는 이야기가 있다.

내가 아직 미주리주의 시골에 있을 때의 어느 날 이야기지만 아버지는 듀록 저지 종(種)의 훌륭한 돼지와 흰 머리의 순종 소를 먹이면서 그것을 중서부 각지에서 열린 품평회에 출품하여 1등상을 몇 번이나 탔다.

아버지는 그 수많은 영예의 1등상 리본을 한 장의 흰 모슬린 천에 핀으로 꽂아서 줄지어 놓고 손님이 있으면 언제나 그 긴 모슬린 천을 들고 나왔다. 천의 한쪽 끝을 아버지가 가지고, 나머지 한쪽 끝을 내가 가지고 리본을 손님에게 보이는 것이었다.

돼지는 자기가 얻은 상에 하등의 관심도 없었지만 아버지께는 대단히 중요한 문제였다. 결국 그 상이 아버지로 하여금 자신이 중요한 존재라는 인식을 갖게 한 것이다.

만약 우리들의 조상이 이 불타는 듯한 자기의 중요성에 대한 욕구를 갖지 않았더라면 인류의 문명도 생겨나지 않았을 것이다.

교육을 받지 못한 가난한 한 식료품 점원을 분발시켜, 전에 그가 50센트로 사두었던 법률책을 짐짝 속에서 꺼내어 공부를 하게 한 것은, 다름 아닌 자기의 중요성에 대한 욕구에 눈떴기 때문이다. 이 점원은 바로 누구나 다 알고 있으리라 생각되는 링컨이다.

영국의 소설가 디킨스에게 위대한 소설을 쓰게 한 것도, 18세기 영국의 명건축가 크리스토퍼 렌에게 불후의 명작을 남기게 한 것도, 역시 록펠러에게 평생 써도 다 쓸 수 없는 부(富)를 만들게 한 것도 모두가 중요한 인간이 되고자 하는 욕구였다. 부자가 필요 이상의 호화주택을 짓는 것도 역시 같은 욕구의 맛이다.

최신 유행의 스타일로 몸을 치장하거나 최신형 자가용을 굴리고 다니거나 자기 집 아이들을 자랑하는 것도 모두 이 욕구가 있기 때문이다.

많은 청소년들이 악(惡)의 길로 유혹당하는 것도 이 욕구 때문이며, 뉴욕의 경시총감이었던 마르네도 다음과 같이 말하고 있다.

66 최근의 청소년 범죄자는 마치 자아(自我)의 덩어리 같다. 체포 후에 그들이 최초로 한 요구는 자기를 영웅같이 취급하여 크게 다룬 신문을 보여달라고 하는 것이다.

자기 사진이 세인(世人)의 주목을 받는 유명한 인물들, 즉 베이브 루스나 아인슈타인, 린드버그, 루스벨트 등의 사진과 함께 실려 있는 것을 보고 있으면 전기의자에 앉게 될지도 모른다는 염려는 멀리 어느 곳으로 사라져 버리는 것이다."

자기의 중요성을 만족시키는 각 사람마다 제각기 다루는 그 방법을 들어보면 그 인간이 어떤 사람인가를 알 수 있다. 다시 말해 자기 중요성의 욕구를 만족시키는 방법에 따라 그 인간의 성격이 정해지는 것이다. 이는 매우 의미 깊은 말이다.

가령 존 D. 록펠러가 자기의 중요성에 대한 욕구를 채우게 하는 방법은, 전혀 알지도 못하는 중국의 빈민들을 위하여 베이징에 현대적인 병원을 세우는 데 필요한 자금을 기부하는 것이었다.

그러나 델린저라는 사람은 자기의 중요성을 만족시키기 위하여 절도·은행 강도, 나중에는 살인범이 되어 버렸다. 경관에게 쫓겨서 미네소타의 어떤 농가에 도망쳐 들어갔을 때 그는,

"나는 델린저다!"

라고 외쳤다. 그는 또 자기가 흉악범이라는 것을 과시하고 싶어서 못 견

디겠다는 듯 이렇게 말했다.

"나는 너희들을 괴롭힐 생각은 없다. 그러나 나는 델린저다!"

그는 자신이 범죄자라는 사실에 더할 수 없는 긍지를 느끼며, 이를 과시하고 싶었던 것이다.

이와 같이 델린저와 록펠러와의 중요한 차이점은 자기가 중요한 존재임을 만족시키기 위하여 취한 방법의 차이뿐이다.

유명한 사람들이 자기의 중요성을 채우기 위하여 노력한 중요한 예는 세상 어디서나 찾아볼 수 있다.

조지 워싱턴도 자기를 '미합중국 대통령 각하'라고 불러 주기를 원했다. 콜럼버스도 '해군 대제독, 인도 총독'이라는 칭호가 탐났던 것이다. 러시아의 캐서린 여왕은 자기에게 오는 편지 중에서 서두에 '폐하'라고 쓰여 있지 않은 것은 거들떠보지도 않았다.

그리고 링컨 부인은 대통령 관저에서 그랜트 장군 부인을 향해,

"아이 참, 정말 당신이란 사람은 뻔뻔스럽군요. 내가 앉으시라고 말도 하기 전에 먼저 주저앉아 버리니 말예요!"

라고 무섭게 노하여 소리쳤다.

버드 소장이 이끄는 남극 탐험대에 미국의 백만장자들이 앞다투어 자금을 원조한 것 또한 남극의 산맥에 자신들의 이름을 기록하라는 조건이 달려 있었다.

어디 그뿐이랴. 프랑스의 위대한 작가 빅토르 위고는 수도 파리를 자기의 이름과 관련된 명칭으로 변경하려 엄청난 야망을 품고 있었다. 저 위대

한 셰익스피어까지도 자기의 이름을 빛내기 위하여 많은 돈을 들여 귀족의 칭호를 얻었다.

그와 반대로 남의 동정과 관심을 끌어서 자기의 중요성을 만족시키기 위하여 꾀병을 핑계로 삼는 사람도 때로 있다.

가령 매킨리 대통령 부인의 경우가 그 예이다.

그녀는 자기의 중요성을 채우기 위하여 남편인 매킨리 대통령에게 중대한 국사를 소홀히 하게 하고 침실에 들게 하여 자기가 잠들 때까지 몇 시간이든 애무를 계속하게 하였다. 또 그 부인은 치과 치료를 받고 있는 동안, 남편을 옆에서 한시도 놓지 않고 그것으로 하여금 남의 주의를 끌게 하여 자기의 욕구를 만족시켰다.

하루는 대통령이 다른 약속이 있어서 아무래도 부인을 치과 의사에게 남겨두고 떠나지 않으면 안 될 처지에 이르렀다. 그 뒤에 큰 소동이 일어난 것은 말할 나위도 없다.

나는 어느 젊고 건강한 여성이 자기의 중요성을 만족시키기 위하여 환자가 되었다는 이야기를 들은 일이 있다.

이 여성은 어느 날 어떤 정체 모를 마음의 벽에 부딪칠 것 같은 생각이 들었다. 아마 그 벽은 그녀의 나이였던 모양이다. 혼기는 이미 지났고 앞으로는 희망도 없는 고독한 세월이 그녀를 기다리고 있을 뿐이었다.

마침내 이 여성은 자리에 눕고 말았다. 그로부터 10년간 그녀의 늙은 어머니가 몇 끼의 식사를 3층에 있는 침실에 날라다 주며 그녀를 간호했다.

그러던 어느 날 간호를 하다 지쳐 버린 어머니가 끝내 쓰러진 뒤 그대로

숨을 거두고 말았다. 그녀는 비탄에 잠겨서 수주간이 지난 후에 자리에서 일어나 몸을 돌보자 처음과 같은 건강 상태로 되돌아왔다.

전문가에 의하면 현실 세계에서 자기의 중요성을 만족시킬 수가 없어서 환상의 세계에서 그 만족을 얻으려고 실제로 정신 이상을 일으키는 수도 있다고 한다.

미국의 정신병 환자는 다른 병을 앓고 있는 환자 전부를 합친 수보다도 더 많다고 한다.

실제로 뉴욕에 살고 있는 15세 이상의 사람들 중 20명에 한 사람 꼴로 7년간 정신병원에 격리되어 있는 셈이다.

정신 이상의 원인은 무엇일까?

이러한 강의 질문에는 누구나 답변에 주저하리라 생각하지만 어떤 종류의 질병, 즉 매독 따위에 걸리면 뇌세포가 파괴되어서 발광한다는 것은 누구나 다 알고 있다. 사실 정신병자의 약 반수는 뇌조직 장애·알코올·독극물·외상 등 신체의 원인에 의하지만 나머지 반수는 아무리 세밀한 검사를 해본들 그 뇌세포에는 아무런 조직적인 결함을 찾을 수가 없다고 한다.

특히 시체를 해부하여 뇌조직을 가장 정밀한 현미경으로 조사하여 보아도 보통 사람과 아무런 차이가 없다고 한다.

뇌조직에 이상이 없는 사람이 왜 정신 이상자가 되는가?

나는 지난날 이 사실이 믿기지 않아 어느 일류 정신병원 원장에게 알아보았다.

이 원장은 정신병의 최고 권위자로 인정받고 있지만 그는, '솔직히 말해 인간이 왜 정신에 이상을 초래하는가, 나도 알 수가 없다.'고 말하였다.

말하자면 정신 이상을 일으키는 정확한 원인은 아무도 모르는 것이다. 그러나 현실의 세계에서 충족될 수 없는 자기의 중요성을 얻기 위해서 미쳐 버리는 사람이 많이 있다는 것만은 확실하다고 이 원장은 말했다.

그 일에 관해서 그는 다음과 같은 이야기를 들려주었다.

지금 나의 치료를 받고 있는 결혼에 실패한 환자가 한 사람 있다. 그녀는 애정·섹스의 만족과 아이들·사회적 지위 등을 기대하고 결혼생활에 들어갔다.

그런데 현실은 그녀의 희망을 무참히 짓밟아 버렸다. 남편은 그녀를 사랑해 주지 않았다, 식사도 함께하려고 하지 않았고 자기의 식사만 2층에 운반시켜 먹었다. 아이도 태어나지 않았고 지위도 바람직스럽지 못했다. 결국 그녀는 정신에 이상을 초래했다.

그리고 광기의 세계에서 그녀는 남편과 이혼하고 결혼 전의 이름을 다시 부르게 되었다.

그녀는 자기가 영국의 귀족과 결혼했다고 믿고 있으며, 남들이 자신을 스미스 후작 부인이라고 불러 주지 않으면 길길이 날뛰며 화를 내곤 한다.

또 아이에 대해서도 그녀는 밤마다 아기를 출산하고 있다고 믿고 있다. 내가 진찰할 때마다 그녀는 간밤에 아기를 낳았다고 말한다.

이 여자의 꿈을 실은 배는 모조리 현실이라는 암초에 부딪쳐서 산산조각이 나버렸으나, 지금 그녀는 환상이라는 빛나는 광기의 세계에 빠져서 그녀의 꿈을 실은 배는 순풍을 타고 평화로운 항해를 계속해 항구에 안착하고 있다.

이러한 정신상태를 두고 과연 비극적이라고 말할 수 있을까? 글쎄, 나로서도 알 수가 없다.

그 의사도 다음과 같이 말하고 있다.

"가령 내가 오직 손만 내밀기만 하면 그녀의 정신 이상을 고칠 수가 있다고 하더라도 나는 그렇게 하고 싶은 생각이 없다. 지금 그대로의 처지가 그녀에게는 매우 행복할 것이기 때문이다."

대체로 정신 이상자들은 우리들 정상적인 사람들보다도 더욱 행복하고, 광인(狂人)의 세계를 즐기고 있는 사람이 많다. 그런데 그것이 어째서 안 된단 말인가? 그들은 충분히 자기들의 문제를 해결하고 있는 것이다 — 인심 좋게 백만 달러짜리 수표를 끊어 주고, 임금님 앞으로 소개장도 써줄 수 있다 — 정신 이상자는 자기가 창조한 꿈의 나라에서 최대의 소망이었던 자기의 중요성을 발견하고 있는 것이다.

이와 같이 자기의 중요성을 갈망하는 나머지 결국 광기의 세계에서 까지 그것을 채우려고 하는 사람도 이 세상에는 있다는 얘기가 된다. 그렇다고 한다면 우리들이 정상적인 세계에서 이 소망을 채워 준다고 한다면 어떤 기적이라도 일으킬 수가 있을 것이다.

연봉 1백만 달러의 보수를 받고 있는 사람은 내가 아는 한 지금까지는 불과 두 명밖에 없다.

월터 크라이슬러와 찰스 슈와브가 그렇다.

앤드루 카네기가 이 슈와브라는 사나이에게 왜 어떤 뜻으로 백만 달러, 즉 하루에 3천 달러 이상의 급료를 지불했는가?

슈와브가 천재이기 때문일까?

아니다.

제철(製鐵)의 최고 권위자이기 때문일까?

그것도 당치 않은 소리다. 슈와브에게 말하게 한다면, 그가 거느리고 있는 부하가 철에 관한 한 그보다는 훨씬 더 잘 알고 있다고 한다.

슈와브가 이만한 급료를 받는 중요한 이유는 그가 사람을 다루는 명수(名手)이기 때문이라고 스스로 말하고 있다.

어떻게 다루는 것이냐고 물어보니, 다음과 같은 비결을 가르쳐 주었다. 이것은 그야말로 명언(名言)이다. 동판(銅板)에 새겨서 각 가정·학교·상점·사무실 등의 벽에 걸어두면 좋을 것이다. 아이들도 라틴어의 동사 변화나 브라질의 연중 강우량 따위를 외우는 대신에 이 말을 암기해 둘 필요가 있다.

이 말을 활용하면 우리들의 인생은 크게 변모할 것이다.

> 66 나에게는 사람의 열의를 불러일으키는 능력이 있다. 이것이 내게 있어서는 무엇과도 대체할 수 없는 보물이라고 생각한다. 상대방의 장점을 길러 주기 위해서는 칭찬하는 것과 격려하는 것이 무엇보다 좋은 방법이다. 윗사람으로부터 꾸중을 듣는 것만큼 향상심을 해치는 것도 없다. 나는 결코 사람을 비난하지 않는다. 남을 일하게 하려면 격려가 필요하다고 나는 믿고 있다. 그러니까 나는 남을 칭찬하는 일을 좋아하지만 비난하는 것은 매우 싫어한다. 마음

에 드는 일이 있으면 진심으로 찬성하고 아낌없이 찬사를 보낸다."

이것이 슈와브의 사람 다루는 비결이다. 그런데 일반 사람은 어떻게 하는가? 꼭 그와 반대로 하고 있다. 마음에 들지 않으면 마구 비난하고 해치지만 마음에 들면 아무 말도 하지 않는다.

슈와브는 또 이렇게 단언한다.

"나는 지금까지 세계 각국의 수많은 훌륭한 사람들과 사귀어 왔으나 아무리 지위가 높은 사람도 잔소리를 들으면서 일하는 것보다는 칭찬을 받으며 일할 때가 일에 열성이 깃들 뿐만 아니라 일의 능률도 오르는 것 같다. 그 예외는 아직 한 번도 겪은 일이 없다."

실은 이것이 앤드루 카네기가 대성공을 한 열쇠라고 슈와브는 말하고 있다. 카네기도 공사를 막론하고 어느 경우에서든지 남을 칭찬하였다.

카네기는 남의 일을 자기 무덤의 묘비에까지 새겨서 칭찬하려고 하였다. 그가 스스로 쓴 묘비명(墓碑銘)은 이렇다.

《자기보다도 현명한 인물들을 주변에 모으는 방법을 터득한 사람이 여기에 잠들다.》

진심으로 감사하는 것이 록펠러가 사람을 다루는 비결이었다.

그에게는 다음과 같은 일화가 있다.

록펠레에게는 에드워드 베드포드라는 동업자가 있었는데, 어느 날 그는 남미에서 얼토당토 않은 이유로 매입에 실패를 하여 회사에 2백만 달러의 손해를 입혔다. 다른 사람 같으면 아마 길길이 날뛰며 분통을 터뜨리고 질책을 했을 것이다.

그런데 한 가지 록펠러는 베드포드가 최선을 다했다는 사실을 알고 있었다. 게다가 사건은 이미 끝나버린 뒤였다.

그래서 그는 거꾸로 상대를 칭찬할 재료를 찾아냈다. 즉 베드포드가 겨우 투자액의 60퍼센트까지 회수할 수 있었던 것을 기뻐하고, '잘했어. 그나마 회수할 수 있었다니 정말 다행일세.'라고 말한 것이다.

지그펠드라고 말하면 브로드웨이를 현혹시킨 대흥행사로서 어떤 여자라도 날씬한 미인으로 만들어 낼 줄 아는 교묘한 수완으로 해서 명성을 날렸다.

그는 항상 누구의 눈에 띄지 않는 초라한 소녀를 찾아내었는데, 그 소녀들은 무대에 서기만 하면 이상야릇하게 매혹적인 모습으로 변하는 것이었다. 상대를 칭찬하고 신뢰하는 것의 힘을 충분히 자각하고 있는 그는 친절과 인정미로 여자들에게 자기는 아름답다는 자신감을 갖게 하였다.

그는 실제적인 사람으로 합창대원의 급료를 주 30 달러에서 1백75 달러까지 인상해 주었다. 그리고 기사도(騎士道)의 예법도 발휘하여 어느 날 밤에는 출연하는 여배우들에게 축전을 치고 합창대원 전원에게 호화로운 꽃다발을 아낌없이 선물하여 주었다.

언젠가 나는 단순한 호기심으로 단식을 시도하고 싶어서 6일간을 아무 것도 먹지 않고 지낸 적이 있었다. 그다지 어려운 일도 아니었다. 실제 6일째 끝나는 날보다도 2일째 밤이 더욱 견디기 힘들었다.

그런데 가령 가족이나 고용인에게 6일 동안 음식을 주지 않고 있었다면 우리들은 일종의 죄악감을 느낄 것이다. 그러면서도 음식과 같은 정도로, 누구나가 갈망하고 있는 진정 어린 찬사는 6일간은커녕 6주일간, 때로는 6년간도 한 번, 하지 않은 채 내버려두는 예가 허다하다.

〈빈의 재회〉라는 유명한 연극에서 주연을 맡은 알프레드 런트도, '나에게 가장 필요한 영양소는 나의 평가를 높여 주는 말이다.'라고 말하였다.

우리들은 자식이나 친구, 또는 고용인의 육체에는 영양을 주지만, 그들의 자기평가에는 좀처럼 영양을 주지 않는다. 쇠고기나 감자를 먹여서 체력을 북돋워주기는 하지만 부드럽게 칭찬하는 것은 잊어버리고 있다. 부드러운 칭찬의 말은 밤을 밝혀주는 별이 연주하는 음악과 같이 언제까지나 기억에 남아 마음의 양식이 되는 법이다.

'무슨 귀신 씻나락 까먹는 소리, 다 시시한 얘기야……. 상대방에게 아첨하라고, 비위를 맞추라고, 찬사를 늘어놓으라니, 그건 낡은 수법이야! 그런 수법은 벌써 실험이 끝났는걸! 지각이 있는 사람에겐 하등의 소용도 없어!'

독자 중에는 여기까지 읽고 나서 이렇게 생각하고 있는 사람도 있을 것이다.

물론 아첨은 분별 있는 사람에게는 우선 통용되지 않는다.

아첨이라는 것은 천박하고, 이기적이며 성의가 없는 것이다. 그것이 통용되지 않는 것은 당연한 것이며 또 사실 통하지도 않는다. 그렇지만 굶어 죽기 직전에 인간이 풀이나 벌떼나 닥치는 대로 먹는 것과 같이 무엇이든지 닥치는 대로 집어삼킬 만큼 찬사에 굶주린 사람들도 세상에는 더러 있다는 사실도 기억하라.

브디바니 형제가 나란히 몇 번이나 화제의 결혼에 성공한 것은 어떤 이유 때문일까? 왕자라는 별명이 붙었던 이 두 사람은 어떻게 해서 두 사람의 미인 영화 스타와 세계적으로 유명한 가수, 게다가 10센트 상점을 경영하는 여자, 백만장자 바바라 허튼을 연달아 자기 사람으로 만들 수가 있었는가? 도대체 어떤 수법을 썼다는 것인가?

"브디바니 형제의 어떤 특징이 여성을 매혹시켰는가? 많은 사람들은 이 점을 이상하게 생각하고 있다. 세상만사를 다 알고 있고, 남성의 평가에 있어서는 일류라고 하는 대예술가 포라 네그리에 의하면 브디바니 형제와 같이 아첨을 잘하는 인간은 따로 찾아볼 수가 없다고 한다. 그런데 현재처럼 비정한 세상에서는 아첨의 재주는 그 자취가 없어졌다. 말하자면 브디바니 형제의 비결은 아첨이라는 보기 드물게 귀한 기술을 살리는 데 있다고 한다."
라고 〈비버리〉지(誌)는 전했다.

영국의 빅토리아 여왕도 아첨을 좋아하는 경향이 있었다. 그때의 재상 디즈레일리도 여왕에 대해서는 아첨을 수시로 사용했다고 스스로 말하고 있다.

그의 말을 빌리면 '다리미로 다리듯이' 아첨을 했다고 하지만 그는 영국의 역대 재상 중에서도 드물게 보는 세련된 사교의 천재였다.

디즈레일리가 쓴 방법을 우리들이 그대로 사용한다고 해서 반드시 유용하다고 할 수는 없다. 결국에 아첨이라는 것은 이익보다도 오히려 해를 가져오는 것이다.

실상 아첨은 거짓의 사물이다. 위조지폐와 마찬가지로 언젠가는 정체가 드러나고 만다.

그렇다면 아첨과 감사의 말씨는 어떻게 다른가?

대답은 간단하다.

후자는 진실하며 전자는 진실치 못하다. 후자는 마음속에서 우러나오지만 전자는 입에서 흘러나온다. 후자는 이타적(利他的)이며 전자는 이기적이다. 후자는 누구에게나 환영을 받지만 전자는 어느 누구한테도 환대받지 못한다.

나는 최근 멕시코의 차풀테팩 궁전을 방문했는데 거기에 오브레곤 장군의 동상이 있었다. 그 동상의 하부에는 다음과 같은 장군의 신조가 새겨져 있었다.

《적은 두려워할 것이 못 된다. 오히려 감언이설(甘言利說)에 능한 친구를 두려워하라!》

나는 감언이설에 능할 것을 권유하고 있는 것은 절대로 아니다. 내가 권유하고 있는 것은 '새로운 생활법'이다. 되풀이해서 말하지만 나는 '새로운 생활법'을 권유하고 있는 것이다.

영국의 조지 5세는 버킹엄 궁전의 서재에 여섯 항목의 금언(金言)을 제시해 놓고 있었다.

그 한 가지는, '값싼 칭찬은 주지도 말고, 또 받는 일이 없도록 하라!'는 항목이 있었다. 아첨은 바로 '값싼 칭찬'이다. 또 아첨의 정의에 대해서는 다음과 같이 서술한 책을 읽은 일이 있다.

> 66 아첨이란 상대방이 자기 스스로에게 내린 평가에 꼭 들어맞는 말을 해주는 것이다."

이것을 마음에 새겨두도록 하자.

미국의 사상가 에머슨도 '인간은 어떤 미사여구를 다 동원한대도 본심을 속일 수는 없다.'라고 충고하고 있다.

만약 아첨을 하기만 하면 만사가 다 제대로 들어맞는다고 한다면 누구나 모두 아첨하기를 좋아할 것이며 세상은 온통 사람을 잘 다루는 명수들로 꽉 차게 될 것이다.

인간은 무슨 문제가 있어서 그것에 마음을 빼앗기고 있을 때 이외에는 대개 자신의 일만 생각하며 살고 있다.

그래서 얼마 동안 자기의 일을 잊어버리고 남의 장점을 생각하기로 하면 어떨까. 타인의 장점을 알게 되면 값싼 아첨 따위는 쓰지 않아도 되게 될 것이다.

에머슨은 또 이렇게 말하고 있다.

"어떠한 인간이라도 나보다 뛰어난 점, 그러니까 내가 본받아야 할 장점이 있다."

에머슨 같은 위대한 사상가도 이러한데 하물며 우리와 같은 평범한 사람에게야……. 자기의 장점이나 욕구를 잊어버리고 남의 장점을 생각하도록 하자. 그렇게 되면 아첨 따위는 전혀 쓸모가 없는 것이 되어 버릴 것이다.

거짓이 아닌 진심으로부터 칭찬을 하도록 하자. 슈와브와 같이 진심으로부터, 아낌없이 칭찬을 주자.

상대는 그것을 마음 깊이 간직하여 두었다가 평생토록 잊어버리지 않을 것이다. 칭찬을 한 본인은 설혹 잊어도 칭찬을 받은 사람은 언제까지나 잊지 않고 소중히 간직할 것이다.

■■■ 사람의 마음을 읽는 요령의 두 번째 방법 :

☞ 상대방으로 하여금 중요한 존재임을 인식시키는 것이다.

남의 입장에서 생각하라

<u>성공에 비결이라는 것이 있다면 그것은 타인의 입장을 이해하고 자기의</u>
<u>입장과 동시에 타인의 입장에서 사물을 볼 수 있는 능력이다.</u>

매년 여름이 되면 나는 메인주로 낚시를 떠난다. 나는 딸기밀크를 좋아
하는데 그곳의 물고기는 무슨 이유 때문인지 모르지만 지렁이를 좋아한다.
그러니까 나는 낚시를 갈 경우에 내가 좋아하는 것은 제쳐놓고 물고기가 좋
아하는 것을 생각한다. 딸기밀크를 미끼로 쓰지 않고 지렁이를 바늘에 꿰어
서 물고기에게 내밀고 '어서 드십시오'라고 한다.

사람을 낚는 경우에도 이 고기 낚는 상식을 이용하면 좋을 것이다.

영국의 수상 로이드 조지는 이 방법을 이용한 인물로 유명하다.

제1차 세계대전 중 그와 함께 활약한 연합군의 지도자 윌슨, 올랜도, 클
레망소 등의 인물들은 벌써부터 세상에서 잊힌 존재가 되었지만 유독 혼자
만이 변함없이 그 지위를 보유하고 있었다. 그 비결을 질문받고 그는, '낚싯
바늘에는 물고기의 구미에 맞는 것을 달아두는 것이 최선의 요령'이라고 대
답했다.

자기가 좋아하는 기호는 되도록 잊어라.

자기 것을 중시하는 것은 철부지의 어리석은 생각이다. 물론 우리들은
자기가 좋아하는 것에 흥미를 가진다. 또 영원히 갖게 될 것이다. 그러나 자

기 외에는 아무도 그런 것에 흥미를 가져주지는 않는다. 누구나 마찬가지로 사람들은 자기가 원하는 것에만 관심을 갖게 마련이기 때문이다.

그러므로 사람을 움직일 수 있는 유일한 방법은, 그 사람이 좋아하는 것을 문제로 삼고 그것을 손에 넣는 방법을 가르쳐 주어야 한다.

이 점을 잊어서는 사람을 다룰 수 없을 것이다.

가령, 자기의 자식에게 담배를 피우지 않게 하려면 장황한 설교 따위는 쓸모가 없다. 특히 자기의 희망을 말하는 것도 설득력이 없다. 오히려 자기 자식이 관심을 두는 것들로, 예를 들면 담배를 피우는 사람은 야구 선수가 될 수 없고, 백 미터 경주에서도 이길 수 없다고 설명해 주어야 한다.

이러한 방법을 터득하고 있으면, 어른들은 물론 송아지나 침팬지라도 마음대로 움직일 수가 있다.

이러한 얘기가 있다.

어느 날 에머슨과 그의 아들이 송아지를 외양간에 넣으려고 했다. 그런데 에머슨 부자는 세상에 흔해빠진 실수를 저지르고 말았다. 그들은 자기들의 희망밖에 생각하지 않았던 것이다.

아들이 송아지를 끌고 에머슨이 뒤에서 밀었다. 그러자 송아지 또한 에머슨 부자와 같은 짓을 했다 — 즉 자기가 하고 싶은 것만 했다. 송아지는 네 발을 버티고 꼼짝하려 하지 않았다. 그것을 보다 못하여 아일랜드 출신의 가정부가 거들려고 왔다.

그녀는 논문이나 책을 쓸 줄은 모르지만 적어도 이 경우에는 에머슨보다도 송아지 몰이의 상식을 터득하고 있었다. 말하자면 송아지가 무엇을 원하고 있는가를 생각하고 있었다. 그녀는 자기의 손가락을 송아지의 입에 물려서 그것을 빨게 하면서 친절하게 송아지를 외양간 안으로 끌어들였던 것이다.

인간의 행동은 무엇을 원하는가에서부터 출발한다.

적십자사에 1백 달러를 기부하는 행위는 어떤가? 이것도 결코 이 법칙에서 벗어나 있지는 않다. 사람을 구제하고 싶다고 생각했기 때문이다. ― 가난한 형제를 돕는다는 것은 말하자면, 하느님을 섬기는 일이나 마찬가지이다.

아름다운 행위에서 생기는 기쁨보다 1백 달러로 차라리 무언가를 사는 게 좋을 거라고 생각하는 사람은 기부 같은 것은 하지 않을 것이다. 물론 단념하는 것은 마지못해 한다든가 괄시할 수 없는 사람으로부터 의뢰를 받았다든가 하는 이유에서 기부를 하는 경우도 있을 것이다. 그러나 기부를 한 이상 무엇인가를 원했던 것은 확실하다.

미국의 심리학자 오버스트리트 교수의 명저 『인간의 행위를 지배하는 힘』이라는 책에 다음과 같은 말이 있다.

66 인간의 행동은 마음속의 욕구에서 생긴다. …… 그러므로 사람을 움직이는 최선의 방법은 우선 상대의 마음속에 강한 욕구를 일으키게 하는 일이다. 장사하는 데 있어서나, 가정과 학교에 있어서나, 혹은 정치에 있어서도, 사람을 움직이려는 사람은 이 사실을 잘

기억해 둘 필요가 있다. 이것을 할 수 있는 사람은 만인의 지지를 얻는 일에 성공하고, 할 수 없는 사람은 한 사람의 지지자를 얻는 데도 실패할 것이다."

강철왕(鋼鐵王) 앤드루 카네기도 애당초는 스코틀랜드 태생의 가난뱅이에 지나지 않았다. 처음에는 한 시간에 2센트의 급료밖에 받을 수가 없었으나 나중에는 사회 각 방면에 3억 6천5백만 달러를 기부하기에 이르렀다.

그는 젊은 날에 이미 사람을 다루려면 상대가 원하고 있는 일들을 생각하여서 이야기하는 수밖에 방법이 없다고 깨닫고 있었다. 학교라고는 4년밖에 다니지 못했으나 사람을 다루는 방법은 알고 있었던 것이다.

다음과 같은 일화가 있다.

카네기의 사촌 누이동생은 예일 대학에 다니고 있는 두 자식의 일로 앓아누울 만큼 걱정을 하고 있었다. 두 아들은 모두 자기 일에만 정신이 팔려 집에 편지 한 통도 보내지 않았던 것이다. 그들의 어머니가 아무리 초조하게 편지를 보내도 답장은 오지 않았다.

카네기는 조카들에게 편지를 써서 회답에 대해서는 하등 언급을 하지 않고 답장을 보내올 것인지의 여부에 대해서 백 달러를 걸고 내기를 해보자고 하였다.

내기에 응하는 사람이 있어서 그는 조카들에게 편지를 보냈다. 별 용건도 없는 두서없는 글을 써보낸 편지였다. 다만 추신(追伸)에 두 사람에게 5달러씩을 보내주마 하고 그럴듯하게 말했다.

그러나 그 돈은 동봉하지 않았다.

조카들에게 감사의 뜻을 전하는 답장이 곧 도착하였다.

"앤드루 숙부님, 편지 감사해요. ……"

그다음의 문구는 상상에 맡긴다.

남을 설득시켜서 무엇인가 일을 시키려면 입을 열기에 앞서 자신에게 물어볼 필요가 있다.

"어떻게 하면 상대방으로 하여금 그렇게 하고 싶은 심정이 일어나게 할 수 있을까?"

이렇게 하면 남에게 불필요한 잔소리를 늘어놓지 않아도 될 것이다.

나는 강습회를 열기 위해 뉴욕의 어느 호텔 한 홀을 시즌마다 20일간 밤에만 빌려쓰고 있었다.

그런데 어느 시즌이 시작될 무렵에, 그 사용료를 종래의 3배 가까운 금액으로 올린다는 통지를 돌연 받게 되었다. 그때는 이미 티켓의 인쇄가 끝나 예매가 진행되고 있었을 뿐만 아니라 일반에게 발표도 해버린 뒤였다.

나로서는 당연히 그러한 인상을 받아들일 생각이 추호도 없었다. 그러나 나의 마음을 호텔로 전달해 보아야 전혀 소용이 없을 것이라 판단했다. 오히려 호텔 측은 오직 호텔의 문제밖에 생각하고 있지 않을 것이다. 그래서 한 이틀쯤 지나 지배인을 만나러 갔다.

"귀측의 통지를 받았을 때는 다소 놀랐습니다. 그러나 당신을 책할 생각은 없습니다. 나도 당신의 입장에 있다면 필경 그와 같은 편지를 썼을 것입니다. 호텔의 지배인으로서는 가능한 한 호텔의 수익을 올리는 것이 그 임무입니다. 그것을 못하는 지배인 같으면 마땅히 파면이 돼야 할 것입니다. 그런데 이번의 사용료를 인상하여 값을 올리는 것이 호텔에 어떤 이익과 손실을 초래할지는 모르지만, 그 자세한 내용을 표로 작성하여 보지 않겠습니까?"

이렇게 말하고 나는 종이를 손에 들고 가운데에 선을 긋고 '이익'과 '손실'의 난을 만들었다.

나는 '이익'의 난에 '큰 홀이 빈다'라고 써넣고 얘기를 재촉했다.

"빈 큰 홀을 댄스파티나 다른 집회용으로 자유롭게 빌려 줄 수가 있으면 이익이 있을 것입니다. 이것은 확실히 큰 이익입니다. 우리 강습회용으로 빌려 주기보다도 훨씬 많은 사용료를 받을 수가 있을 것입니다. 그러나 20일간이나 큰 홀을 밤마다 점령당하는 것은 호텔로서는 분명히 큰 손실에 틀림없을 것입니다.

다음은 손해에 대해서 생각하여 봅시다. 우선 첫째로 내게로부터 들어오게 될 수익이 없으며 반대로 줄어들 것입니다. 줄기는커녕 한 푼도 들어오지 않습니다. 나는 당신이 말하는 그대로의 사용료를 지불할 수가 없기 때문에 강습회는 어디 다른 장소를 빌리지 않으면 안 됩니다.

게다가 또 한 가지 호텔 측으로서는 손해가 되는 일이 있습니다. 이 강습회에는 지식인이나 문화인이 수없이 모여들 것입니다만 이것은 호텔을 위해서는 큰 선전이 될 것입니다. 사실 신문에 5천 달러짜리 광고를 낸다고 한들 나의 이 강습회에 올 만한 수많은 사람이 이 호텔을 보러 오리라고는 생각할 수 없습니다. 이것은 호텔 측으로서는 매우 유리한 일이 아닙니까?"

이상의 두 가지 '손해 조건'을 해당란에 써넣고 종이 쪽지를 지배인에게 건네주었다.

"여기에 적힌 손익계산표를 보고 잘 생각한 후에 최종적인 회답을 들려주시오."

그 다음날, 나는 사용료의 세 배가 아닌 50퍼센트만 인상하겠다는 통지를 받았다.

이 문제에 관해서 나는 내 자신의 요구를 한마디도 입에 담지 않았다는 사실에 유의하시기 바란다. 시종 상대방의 요구에 관해서 얘기하고 어떻게 하면 그 요구를 충족시킬 것인가를 이야기했을 뿐이다.

가령 내가 감정에 따라서 지배인의 방으로 뛰어들어가 다음과 같이 소리쳤다고 가정해 보자.

"여보게! 이제 와서 세 배로 값을 올린다는 것은 부당하지 않은가. 티켓도 이미 다 인쇄되어 있고……. 어디 그뿐인가, 행사를 위해 광고도 이미 발표한 것을 당신도 잘 알지 않는가. 세 배라니, 말도 안 되는 소리를 하지 마시게. 누가 그렇게 지불할 줄 알아!"

이럴 경우 어떤 결과가 되고 말았을까? 서로가 흥분해서 입에 거품을 물었을 테고, 그 결과는 말하지 않아도 쉬 알 수 있을 것이다. 비록 내가 상대를 설득해서 그 잘못을 깨닫게 하더라도 상대는 물러서지 않을 것이다. 자존심이 그것을 허락지 않는다.

자동차 왕 헨리 포드가 인간 관계에 대해서 언급한 명언이 있다.

> 66 성공에 비결이라는 것이 있다면 그것은 타인의 입장을 이해
> 하고 자기의 입장과 동시에 타인의 입장에서 사물을 볼 수가 있는
> 능력이다."

실로 음미해 볼 만한 말이 아닌가. 몇 번이나 되풀이해서 잘 기억해 주기를 바란다. 참으로 간단하고 알기 쉬운 도리이지만 그러면서도 대개의 사람은, 대개의 경우 그것을 지나쳐 버리고 있는 실정이다.

그 예로는 얼마든지 있다. 매일 아침 배달되어 오는 편지가 그렇다. 대개의 편지는 이 상식의 대원칙을 무시하고 있다.

그 일례로 전국에 지사를 가지고 있는 어떤 광고회사의 방송부장으로부터 각 지방 방송국장 앞으로 송달된 편지를 소개하여 보자(괄호 안의 글은 나의 비평이다).

안녕하십니까?

폐사는 라디오 광고의 대행업자로서 항상 최고의 회사가 되려고 염원하고 있습니다.

(당신 회사의 염원 따위를 누가 알 것이 무엇인가. 이쪽은 온갖 두통거리가 되는 문제를 산더미처럼 안고 있다. 집은 저당잡혀 경매에 넘어갈 것 같으며, 소중한 식목은 해충의 피해로 말라들고 있다. 어디 그뿐인가, 주가는 연일 폭락한데다 오늘 아침은 통근 열차마저 놓쳐버렸다. 어젯밤은 무슨 이유에서인지

존스 가(家)에 있었던 무도회에 초대받지 못했다. 의사로부터는 고혈압이니 신경염이라는 진단을 받았다. 게다가 이번에는 초조한 마음으로 사무실에 나왔더니 이런 편지가 와 있다. 뉴욕에 있다는 젊은 친구로부터 제멋대로의 세상 놀림을 듣는 데서야 말이 되겠는가. 이 편지가 상대방에게 어떤 인상을 주는지 알 수가 없다면 광고업을 그만두고 목축업을 위한 세탁 재료(洗劑)나 만드는 것이 어떨까?)

우리 나라의 방송 사업 발족 이래 폐사의 업적은 참으로 현저하며 항상 업계의 수위를 차지하고 있습니다.

(말하자면 당신의 회사는 규모가 크고 업계 제1이라고 자랑하지만 그것이 어쨌다는거요. 비록 당신의 회사가 제너럴 모터스와 제너럴 일렉트릭의 두 대회사를 합친 것보다 몇 배가 크다고 해도 그 따위 일은 아무래도 좋다. 이쪽은 당신 회사의 크기보다도 자기 회사의 크기가 더 걱정거리란 말이다. 하다못해 어리석은 참새의 절반만큼의 신경을 가지고 있다면 그 정도의 사정은 알 만도 한 일이다. 당신 회사의 자랑을 듣고 있으면 이쪽이 오히려 경멸당하고 있다는 생각이 든다.)

폐사는 항상 각 방송국의 최근 상황에 통달하기를 염원하고 있습니다.

(또 당신의 염원 얘긴가! 바보 같으니라구. 당신의 염원 따위에 구애받고 있을 여가는 없어. 이쪽의 염원은 도대체 어떻게 할 셈인가. 그것에는 일언반구도 언급이 없으니 말이다.)

덧붙여 말하고자 하는 것은 귀국(貴局)의 주간 방송 보고를 듣고자 하오며, 저희 대행사에 필요하다고 생각되는 사항이 있으시면 한 점도 빠짐없이 알려 주시기를 바랍니다.

(주제가 넘어도 분수가 있어야 한다. 제멋대로의 나팔을 불어놓고는 높은 곳에 앉아서 보고를 하라니 이 뚱딴지 같은 소리는 무슨 소린가?)

귀 방송국의 최근 현황에 대해서 조속한 회답을 얻을 수 있으면 서로가 큰 도움이 되겠습니다.

(이런 바보 친구야! 이렇게 소홀한 복사편지를 보내놓고 조속히 회답을 달라니 어처구니가 없지 않은가. 아마 이런 투의 가을 낙엽과 같은 글을 전국에 뿌리고 있으리라. '조속(早速)'이란 무엇인가! 이쪽도 당신과 마찬가지로 분망(奔忙)하다. 그런데 당신은 도대체 무슨 권리가 있어서 잘난 척하고 멋대로 명령하는 것인가. '서로가 편리하다니' ― 편지 마지막에 와서야 겨우 이쪽의 입장을 깨닫게 된 모양인데 이쪽에 어떤 편리함이 있다는 얘기인가, 도대체 난 알 길이 없군.)

▶ 추신(追伸)
〈부랑크빌 저널〉 신문의 사본을 일부 동봉합니다. 귀 방송국의 방송에 도움이 되었다면 다행으로 생각하겠습니다.

(추신에서 겨우 '서로의 편의'라는 뜻을 알 수가 있다. 왜 서두에 그것을 쓰지 않았는가. 하기야 서두에 썼다고 한들 별다른 효과도 없었을 것이다. 도대체 이같은 어리석은 편지를 보내는 그따위 광고업자는 머리가 좀 이상한 것이다. 당신에게 필요한 것은 이쪽의 상황 보고가 아니고, 바보한테 잘 듣는 약일 것이다.)

광고업을 본업으로 삼고 타인에게 물건을 살 마음을 일으키게 하는 전문가인 사람조차도 이러한 편지를 쓰는 판이니 다른 직업을 가진 사람들이 쓰는 편지는 말하지 않아도 짐작할 것이다.

다음에 또 한 통의 편지가 있다.

이 편지는 운송회사의 수송계장이 나의 강습회 수강자인 에드워드 바밀란 씨에게 보낸 것이다.

삼가 아룁니다.

우리 회사의 상황에 대해서 말씀드리겠습니다. 우리 회사에서 취급하는 화물의 대부분이 저녁 무렵에 쇄도하기 때문에 온통 발송 업무에 지장을 초래할 뿐만 아니라 당 회사의 인부의 시간 외 노동과 하적 및 수송의 지연을 초래하고 있습니다.

지난 11월 10일은 귀사에서 5,107상자에 달하는 대량의 화물이 도착하였으나 그때는 이미 오후 4시 20분이었습니다.

당 회사로서는 이러한 사태에 직면하여 생기는 불편을 피하기 위하여 감히 귀사의 협력을 바라는 바입니다.

앞서 서술한 바와 같은 대량의 화물은 도착 시간을 빨리 앞당겨 주든가, 혹은 오전 중에 그 일부가 도착하도록 해주시기 바랍니다.

위와 같이 배려해 주신다면 귀사의 트럭이 기다리는 시간도 단축되고 화물도 즉시 발송되게 될 것입니다.

이 편지에 대한 바밀란 씨의 생각은 다음과 같았다.

66 이 편지는 그 의도와는 달리 역효과를 낳게 한다. 서두부터 자기의 형편을 얘기하고 있으나 도대체 이쪽에서는 그러한 일에 흥미가 없기 마련이다. 다음에 협력을 구하면서도 그것으로부터 생기는 이쪽의 불편에 대해서는 전혀 고려하고 있지 않다. 겨우 마지막 귀절에서 협력을 하면 이쪽을 위해서도 이러이러한 이익이 있다고 한다. 요긴한 얘기가 뒤로 밀려 있기 때문에 협력은커녕 오히려 적개심을 일으키게 한다."

다음에 이 편지를 내가 고쳐 써보기로 하겠다.

자기의 사정에만 정신이 팔리지 말고 자동차 왕 포드의 말과 같이 남의 입장을 이해하고 자기의 입장과 동시에 남의 입장에서도 사물을 보면 어떻겠는가.

다음과 같이 고쳐 쓴다면 최선은 못 되겠지만 앞의 것보다는 한결 나을 것이다.

에드워드 바밀란 씨 귀하

폐사는 귀사의 변함없는 거래에 깊이 감사하고 있음과 동시에, 한층 신속하고 능률적인 서비스로 보답하고자 합니다. 그러나 지난 11월 10일과 같이 오후 늦게 한꺼번에 대량의 화물을 송달하시면 유감스럽게도 본의 아니게 기대에 어긋나는 사례가 있습니다.

이렇게 말씀드리는 까닭은 다른 하주들로부터도 오후 늦게 화물이 도착하기 때문입니다. 거의 비슷한 시간대에 많은 화물이 밀어닥치다 보니, 당연 혼란이 생겨 귀사의 트럭을 기다리게 하거나 때로는 출하의 일도 지체되는 경우가 있습니다.

이래서는 지극히 유감스러운 일이 아닐 수 없습니다. 이러한 사태를 미연에 방지하기 위해서는 가능한 한 오전 중으로 화물을 도착케 하여 주시는 것도 한 가지 선책인가 생각하오니 선처바랍니다. 이 경우에는 귀사의 트럭이 기다리게 될 필요도 없고 화물은 즉시 출하가 가능하며 또한 당 회사의 종업원도 정시에 가정으로 돌아가서 귀사 제품인 맛있는 마카로니로 저녁을 즐겁게 먹을 수가 있을 것입니다.

귀사의 영업 방침에 주제넘은 얘기 같사오나 폐사로서는 더 한층 은혜에 보답코자 하는 고충에서 이와 같은 서면을 드리게 된 것입니다. 귀사의 화물은 비록 하시에 도착하더라도 될 수 있으면 신속하게 처리하도록 전력을 다할 것인즉, 그 점 아무쪼록 안심하여 주시기를 바라옵니다.

다망하시리라 짐작하여 회답의 염려는 없어도 무방하겠습니다.

고맙습니다.

오늘도 여전히 수천 명의 세일즈맨들이 충분한 수입도 얻지 못한 채, 실망과 피로에 지쳐서 거리를 돌아다니고 있다.

왜냐하면 그들은 항상 자기가 원하는 것밖에 생각하지 않기 때문이다. 고객들은 사고 싶은 것이 별로 없는지도 모른다. 이 사실을 세일즈맨은 알지 못하고 있는 것이다.

고객들은 사고 싶은 것이 있으면 자기 스스로 나가서 사게 된다. 고객들은 자기의 문제를 해결하는 데는 언제나 관심을 가지고 있다. 그러니까 그 문제를 해결함에 있어서 세일즈맨이 팔려고 하는 것이, 생활에 도움이 된다는 것이 증명만 되면 이쪽에서 자진해서 산다.

세일즈맨은 강매를 할 필요가 전혀 없다. 손님이라는 존재는 사고 싶어서 사는 것을 좋아하지만 강요를 당하는 것은 원치 않는다.

그럼에도 불구하고 세일즈맨의 대다수는 손님의 입장에서 생각하고 팔려고 하지 않는다.

한 가지 좋은 예가 있다.

나는 뉴욕 교외의 포리스트 언덕에 살고 있지만 어느 날 정거장으로 급히 가는 도중에 롱아일랜드에서 다년간 부동산 중개업을 하고 있는 사람을 만났다. 그 사람은 포리스트 언덕의 사정을 잘 알고 있었기 때문에 나는 내가 살고 있는 집의 건축 재료에 대해 물어 보았다. 그러나 그는 모른다고 대답하고 정원협회에 전화로 문의해 보라고 일러 주었다. 그 정도의 일이라면 나도 벌써부터 잘 알고 있다.

그런데 그 다음날, 그로부터 한 통의 편지가 왔다. 어제 물어본 일을 알게 되었을까? 전화를 걸면 일 분도 채 걸리지 않는 문제이다. 궁금해서 편지를 펴본 나는 그만 실망하고 말았다. 그는 어제와 같이 전화로 물어 보라고 거듭 되풀이하고 그 후에 보험에 가입해 달라고 부탁하고 있다.

이 사람은 나에게 도움이 되는 그러한 일에는 하등의 흥미가 없다. 그 자신에 도움이 되는 일에만 흥미를 가지고 있는 것이다. 이 사람이 남의 도움이 되는 일에 흥미를 갖게 된다면 나를 보험에 가입시키는 것보다 몇천 배나 이익을 거둔 셈이 되겠지만······.

지적인 직업에 종사하고 있는 사람이라도 역시 이 같은 실수를 종종 저지른다.

나는 필라델피아에서 유명한 이비인후과 병원의 문을 들어선 적이 있다. 그런데 그 의사는 나의 편도선을 보기도 전에 나의 직업을 물었다. 그는 나의 편도선의 증세보다도 나의 호주머니 사정에 관심이 있었던 것이다. 사람을 구제하는 것보다도 돈벌이에 더욱 흥미를 가지고 있었다. 그 결과 그는 그만큼 손해를 보았다. 두말할 것도 없이 나는 그의 인격을 경멸하여 그대로 돌아와 버렸기 때문이다.

세상에는 이러한 사리사욕(私利私慾)에 눈이 어두운 인간이 들끓고 있다. 그러니까 자기보다도 타인을 위하여 봉사하려고 하는 소수의 사람들에게 있어서 세상은 기가 막히게 유리하게 되어 있다. 말하자면 경쟁자가 거의 없는 셈이다.

> 66 타인의 입장에 설 수가 있고, 타인의 마음의 움직임을 이해할 수 있는 사람은 장래를 걱정할 필요가 없다."

이것은 오웬 영의 말이다.

이 책을 읽고 '항상 상대의 입장에 자기를 두고 상대의 입장에서 사물을 보고 생각하라.'는, 오직 한 가지 일만을 배울 수가 있다면 성공에의 제1보는 이미 내디딘 것이나 다름없다.

대학에서 어려운 라틴어나 미적분을 배운 사람들도 자기 자신의 마음의 움직임에 대해서는 전혀 모르는 경우가 많다.

일찍이 나는 뉴저지주 뉴와크에 있는 캐리어 냉난방기 제조회사에 '화술 (話術)'을 강의하러 간 일이 있었다.

수강자는 대학을 갓 졸업한 신입사원들뿐이었다. 강의가 막 끝나자마자 수강자 중 한 사람이 동료들에게 농구를 하자고 권유하였다.

그는 여러 사람을 향하여 이렇게 말하였다.

"우리 같이 농구를 하면 어떨까? 나는 농구에 흥미가 있어서 몇 번인가 체육관에 나가 보았으나 항상 사람 수가 부족해서 게임을 할 수가 없었어. 지난 번에는 2, 3명밖에 없어서 볼 던지기를 하고 있는 동안에 볼에 얻어맞아서 혼이 난 일이 있었어. 내일 밤은 여러분이 꼭 와주기를 바란다. 나는 농구를 하고 싶어서 견딜 수가 없어."

그는 상대가 농구를 하고 싶어 하든 말든 그것에는 한마디 말도 하지 않았다. 아무도 가지 않는 체육관에는 아무도 가고 싶지 않는 것이 정한 이치이다. 그가 아무리 하고 싶어도 그것은 다른 사람이 아랑곳할 일이 아니다. 그런데 일부러 그곳으로 가서 볼에 얻어맞고 곤란한 봉변을 당하고 싶은 사람이 어디 있겠는가?

그는 표현을 달리할 수도 있었을 것이다.

농구를 하게 되면 어떤 이익이 있다든가, 그런 얘기를 왜 하지 못했을까. 힘이 난다든가, 식욕이 왕성해진다든가, 머리가 맑아진다든가, 아주 재미있다든가, 이익은 얼마든지 있을 것이다.

여기서 오버스트리트 교수의 말을 거듭 되새겨 보자.

> 66 인간의 행동은 마음속의 욕구에서 생긴다. 그러므로 사람을 움직이는 최선의 방법은 우선 먼저 상대의 마음속에 강렬한 욕구를 일으키게 하는 것이다. 이것을 할 수 있는 사람은 만인의 지지를 얻는 것에 성공하고, 할 수 없는 사람은 한 사람의 지지자도 얻는 데 실패한다."

나의 강습회에 참가한 어떤 청강생의 이야기인데, 그는 항상 자기의 어린 자식의 일을 염려하고 있었다. 그 아이가 심한 편식(偏食)을 하기 때문에 매우 야위어 있었다. 세상의 부모가 다 그러하듯이 그와 아내는 둘이서 항상 나무라기만 하고 있었다.

"엄마는 네가 이것을 먹어 주면 좋겠다."

"아빠는 네 몸이 건강하기를 원하고 있어."

이런 말만을 듣고 이 아이가 부모의 소망을 들어 주게 된다면, 오히려 그것이 더 이상하다.

30세의 부친이 생각하는 방식을 세 살짜리 아이에게 납득시키려고 하는 것은 무리가 있다는 것쯤은 누구나 다 잘 알고 있다. 그럼에도 불구하고 그는 어리석게도 무리하게 밀고 나가려고 한 것이다. 그 바보스런 정도에, 그도 겨우 깨닫고 이렇게 생각하여 보았다.

"도대체 저 아이는 무엇을 가장 원하고 있을까? 어떻게 하면 저 아이의 소원과 나의 소원을 일치시킬 수가 있을까?"

이렇게 생각하자, 그는 의외로 해결책을 손쉽게 찾을 수 있었다.

생각하면 곧 해결책이 나올 수 있는 것이다. 아이는 세발자전거를 가지고 있으며 그것을 타고 집 앞의 아스팔트 위에서 노는 것을 좋아했다. 그런데 두세 집 이웃에 아주 말썽꾸러기 개구쟁이가 있어서 그 녀석이 세발자전거를 뺏어가지고 자기 것인 양 타고 다녔다.

자전거를 빼앗긴 아이는 울음보를 터뜨리고 어머니에게로 달려온다. 어머니는 급히 뛰어나가서 세발자전거를 도로 찾아온다. 이러한 일이 거의 매일같이 되풀이되었다.

그렇다면 이 아이는 무엇을 가장 원하고 있을까?

셜록 홈즈를 들먹일 필요도 없이 생각하여 보면 즉각 알 수가 있다. 그의 자존심과 노여움, 그리고 자기의 중요성 — 이러한 내심의 강렬한 감정이 그를 움직여서 그 개구쟁이 악동을 언젠가는 앙갚음하겠다는 굳은 결심을 하게 되었다.

"엄마가 먹으라는 것을 무엇이든지 먹기만 하면 곧 너는 그 애보다도 힘이 더 세질 거야."

이 말 한마디로 아이의 편식 문제는 당장 해소되고 말았다.

그 아이는 이웃집 개구쟁이를 이기기 위한 마음에 무엇이든지 먹게 되었다.

편식의 문제가 처리되자 그 아버지는 또 다음 문제에 부닥치게 되었다.

이 아이의 또 한 가지 골칫거리는 밤에 오줌 싸는 버릇이었다.

이 아이는 항상 할머니와 함께 자고 있었으나 아침이 되면 할머니가 '또 오줌 쌌구나……' 하고 나무랐다. 아이는 그것을 완강히 부정하며 오줌을 싼 것은 할머니 쪽이라고 말했다.

그때마다 어르고 달래고 타일러도 전혀 효과가 없었다. 그래서 그 부부는 오줌을 밤에 싸지 않게끔 생각하는 방법을 연구해 보았다.

아이는 무엇을 원하고 있는가?

첫째는 할머니가 입고 있는 잠옷이 아니고 아버지와 같이 파자마를 입고 싶어 하고 있다. 할머니는 손자의 나쁜 버릇에 진력이 나 있었기 때문에 그 것을 고칠 수만 있다면 파자마를 사주어도 좋다고 제의했다.

다음에 아이가 소원하고 있는 것은 자기 전용의 침대였다. 이것에도 할 머니는 이의가 없었다.

그래서 어머니는 아이를 데리고 백화점으로 갔다.

"이 애가 무엇인가 사고 싶은 물건이 있대요."

여자 판매원에게 눈짓을 하면서 그렇게 말하자 판매원 아가씨도 알아차 리고 친절하게 대했다.

"어서 오세요. 무엇을 살려고 해요, 어린이께서는?"

판매원의 친절에 자기의 중요성이라는 욕구를 충족하게 된 그 아이는 아 주 의젓한 만족감에 대답을 했다.

"내가 쓸 침대를 사고 싶단 말야."

엄마로부터 눈짓을 받은 판매원의 권유에 따라서 결국 그는 자기가 필요 한 침대를 사고 그 침대는 그 다음날 집으로 운반되었다. 저녁에 아버지가 돌아오자 그 아이는 부리나케 현관으로 뛰어나갔다.

"아버지, 빨리 이층으로 가서 내가 산 침대를 보아 주세요!"

아버지는 그 침대를 쳐다보면서 아낌없이 칭찬을 해주었다.

"이 침대에서 오줌 싸지 않겠지?"

아버지가 그렇게 말하자 그 아이는 결코 오줌을 싸지 않겠다는약속과 함께 사실 그 후, 그의 잠오줌은 그치고 말았다.

자존심이 약속을 지키게 한 것이다.

자기의 침대이며 더구나 그가 자기 혼자서 골라 사온 침대이다. 어른과 같이 파자마도 입고 있다. 어른과 같이 행동하고 싶은 것이다. 그리고 그대로 행동을 취한 것이다.

그리고 또 하나, 다치만이라고 하는 전화 기술자이며, 나의 강습회에 참가하는 사람이 있었다. 그도 역시 세 살짜리 딸이 아침을 먹지 않아 애를 먹고 있었다.

어르고 타일러도 전혀 효험이 없었다. 그래서 도대체 어떻게 하면 딸이 아침식사를 먹고 싶어 할까 생각을 해보았다.

이 아이는 엄마 흉내를 내는 것을 좋아했다. 엄마 흉내를 내면 어른이 된 것과 같은 마음이 되는 모양이다.

그래서 어느 날 아침, 이 아이에게 아침식사 준비를 시켜 보았다. 그녀가 요리하는 흉내를 내고 있는 도중에 적당한 시간을 두고서 아빠가 부엌을 들여다보니 아이는 기쁜 듯이 소리쳤다.

"아빠, 이거 봐요. 내가 아침식사를 만들고 있어요!"

그날 아침 아이는 오트밀을 두 접시나 먹어치웠다. 아침식사를 만드는 것에 흥미를 갖게 되었기 때문이다. 아이는 자기의 중요한 욕구를 만족시킨 것이다. 아침식사를 만듦으로써 자기 표현의 방법을 발견하였다.

"자기 표현은 인간의 중요한 욕구의 일종이다."

이것은 윌리엄 윈터의 말이지만 우리들은 이 심리를 어떤 일에나 응용할 수가 있다.

어떤 놀라운 아이디어가 떠올랐을 경우에 그 아이디어를 상대에게 인식시키고 그것을 자유롭게 요리하게 두면 어떨까. 상대는 그것을 자기의 것으로 생각하고 두 접시의 분량을 먹어치울 것이다.

다시 한 번 오버스트리트 교수의 말을 음미해 보자.

> 인간의 행동은 마음속의 욕구에서 생긴다. 그러므로 사람을 움직이는 최선의 방법은, 먼저 상대의 마음속에 강한 욕구를 일으키게 하는 것이다. 이것을 할 수 있는 사람은 만인의 지지를 얻는 데 성공할 것이고, 그것을 하지 못하는 사람은 한 사람의 지지자를 얻는 데도 실패할 것이다."

이 책을 읽는 독자는 누구나 이 말을 잘 기억해 두기를 바란다.

이 책을 이용하는 아홉 가지 요령

❶ 인간 관계의 원칙을 터득하려면 진지한 의욕이 필요하다. 그 의욕을 불태울 것.

❷ 한 장(章)은 반드시 반복해서 읽은 다음에 비로소 다음 장으로 옮길 것.

❸ 이 책에서 서술한 방법을 어떻게 실행할 것인가에 대하여, 수시로 책을 옆에 펴놓고 생각해볼 것.

❹ 중요하다고 생각되는 곳에는 방점을 찍어둘 것.

❺ 한 달에 한 번, 반드시 이 책을 되풀이해 읽어볼 것.

❻ 이 책에서 언급한 방법을 모든 기회에 실제로 응용하여 볼 것, 항상 이 책을 좌우에 두고 일상의 문제를 처리하는 안내서로 삼을 것.

❼ 이 책의 취지에 반대되는 행위가 있었을 경우에는 벌금을 지불한다는 약속을 친구와 함께해볼 것.

❽ 이 책의 가르침을 얼마나 효과 있게 실행했는지, 매주마다 점검해볼 것. 자기 잘잘못의 경험을 장래를 위하여 기억해 둘 것.

❾ 이 책의 여백을 이용하여 이 책의 가르침을 실행한 방법과 그 일시를 기록해둘 것.

■■▪ 사람의 마음을 읽는 요령의 세 번째 방법 :

☞ 상대방, 곧 남의 입장에서 생각하는 것이다.

듣는 입장이 되어라

<u>지체 높은 사람은 대개 이야기 잘하는 사람보다도 잘 듣는 사람을 좋아한다. 그러나 남의 말을 경청하는 재능은 다른 어떤 재능보다도 훨씬 얻기가 어렵다.</u>

얼마 전의 일이다. 나는 어떤 브리지(카드 게임의 하나) 모임에 초대된 적이 있었다. 실은 나는 브리지 놀이를 하지 않는다.

그런데 마침 또 한 사람 나와 같이 브리지를 하지 않는 금발 부인이 와 있었다.

나는 로웰 토마스가 라디오에 나와서 유명해지기 전에 그의 매니저를 하고 있었으며, 그의 그림이 들어 있는 여행기를 준비하기 위하여 둘이서 널리 유럽을 여행한 일이 있었다.

그런데 그 부인은 내게 그 이야기를 해달라고 했다.

"카네기 선생님, 당신이 여행한 멋드러진 장소와 그곳의 아름다운 경치에 대해 얘기해 주세요."

그녀는 내 옆에 앉으며 최근 남편과 함께 아프리카 여행에서 막 돌아왔다고 말하였다.

"아프리카!"

나는 커다란 소리를 내질렀다.

"아프리카를 여행하셨다고요? 저도 이전에 꼭 한 번 가보고 싶다고 생각

했었죠. 저는 알제리에 불과 24시간밖에 있지 않았으며 아프리카의 일은 그
것밖에는 아무것도 모릅니다. 부인, 당신은 맹수가 있는 지방에도 가 보셨
겠군요? 그것 참 좋았겠군요! 정말 부럽습니다. 제 유럽 여행 이야기보다 아
프리카의 이야기를 들려주십시오."

그녀는 꼭 45분 동안 아프리카의 이야기를 들려주었다. 나의 여행담을
들려달라고는 두 번 다시 말하지 않았다. 그녀가 희망하고 있었던 것은 자
기의 얘기에 귀를 기울여 달라는, 자기를 만족시켜 주는, 열성 있게 듣는 이
를 원했던 것이다.

그녀는 변덕스러운 사람일까? 아니, 그렇지는 않다. 지극히 보통이다.

가령 이런 일이 있었다.

어느 날 나는 뉴욕의 출판업자 J. W. 그린바아 주최의 만찬회 석상에서
어떤 유명한 식물학자를 만났다. 나는 지금까지 식물학자와는 한 번도 이야
기를 나눈 적이 없었다. 그래서인지 나는 그의 이야기에 아주 매혹되고 말
았다.

회교도들이 마취에 사용하는 인도 대마(大麻) 이야기, 식물의 새로운 품
종을 수없이 만들어낸 루서 버뱅크의 이야기, 그 밖에 실내 정원이나 고구
마 등에 관한 이야기를 듣고 있는 동안에 나는 문자 그대로 넋이 나간 사람
처럼 멍해 있었다.

나의 집에는 작은 실내 정원이 하나 있어서 나는 실내 정원에 관한 의문
이 두세 가지 있었으나 그의 이야기를 듣고 그 의문이 시원스럽게 풀려나
갔다.

만찬회에는 우리 외에도 여남은 명의 손님이 더 있었으나 나는 무례한 것도 생각할 여지도 없이 다른 손님들을 무시하고 몇 시간이나 그 식물학자와 이야기를 나누었다.

밤도 깊어 나는 모두들과 헤어졌다. 그때 식물학자는 그 집의 주인을 향해서 나를 적극 칭찬해 주었다.

"카네기 씨는 정말 이야기꾼이더군요."

내가 이야기꾼이라니? 그 말은 당황스러웠다. 그때 나는 실제로 거의 아무 말도 하지 않았던 것이다. 대화를 나누려고 해도 식물학에 관해서는 전혀 무지였으며 화제라도 바꾸지 않는 한 내게는 할 얘기가 없었다. 하긴 말하는 대신에 듣는 것만은 분명히 진심이 되어 있었다. 진심으로 재미가 있다고 생각하고 성심성의껏 들어주었고, 적절한 질문도 아끼지 않았다. 바로 그 점이 상대방을 기분 좋게 했던 것이다.

따라서 상대는 기뻤던 것이다.

이러한 듣는 법은 우리들이 누구에게나 줄 수 있는 최고의 찬사인 것이다.

"어떤 칭찬의 말에도 어리둥절하지 않는 사람이라도 자기의 이야기에 마음을 빼앗기고 있는 상대방에게는 마음이 흔들린다."

이 말은 잭 우드포드의 말이지만, 나는 이야기에 마음을 빼앗겼을 뿐만 아니라 아낌없이 찬사를 주었다.

"이야기를 듣고 매우 즐거웠습니다. 정말 얻은 점이 많이 있었습니다."

"나도 당신 정도로 지식이 있었으면 좋다고 생각합니다."

"당신의 친구가 되어서 들판을 마냥 돌아다니고 싶습니다."

"꼭 다시 한 번 만나보고 싶다고 생각합니다."

나는 이러한 찬사를 입에 담았으나 그 모두가 마음속에서 우러나온 말이었다.

그러니까 실제로는 단지 그의 이야기를 진지하게 들어준 것이 그가 나에 대해 "이야기꾼"이라는 찬사를 하게끔 만든 것이다.

상담의 비결에 대해서 하버드 대학의 총장을 지낸 찰스 엘리어트 박사는 이렇게 말하고 있다.

"상담에는 별다른 비결 같은 것은 없다. …… 다만 상대의 이야기에 귀를 기울이는 것이 중요하다. 어떤 아첨도 이보다 더 나은 효과는 없다."

이것은 누구나 다 알고 있는 이야기이다. 구태여 대학을 나오지 않아도 누구나 알고 있을 것이다.

그런데 많은 임금을 지불하고 점포를 빌려서 상품을 요령 있게 구입하여 쇼윈도와 선전 광고 등 많은 돈을 지출하면서도 상대의 말에 성실히 귀기울이지 못하고, 센스 없는 사람을 고용하는 상인이 얼마든지 있다. 손님의 이야기를 중간에 잘라 버리고, 손님의 말에 역정을 내고, 손님을 화나게 하는 등 손님을 내쫓는 일과 같은 것을 하는 점원을 채용하는 우(愚)를 범하고 있는 것이다.

예를 들면 이런 이야기가 있다. 이것은 J. C. 우튼이라는 사람의 경험담으로 나의 강습회에서 발표된 내용이다.

그는 뉴저지주 뉴와크 시의 어떤 백화점에서 와이셔츠를 한 벌 사서 돌아갔다. 집에 돌아와서 입어보니 염색이 퇴색되고, 깃에는 때가 묻어 있었다.

실망한 그는 와이셔츠를 가지고 다시 그 백화점으로 가니 마침 샀을 때의 점원이 있어서 사정을 얘기했다 — 아니 이야기하려 했다. 그런데 그 점원은 대뜸 이렇게 말하는 것이었다.

"우리들은 이 와이셔츠를 지금까지 몇천 벌을 팔았습니다만 말썽을 일으킨 사람은 당신이 처음입니다."

이 점원의 말을 글로 표현하니 이렇지만 그 말투는 마치 '거짓말하지 마시오! 당신 같은 인간에게 속아 넘어갈 줄 알아?'라고 비난하는 것과 다름없었다.

화가 난 우튼 씨는 점원과 실랑이를 벌였다. 그 도중에 다른 한 점원이 입을 열었다.

"싼 게 비지떡이지요. 검은 옷은 모두 처음에는 색깔이 풀어집니다. 이 값으로는 어쩔 수가 없습니다. 염료가 나빠서 그렇습니다."

"이렇게 되니 나는 더 참을 수가 없어졌습니다."

우튼 씨는 그때의 사정을 다음과 같이 말하고 있었다.

최초의 점원은 나의 정직을 의심했습니다. 다음의 점원은 내가 마치 싼 물건을 산 것처럼 말하고 있습니다. 나는 가슴속이 부글부글 들끓었습니다. 옷을 그들에게 내동댕이치려고 하는 판에 지배인이 돌아왔습니다. 과연 지배인은 장사의 요령을 터득하고 있어서 나의 심정을 잘 마무리 지어 주었습니다. 미쳐 날뛰고 있던 인간을 만족한 손님으로 뒤바꾸어 놓았습니다. 그가 사용한 방법은 다음의 세 가지였습니다.

■■■ 첫째 — 그는 나의 이야기를 처음부터 끝까지 말없이 들어 주었습니다.

■■■ 둘째 — 그는 나의 이야기가 끝나자, 다시 한꺼번에 소리를 지르려는 점원들을 만류하고, 나와 같은 손님의 입장에서 그들과 시비를 하였습니다. 칼라의 때묻은 곳은 분명히 옷의 색깔이 바래서 그렇다고 지적하였을 뿐만 아니라 손님에게 만족을 줄 수 없는 그러한 물건은 금후 절대로 이 점포에서 팔아서는 안 된다고 타일렀습니다.

■■■ 셋째 — 이 옷에 결함이 있었다는 것을 모르고 있었던 자기의 잘못을 사과하고 솔직하게 '이 옷을 어떻게 하겠습니까 — 우리는 당신이 말하는 대로 하겠습니다.'라고 말하였습니다.

나는 이렇게 되자 방금까지 밉살스러운 옷을 되돌려 주고 싶었으나, 나는 '당신에게 물어 보겠습니다만 색깔이 변하는 것은 일시적입니까, 아니면 무슨 수로든 그것을 해결할 방법이 있으면 가르쳐줄 수 없겠습니까.'라고 대답해 버렸다.

그는 일주일만 더 입어보시면 어떻겠느냐고 권유하며 말을 이었다.

"만약 그래도 마음에 들지 않으면 언제라도 오십시오. 마음에 드는 것과 바꿔드리겠습니다. 폐를 끼쳐 죄송합니다. 뭐라 사과드려야 할지 모르겠습니다."

나는 아주 마음이 개운해져서 집으로 돌아왔습니다. 일주일 후에는 색깔도 더는 변하지 않았고 그 백화점에 대한 나의 신뢰도 원상태로 회복되었습니다.

이 백화점의 지배인은 역시 지배인이 될 만한 자격을 갖추고 있었다. 그와는 달리 점원들이 문제인데, 이 친구들은 한평생 점원으로 끝날 것이다 ─ 아니 필경은 손님과 얼굴을 상대하지 않는 포장부로 배치될 것이다.

사소한 일에도 성미를 돋우어서 잔소리를 하는 사람이 있다. 그중에는 악질의 경우도 있지만 그러한 악질의 경우라도 참을성 있게 귀담아 상대의 얘기에 귀를 기울이는 사람 ─ 아무리 성질을 부려도, 코브라와 같이 독을 품어도 조용히 끝까지 귀를 기울여 주는 사람에 대해서는 대개 유순해지는 법이다.

몇 해 전의 일이지만 이런 일이 있었다.

뉴욕 전화국의 교환수를 울리는 전화 가입자가 있었다.

그는 차마 듣기 힘든 온갖 욕설과 폭언을 교환수들에게 퍼붓는 것이었다. 그뿐만 아니라 수화기의 타일선을 뜯어내어 버리겠다고 위협하거나, 청구서가 틀려 있다고 요금을 지불하지 않거나, 신문에 투서를 하거나, 그리고 끝내는 공익사업 위원회에 진정서를 들이밀거나 전화국을 상대로 소송을 제기하는 등 몹시 까다로운 사람이었다.

전화국에서는 마침내 국내에서 분쟁 해결 솜씨가 가장 능란한 사람으로 하여금 이 말썽꾸러기 인물을 만나게 하였다. 이 국원은 그 상대가 마음껏 울분을 터뜨리도록 하고 그의 주장을 열심히 귀담아들어 주며, 하긴 그것도 그럴듯하다는 동감을 표하기도 하였다.

그 일에 관해서 이 국원은 다음과 같이 말하고 있다.

처음 방문했을 때, 그가 냅다 고함을 지르는 것을 세 시간 가까이 가만히 참고 들어 주었습니다. 그다음에 갔을 때도 역시 같은 식으로 그의 주장에 귀를 기울였습니다. 결국 전부 네 번 만나러 갔습니다.

네 번째의 만남이 끝났을 때는 그가 설립을 계획하고 있는 모임의 발기인이 되어 있었습니다. 그 회의 명칭은 전화 가입자 보호협회라고 하는 것입니다만, 현재도 내가 아는 한 그 남자 이외에 회원은 나 혼자밖에 없는 것 같습니다.

나는 상대의 주장을 시종일관 상대의 입장이 되어서 들어 주었습니다. 전화국원이 이러한 태도를 취하는 것은 그는 처음 당하는 일로 나를 나중에는 마치 친구와 같이 대했습니다.

그와는 네 번 만났습니다만 나는 그를 방문한 목적에 대해서는 한마디도 언급하지 않았습니다. 그러나 네 번째는 목적이 완전히 달성되었습니다. 체납되어 있던 전화료도 모두 지불했으며 위원회 제소도 취하하여 주었습니다.

말썽을 피운 이 사람은 가혹한 착취에서 공민권을 방위하는 전사로 자처하고 있었음에 틀림없다. 그러나 실상은 자기의 중요성을 나타내고 싶었던 것이다. 자기의 중요성을 얻기 위해서 그는 전화국을 상대로 문제를 제기했는데, 이제 그것이 채워지자 그가 드러낸 불평은 그 자리에서 자취를 감추고 사라져 버렸던 것이다.

세계적으로 유수한 테드마 모직물 회사가 창립한 지 아직 얼마 지나지 않았을 무렵, 초대 사장 줄리앙 F. 테드마의 사무실에 고객이 뛰어들어 소란을 피웠다.

테드마 사장은 그때의 상황을 다음과 같이 말해 주었다.

테드마의 거래처인 그 손님에게는 15달러의 판매대금 미수금이 남아 있었다. 그러나 그 사람은 그럴 리가 없다고 우기며 말을 듣지 않았다. 이쪽은 절대로 틀림이 없다는 자신이 있었기 때문에 재삼 독촉장을 보냈다. 그러자 그는 화를 내며 먼 길을 마다 않고 시카고 나의 사무소까지 찾아와서 지불은 커녕 이후 다시는 테드마 회사와 일체 거래를 하지 않겠다고 잘라 말했다.

나는 그의 얘기를 조용히 참고 들었다. 나는 말 도중에 몇 번이나 말대꾸를 하려고 생각했으나 그것은 선책이 아니라고 고쳐 생각하고 말하고 싶은 얘기를 끝까지 들어 주었다. 말할 만큼 털어 내버리고 나서 그는 흥분도 가라앉고 이쪽의 얘기도 들어줄 듯이 생각되었다.

그 기회를 엿보고 나는 조용히 입을 열었다.

"일부러 시카고까지 와 주셔서 뭐라고 사례를 드려야 할지 모르겠습니다. 정말 좋은 말씀을 많이 들었습니다. 관계 직원이 그러한 폐를 끼쳐드렸다면 또 다른 손님에게도 폐를 끼치고 있을지 모르겠습니다. 그렇다면 이것은 당신이 오시지 않더라도 우리 쪽에서 찾아가 뵈어야 할 일이었습니다."

이렇게 내가 인사를 드리리라고는 그는 미처 생각하지 못했다. 나를 골탕 먹이기 위해서 일부러 그는 시카고까지 찾아왔는데 오히려 감사드린다고 하니 다소 맥이 빠졌을는지도 모를 일이다. 나는 이어서 다시 이렇게 말했다.

"우리 사무원이 수많은 거래 단골의 계산서를 취급하게 됩니다. 그런데 당신은 정직한 분이시군요. 계산서는 우리들에게서 오는 것만 유의하고 계시면 되니까 아마 잘못은 이쪽에 있는 듯합니다. 15달러의 문제는 취소하기로 하겠습니다."

나는 그의 심정을 잘 알았으며, 만약 내가 당신이라도 역시 그렇게 했을 것이라고 말하였다. 그는 우리 점포에서는 이미 아무것도 사지 않겠다고 했으니까 나는 그에게 다른 점포를 추천하기로 하였다.

이전부터 그가 시카고에 나오면 항상 점심을 함께 먹었기 때문에 그날도 나는 함께 점심을 하자고 권했다. 그는 마지못해 나를 따라왔으나 점심을 마치고 사무실까지 함께 돌아오자 지금까지 사 간 것보다 다량의 물건을 내게 주문했다.

마음을 돌려서 돌아간 그는 그때까지의 태도를 바꾸어서 한 번 더 서류함을 조사한 후, 잘못 두고 잊어버렸던 문제의 우리 쪽 청구서를 발견하고 사과의 글과 함께 15달러의 수표를 동봉해 왔다.

그 후 그의 집에 아기가 태어나자, 그는 아이 이름을 '테드마'라고 지었다고 한다. 그리고 그는 죽을 때까지 22년간 우리들의 좋은 벗이며 좋은 고객이었다.

퍽 오래전의 이야기이다.

가난한 네델란드에서 이민 온 한 아이가 학교에서 돌아오면 주당 50센트를 받고 빵집의 창문을 닦고 있었다.

그뿐만 아니라 그 소년은 집이 가난하여 매일 삽을 가지고 시내의 행길에서 석탄차가 떨구고 간 석탄의 부스러기를 주워 모으고 있었다.

그 소년의 이름은 에드워드 보크였다. 학교에는 6년도 채 다니지 않았으나 후에 미국 굴지의 잡지 편집자가 되었다. 그의 성공 비결은 요컨대 이 글에서 말하고 있는 〈사람을 다루는 원리〉를 응용하고 있었다.

13세 때, 그는 학교를 그만두고 웨스턴 유니언 전보회사에 한 주에 6달러 25센트의 급사로 취직했다. 그리고 그는 향학열에 불타고 있었기 때문에 독학을 시작했다. 차비를 절약하고 점심을 걸러가면서 모은 돈으로 〈아메리카 평전집〉을 산 그는 그것으로 일찍이 듣지 못했던 일을 벌였다.

그는 유명한 사람의 전기를 읽고 본인 앞으로 편지를 써 소년 시절의 이야기를 들려주었으면 좋겠다는 청을 했다. 그는 또 훌륭한 듣는 귀를 가졌다. 유명 인사들에게 스스로 자기를 얘기하도록 만든 것이다.

그는 당시 대통령 선거에 출마 중이었던 제임스 A. 가필드 장군에게 편지를 내어서 소년 시절에 운하를 배로 끌어당겼다는 것이 참말인지를 물어보았다.

물론 가필드로부터 답장이 왔다.

한편 그랜트 장군(남북전쟁 때 북군의 총사령관, 18대 대통령)에게도 편지를 보냈다. 그리곤 남북전쟁 당시의 어떤 격전에 관한 얘기를 들려달라는 청을 했다. 그의 청을 받아들인 그랜트 장군은 지도를 그리면서까지 상세히 설명한 경험담을 보내주었고, 이 14세의 소년을 만찬회에 초대하여 여러 가지 얘기를 들려주었다.

그는 또 에머슨에게도 편지를 내어 에머슨이 스스로 기뻐하며 자기 얘기를 하도록 만들었다. 이 전보회사의 배달 소년은 그 후에도 수많은 유명 인사들과 편지를 교환하게 되었다.

에머슨을 비롯해서 필립스 브룩스(1835~1893 유명한 설교가), 올리버 웬델 홈스(1809~1894 생리학자. 시인), 롱펠로(1807~1882 시인)와 링컨 부인, 그리고 루이자메이 올콧(1832~1888 여류 소설가), 셔먼 장군, 제퍼슨 데이비스(1808~1889 정치가)등이 바로 그들이었다.

그는 이러한 유명 인사들과 서신을 교환하였을 뿐만 아니라 휴가 때마다그 사람들을 방문하여 환영을 받았다.

이러한 경험에서 얻은 자신감은 그에게 있어서 귀중한 것이었다. 이러한 유명인들은 이 소년의 꿈과 희망을 크게 부풀게 하여서 드디어는 그의 생애를 일변시켜 버렸다.

거듭 말해 두거니와 이것은 다름이 아니라 이 장에서 말하고 있는 〈사람을 다루는 원리〉를 응용한 것에 불과하다.

아이작 F. 마커슨은 매우 뛰어난 저널리스트였다. 그의 말에 의하면 바람직스러운 첫인상을 주는 데 실패하는 것은 대개의 경우 주의 깊게 상대가말하는 것을 듣지 않기 때문이라고 한다.

❝ 자기가 말하려는 것만을 생각하고 있어서 귀를 닫아버리는사람이 많이 있다 — 지체 높은 사람은 대개 이야기를 잘하는 사람

보다도 잘 듣는 사람을 좋아한다. 그러나 남의 말을 경청하는 재능은 다른 어떤 재능보다도 훨씬 얻기가 어려운 것 같다."

그는 이렇게 말하고 있으나 듣기를 좋아하는 상대를 바라는 것은 반드시 지체 높은 사람에 한하지 않는다. 누구나 그런 심정을 가지고 있다.

〈리더스 다이제스트〉지(誌)에 언젠가 다음과 같은 기사가 실려 있었다.

《이 세상에는 자기의 이야기를 들어 주기를 원하는 사람이 있기 때문에 의사를 부르는 환자가 있다.》

남북전쟁의 막바지에 링컨은 고향인 스프링필드의 옛 친구에게 편지를 보내어 워싱턴으로 와달라고 말하였다. 중요한 문제에 관해서 상의를 하고 싶다는 것이었다.

그 친구가 백악관에 도착하자 링컨은 〈노예 해방 선언〉을 발표하는 것이 과연 선책인지 어떤지를 수시간에 걸쳐서 이야기하였다. 자기의 의견을 마저 진술하고 나서 이번에는 투서와 신문 기사를 읽었다. 어떤 사람은 해방에 반대하고 어떤 사람은 찬성하고 있다.

이리하여 수시간의 이야기가 끝나자 링컨은 친구와 악수를 나누고 그의 의견은 한마디도 듣지 않고 돌려보냈다. 처음부터 끝까지 링컨은 혼자서 말하고 있었으나 그래도 마음이 썩 개운한 모양이었다.

그 친구도 링컨이 할 말을 다하고 나자 퍽 마음이 편해진 것 같다고 훗날 얘기하고 있다.

링컨은 상대의 의견을 들을 필요가 없었던 것이다. 다만 마음의 부담을 덜어 주는 사람이 필요했음에 틀림없다.

마음에 괴로움이 있을 때는 누구나 그렇다.

화를 내고 있는 손님, 불평을 품고 있는 고용인, 상심하고 있는 친구 등에게는 성실하게 자신의 이야기를 들어줄 줄 아는 사람이 필요한 것이다.

타인에게 배척당하거나, 뒤에서 비웃음을 사거나, 경멸을 받고 싶으면 다음의 조항을 지키는 것이 상책일 것이다.

❶ 상대의 이야기를 결코 오래 듣지 말 것.

❷ 시종 자기의 이야기만 늘어놓을 것.

❸ 상대가 이야기를 하고 있을 때, 무슨 자기 의견이 생각나면 곧 상대의 얘기를 중단시킬 것.

❹ 머리 회전이 둔한 그런 인간의 시시한 얘기를 언제까지나 듣고 있을 필요가 없다. 이야기 도중에 염치없이 말을 꺼낼 것.

세상에는 이러한 조항을 엄수하고 있는 사람이 실재하고 있는 것을 독자는 알고 있을 것이다. 나도 불행히 알고 있다. 유명한 사람 중에도 그러한 사람이 있으니 그리 놀랄 일만도 아닐 것이다.

그러한 사람들은 정말 지루할 정도로 자아에 도취하여 자기만이 잘났다고 생각하고 있는 사람이다. 자기의 얘기만을 늘어 놓는 사람은 자기의 일밖에 생각하지 않는 이기적인 사람이다.

콜롬비아 대학 총장 니콜라스 M. 바틀리 박사는 그에 관해서 이렇게 말하고 있다.

> 66 자기의 일밖에 생각하지 않는 인간은 교양이 없는 인간이다. 비록 아무리 교육을 많이 받았다손 치더라도 교양이 전혀 몸에 붙지 않은 사람이다."

좋은 이야기꾼이 되려면 좋은 듣는 귀를 가져야 한다.

찰즈 N. 리 부인은 이 뜻을 다음과 같이 말했다.

> 66 상대방으로 하여금 흥미를 갖게 하려면, 먼저 이쪽이 흥미를 가져야 한다."

그러므로 상대가 기쁜 마음으로 기꺼이 대답할 수 있는 그러한 질문을 하는 일이다. 상대방의 일이나 자랑으로 삼고 있는 일에 대해 질문하면, 상대는 거침없이 자신의 이야기를 할 것이다.

당신의 이야기 상대는 당신의 일에 대해서는 사실 별로 관심이 없다. 바로 이 점을 명심하라.

중국에서 백만 명이 굶어죽는 대기근이 일어난다 해도, 인간 개개인에게는 자신을 고통으로 몰아넣고 있는 치통이 훨씬 중요한 사건이다. 자신의 목에 생긴 부스럼이 아프리카에서 일어난 지진 40번보다 더 큰 관심사이다.

사람과 이야기할 때는 이 일을 잘 생각하여 주기를 바란다.

■■■ 사람의 마음을 읽는 요령의 네 번째 방법 :

☞ 듣는 입장이 되는 것이다.

상대방의 관심을 파악하라

내가 만약 상대방의 관심이 무엇인지를 모르고 그의 흥미를 불러일으키지
않았다면 그가 그렇게 쉽게 우리에게 접근할 수가 없었을 것이다.

오이스타 베이의 관저로 루스벨트 대통령을 방문한 사람이라면 누구나
그의 해박한 지식에 놀랐다.

"루스벨트는 상대가 카우보이이든, 의용 기병대원이든 혹은 정치가·외
교관 그 밖에 누구이든 그 사람에게 적합한 화제를 풍부하게 간직하고 있
었다."

이는 마리엘 브라드포드의 말이다.

마리엘 브라드포드가 말한 이 뜻은, 루스벨트가 어떻게 그러한 재간을
부릴 수가 있었겠는가, 그 요령을 밝히면 간단하다.

루스벨트는 누군가 찾아오는 사람이 있다는 것을 알면, 그 사람이 특히
좋아하거나 흥미를 가질 만한 문제에 관해서 전날 밤 늦게까지 여러모로 연
구를 해두었다고 한다.

루스벨트도 다른 지도자들과 같이 사람의 마음을 사로잡는 지름길은 상
대가 가장 깊은 관심을 가지고 있는 문제를 화제로 삼는 일이라는 것을 알
고 있었던 것이다.

예일 대학의 전 문학부 교수 윌리엄 라이언 펠프스는 어릴 적에 이미 이 사실을 알고 있었다.

그는 〈인간성에 관해서〉라는 제목의 논문에서 이렇게 쓰고 있다.

나는 여덟 살 적 어느 주말에 스트래드 포드에 있는 린제이 숙모의 집에 놀러간 일이 있다. 저물녘에 중년의 남자 손님이 찾아와서 한동안 숙모와 흥겹게 얘기를 주고받고 있었으나 얼마 후 나를 상대로 열심히 이야기를 시작했다. 그 무렵 나는 보트에 열중하고 있었는데 그 사람의 이야기는 완전히 나의 마음을 사로잡았다. 그 사람이 돌아가자 나는 열심히 숙모에게 그 사람을 칭찬하였다.

"정말 멋있는 사람이야! 보트를 그렇게 좋아하는 사람은 처음 보았어."

그러자 숙모는 "그 손님은 변호사야. 보트에 대해서는 별로 아는 것이 없을 텐데……" 하고 고개를 갸웃했다.

"그럼 왜 보트 얘기만을 했어요?"

"그건 그분이 신사이니까, 네가 보트에 정신이 팔려 있는 것을 알아보고 너를 기쁘게 해주려고 기분 좋게 너의 상대가 되어 준 거야."

라고 숙모는 가르쳐 주었다.

펠프스 교수는 이 숙모의 이야기를 결코 잊어버릴 수 없다고 쓰고 있다.

현재 보이스카우트의 일로 활약하고 있는 에드워드 L. 차리프에게서 온 편지를 소개하자.

어느 날 나는 다른 사람의 도움에 의지하지 않고는 어쩔 수 없는 문제와 맞부딪치고 있었습니다. 유럽에서 행하여지는 스카우트 대회가 눈앞에 다가와 있었으며, 그 대회에 대표 소년을 한 사람 보내고 싶었습니다만 그 비용을 어느 큰 회사의 사장이 기부해 주었으면 하고 생각하였습니다.

그 사장을 만나러 가기 직전, 나의 입장에서 도움이 되는 좋은 얘기를 들었습니다. 그것은 그 기업체의 사장이 1백만 달러짜리 수표를 끊은 뒤, 이제는 지불이 끝난 그 수표를 액자에 넣어서 장식하고 있다는 얘기입니다.

나는 사장실에 들어서자마자 우선 그 수표를 보여달라고 부탁했습니다. '1백만 달러 수표! 그러한 큰 금액의 수표를 실지로 보고 왔다는 이야기를 스카우트의 아이들에게 들려주고 싶다.'고 나는 말했습니다. 사장은 기뻐하고 그 수표를 보여 주었습니다. 나는 감탄을 하면서 그 수표를 끊기 시작하게 된 동기를 자상하게 들려줄 것을 부탁했습니다.

독자들도 알고 있었지만 차리프 씨는 보이스카우트나 유럽의 대회 혹은 그의 희망 같은 것에 대해서는 일체 언급하지 않고 있었다. 다만 상대가 관심을 가지고 있는 일에 대해서만 얘기하였다.

그 결과는 다음과 같이 되었다.

그동안에 상대의 사장은 '그런데 당신의 용건은 무엇이었죠?'라고 내게 물었습니다. 그래서 나는 비로소 용건을 꺼내었습니다.

그런데 놀랍게도 사장은 나의 부탁을 즉석에서 수락하였을 뿐만 아니라 이쪽에서 예기치 않았던 일까지 자청하여 주었습니다. 나는 소년 단원에서 대표 소년을 한 사람만 보내도록 부탁했습니다만 사장은 다섯 명의 소년과 동시에 나도 함께 보내 주었습니다. 1천 달러의 신용장을 건네주었으며 7주간을 머물렀다가 돌아오도록 말했습니다.

그 밖에 그는 유럽의 지점장에게 소개장을 써서 우리들의 편의를 도모하도록 명령했습니다.

그리고 그 자신은 우리와 파리에서 만나 친절히 파리 안내까지 해주었습니다. 그 이후 그는 우리 그룹의 뒤를 돌보며 가정이 곤란한 단원에게는 직장을 구해준 일도 여러 번 있었습니다. 만약 내가 그를 처음 만났을 때, 그의 관심이 무엇인지를 모르고 그의 흥미를 불러일으키지 않았다면 결코 그가 그렇게 쉽게 우리에게 접근할 수가 없었을 것입니다.

그 방법이 과연 비즈니스에 응용이 될는지는 알 수 없지만 일례로, 뉴욕의 일류 제빵회사 듀바노이 상회의 헨리 G. 듀바노이 씨의 경우를 예로 들어 보자.

듀바노이 씨는 이전부터 뉴욕에 있는 어느 한 호텔에 자기 회사의 빵을 납품하려고 애를 태우고 있었다. 4년간을 매주 지배인에게 찾아갔고, 지배인이 출석하는 회합에도 동석하곤 했다. 그리고 그 호텔의 손님이 되어서 체류하여 보기도 했으나 그것도 헛수고였다.

듀바노이 씨는 그때의 상황을 다음과 같이 말하고 있다.

그래서 나는 인간 관계를 연구했습니다.

그리고 전술을 다시 세웠습니다. 이 사람이 무엇에 관심을 가지고 있는

가, 즉 어떤 일에 열성을 기울이고 있는가를 조사하기 시작했습니다.

그 결과, 나는 그가 미국 호텔협회의 회원이라는 것을 알아냈습니다. 그것도 단순한 평회원이 아니라 그 협회의 회장이었으며, 국제 호텔협회의 회장도 겸하고 있었습니다. 협회의 대회가 어디서 열리든 비행기를 타고 들을 넘고 산을 넘어 반드시 출석하는 열성파였습니다.

그래서 나는 다음 날, 그를 만나서 협회의 이야기를 꺼내었습니다. 반응은 굉장한 것이었습니다. 그는 눈을 반짝거리며 30분가량 협회의 이야기를 해주었습니다. 협회를 육성하는 것은 그에게 있어서 무상의 즐거움이며 정열의 원천이 되고 있는 듯했습니다.

그러면서 그는 내게도 입회를 권유하였습니다.

그와 이야기를 하고 있는 동안에 나는 빵에 대해서는 조금도 내비치지 않았습니다. 그런데 수일 후 호텔의 구매과에서 전화가 걸려와서 내게 빵의 견본과 가격표를 가지고 오라는 것이었습니다.

호텔에 도착하니 '당신이 어떤 수단을 썼는지는 모르겠으나 우리 지배인께서는 외골수로 당신이 마음에 든 모양입니다.'라고 구매과의 사람이 내게 이야기를 했습니다.

생각해 보십시오. 그 남자와 거래를 트고 싶은 생각에 4년간이나 그 꽁무니를 쫓아다녔습니다. 만약에 그 사람이 무엇에 관심을 집중시키고 있는가, 어떤 화제를 좋아하는가를 찾아보는 요령을 모르고 있었다면 나는 아직도 그를 뒤쫓고 있을 것입니다."

■■■ 그러므로 당신 자신에게 동기를 유발하는 법칙

☞ 상대가 관심을 가지고 있는 일을 파악하고 화제로 삼는 것이다.

DALE CARNEGIE

2
남에게 호감을
얻는 방법

- 진실한 마음으로 꾸준히 관심을 보여라

- 항상 얼굴에 미소를 지어라

- 상대방의 이름을 기억하라

- 진심으로 칭찬하라

DALE CARNEGIE

2. 남에게 호감을 얻는 방법

/// 좋은 습관은 사소한 희생을 쌓아감으로써 이루어진다. 미소는 가정에 행복
/// 을, 사업에는 신뢰를 가져온다. 그리고 슬퍼하는 사람에겐 태양이 되고, 괴
/// 로워하는 자에게는 자연의 해독제가 된다.

진실한 마음으로 꾸준히 관심을 보여라

친구를 만들고 싶으면 우선 남을 위해서 일해야 한다. 남을 위하여 자기의
시간과 노력을 바치고 사려 있는 자기 희생적인 노력을 행하는 것이 좋다.

친구를 얻는 법을 배우기 위해서 책까지 읽을 필요는 없다. 다만 세상
에서 그 방면에 가장 뛰어난 사람이 하는 기략(機略)을 배우면 되는 것이다.

그 뛰어난 사람이란 — 우리들이 매일같이 길가에서 마주치고 있는 강아
지가 바로 그 방면에서는 우리의 스승이다.

강아지는 이쪽이 접근하면 반갑다고 꼬리를 흔든다. 멈추어 서서 어루만져 주면 좋아서 호의를 보여 준다. 무슨 다른 속셈이 있어서 이와 같은 애정 표시를 하고 있는 것이 아니다. 집이나 토지를 팔아넘기려 하거나, 결혼해 달라는 저의는 더욱 없다.

하등의 일도 하지 않고 살아가는 동물은 개뿐이다.

닭은 달걀을 낳고, 소는 우유를 생산하고, 카나리아는 노래를 부르지 않으면 안 되지만 개는 오로지 사람에게 애정을 바치는 것만으로도 귀여움을 독차지하며 살아가는 것이다.

내가 다섯 살 되던 해, 아버지가 황색의 강아지 한 마리를 50센트에 사오셨다. 그 강아지의 존재는 나에게 있어서 다른 무엇과도 바꿀 수가 없는 기쁨이며 행복이었다.

매일 오후 네 시 반경이 되면, 강아지는 앞마당에 앉아서 맑은 눈동자로 가만히 집 안쪽을 쳐다보고 있었다. 나의 목소리가 들리거나 혹은 식기를 들고 있는 나의 모습이 나무숲 사이로 보이기만 하면 마치 총알처럼 숨을 헐떡이며 달려와서는 기뻐 날뛰는 가운데 짖어대거나 꼬리치곤 했다.

그로부터 5년 동안 강아지 디삐는 나의 둘도 없는 친구였다. 그런데 어느 날 10피트도 떨어지지 않은 나의 눈앞에서 디삐는 죽었다. 벼락을 맞은 것이다. 디삐의 죽음은 한평생 잊히지 않는 슬픔을 나의 어린 마음에 남기고 갔다.

디삐는 심리학 책을 읽은 적도 없으며 또 그럴 필요도 없었다. 상대의 관심을 사려고 하기보다는 상대에게 순수한 관심을 보여 주는 편이 훨씬 많은 사랑을 받게 된다는 것을 본능적으로 알고 있었던 것이다.

거듭 되풀이해서 말하지만 친구를 얻는 데는 상대의 관심을 끌려고 하기보다는 상대에게 순수한 관심을 보내는 일이 더 중요하다.

그런데 세상에는 타인의 관심을 사기 위해서 엉뚱한 노력을 계속하며 그 잘못을 깨닫지 못하는 사람이 많이 있다.

물론 이래서는 아무리 노력하여도 소용이 없다. 사람은 대체로 남의 일에 관심을 갖지 않는다. 오직 자기의 일에만 관심이 있다 — 아침이나 낮이나 밤이나.

뉴욕의 전기회사에서 '어떤 말이 가장 많이 사용되고 있는가' 통화의 내용을 연구한 적이 있다. 생각대로 가장 많이 사용되고 있는 단어는 '나'라는 말이었다. 5백 번의 통화에 무려 3천9백90번이나 '나'라는 말이 사용되었다.

여러 사람과 함께 찍혀 있는 사진을 볼 때 우리들은 제일 먼저 누구의 얼굴을 찾는가? 이 질문에 대해서 굳이 대답할 필요는 없을 것이다.

자기가 타인에게 관심을 가지고 있다고 생각하는 사람은 다음 질문에 대답해 주기 바란다.

"만약 당신이 오늘 밤 죽었다고 한다면 몇 사람의 조문객이 장례식에 참석해 줄 것인가?"

또 다음의 질문에도 대답해 주기를 바란다.

"당신이 상대방에게 관심을 가지지 않는데도 어찌하여 상대가 당신에게 관심을 가질 수 있겠는가?"

단순히 남을 감탄케 해서 그 관심을 일으키려고 하는 것만으로는 결코 참다운 친구를 많이 만들 수 없다. 참다운 친구는 그러한 방식으로는 만들 수가 없는 것이다.

세기의 영웅 나폴레옹도 그렇게 할 수 없었다. 그의 아내 조세핀과 헤어질 때 그는 이렇게 말하였다.

"조세핀, 나는 세계 제일의 행운아입니다. 내가 진실로 신뢰할 수 있는 사람은 당신뿐이오."

그러나 이 조세핀조차 그에게 과연 신뢰할 수 있는 인간이었던가, 어떤가 하는 것은 매우 의심스러운 일이라고 역사가들은 말할 것이다.

빈의 유명한 심리학자 알프레드 아들러는 저서에서 다음과 같이 말하고 있다.

"타인의 일에 관심을 갖지 않는 사람은 고난의 인생을 걷지 않으면 안 되며, 타인에 대해서도 커다란 폐를 끼칠 뿐이다. 인간의 모든 실패는 그러한 사람들 사이에서 생겨난다."

심리학 책은 많지만 그 어느 것을 읽어도 이만큼 우리들에게 의미심장한 말은 좀처럼 찾기 힘들 것이다. 이 말은 몇 번이고 되풀이해서 음미해 볼 가치가 있다.

나는 뉴욕 대학에서 단편소설을 쓰는 법에 대한 강의를 들은 적이 있다. 그때의 강사는 〈고리야즈〉지의 편집장이었는데, 그는 매일 데스크 위에 높이 쌓이는 수많은 원고 속에서 어느 것을 집어 두세 군데의 대목만 훑어 보아도 그 작가가 사람을 좋아하고 있는지 어떤지 즉각 알아낼 수 있다고 단언했다.

"작가가 사람을 좋아하지 않는다면, 세상 사람 역시 그 사람의 작품을 좋아하지 않을 것이다."

이것이 그의 말이다.

이 편집장은 단편소설 쓰는 법을 강의하는 도중에 두 번씩이나 강의를 중단하고 다음과 같이 말하였다.

"설교 냄새가 나서 죄송스러우나 나는 목사와 같은 말을 하고 싶다. 만약 당신들이 소설가로서 성공하고 싶다면 남에게 관심을 가질 필요가 있다는 것을 마음에 새겨두기를 바란다."

소설을 쓰는 데 그것이 필요하다면, 얼굴을 마주 보고 사람을 다루는 경우에는 그 세 배 이상은 더 필요할 것이라 생각해도 틀림이 없다.

하워드 서스톤은 유명한 마술사인데, 그가 이전에 브로드웨이에 왔을 때 나는 그를 방문한 적이 있었다. 그야말로 세상이 다 아는 마술의 왕자로, 40년간 세계 각지를 순회하며 관중을 열광시킨 인물이었다. 6천만 명 이상의 관중이 그의 마술을 보기 위해 입장료를 지불하고 관람했으며, 그는 2백만 달러에 이르는 수입을 거두었다.

나는 서스톤 씨에게 그 성공의 비결을 물어 보았다.

그의 말에 의하면 학교 교육은 그의 성공에 하등의 관계가 없는 것이 명백했다. 그는 소년 시절, 집을 뛰쳐나와 부랑자가 되어서 화차를 몰래 타고 마른 덤불 속에서 자거나 남의 문전에 서서 걸식을 청하기 일쑤였다.

글자는 철도 연변에 설치한 광고판을 화차 속에서 보고 깨쳤다.

그가 마술에 대해서 특별한 지식을 가지고 있었느냐 하면 그렇지도 않았다. 마술에 관한 서적도 산더미처럼 출판되어 있어서 그와 같이 마술에 대해서 알고 있는 사람도 많이 있을 것이라고 그는 말했다. 그러나 그는 다른 사람이 흉내낼 수 없는 재주를 두 가지 가지고 있었다.

첫째는, 관객을 매혹시키는 그의 사람 됨됨이었다.

그는 마술사로서 제1인자로 인정받을 방법을 터득하고 있었다. 몸짓·말씨·얼굴의 표정 등 자상한 점에 이르기까지 사전에 충분한 훈련을 쌓고 있어서 타이밍에 일초도 빗나가는 일이 없었다.

다음에 서스톤은 인간에 대하여 진실한 관심을 가지고 있었다. 그의 이야기로는 대개의 마술사는 관객을 직접 보게 되면 마음속으로 다음과 같이 생각한다고 한다.

'음, 꽤 넋 빠진 사람들이 많이 왔구나. 이런 사람들을 속이는 것은 식은 죽 먹기야.'

그러나 서스톤이 취하는 방법은 전혀 다르다. 무대에 설 때는 항상 다음과 같이 생각한다고 한다.

'나의 무대를 보러 오는 손님이 있다는 것은 고마운 일이야. 덕분에 나는 나날을 안락하게 살 수가 있다. 나는 저들을 위해 최선의 연기를 보여 줘야지.'

그뿐만 아니라 서스톤은 무대에 설 때 반드시 마음속으로 '나는 손님을 사랑하고 있다'라고 몇 번이나 되풀이한다고 한다.

독자는 이 이야기를 어리석다고 생각하든 우스꽝스럽다고 생각하든 자유이다. 다만 나는 서스톤의 그 마음이 그가 세계 제일 가는 마술사가 된 성공의 비결이라 말할 수 있다.

슈만 하잉 여사도 서스톤과 같은 이야기를 내게 들려주었다.

굶주림과 마음의 괴로움, 그 밖의 온갖 슬픔에 기진맥진한 그녀는 자기 자식과 더불어 자살을 기도한 적도 있었다. 그럼에도 불구하고 그녀는 끊임없는 정진을 계속하여 드디어는 세계적인 바그너 가수가 되었다.

그녀의 술회에 의하면 그녀의 성공 비결도 역시 인간에 대한 강한 관심을 쏟은 것이라고 말할 수 있겠다.

루스벨트 대통령의 절대적인 인기의 비결도 역시 여기에 있었다. 하인들 한 사람 한 사람까지도 그를 흠모했으며, 그의 시종 요리사 제임스 에모스는 『요리사의 입장에서 본 루스벨트』라는 책자를 내놓았는데, 그 책에 다음과 같은 한 대목이 있다.

어느 날의 일이다.

나의 아내가 대통령에게 '딱따구리는 어떻게 생겼느냐?'고 물어본 적이 있었다. 그때까지 아내는 딱따구리를 본 적이 없었다. 대통령은 나의 아내에게 딱따구리는 어떠어떠한 새라는 것을 입이 닳도록 가르쳐 주었다.

그리고 나서 며칠 후, 우리 집에 전화가 걸려왔다. (에모스 부부는 오이스타 베이에 있는 루스벨트 저택의 울 안에 있는 작은 집에 살았다.) 아내가 전화를 받으니 상대방은 대통령이었다.

"지금 마침 그쪽 집 창밖에 딱따구리가 한 마리 있으니까 창문으로 내다

보면 그 새가 보일 것이다."

하고 일부러 전화로 알려 주었다.

이 작은 에피소드가 대통령의 인품을 잘 나타내 보여 주었다. 대통령이 우리들의 집 옆을 지나칠 때는 우리들의 모습이 보이거나 보이지 않거나 반드시 '이봐 애니? 어이 제임스!' 하고 친근한 말을 던져 주고 갔다.

고용인들은 이러한 주인 같으면 좋아하지 않을 도리가 없을 것이다. 고용인이 아니더라도 누구나 좋아할 것이다.

어느 날 태프트 대통령 부부가 부재중에 백악관을 찾게 된 루스벨트는 그의 재임 때부터 일하고 있는 고용인들의 이름을 한 사람도 빠짐없이 기억하고 있어서 부엌 일을 하는 이에게까지 친근한 목소리로 이름을 불러 인사를 하였다. 이것은 그가 손아랫사람에 대하여 진심으로 호의를 품고 있다는 증거가 될 것이다.

요리실에서 일하는 애리스를 만났을 때 루스벨트는 그녀에게 물었다.

"지금도 여전히 옥수수빵을 굽고 있어요?"

"예, 하지만 지금은 우리들 일꾼이 먹기 위해 이따금 굽고 있을 뿐입니다. 이층의 사람들은 아무도 드시지 않습니다."

애리스가 이렇게 대답하자, 루스벨트는 커다란 목소리로 말하였다.

"진짜 옥수수빵 맛을 모르는 모양이군. 대통령을 만나면 한마디 말해 주어야겠군."

애리스가 접시에 담아서 내놓은 옥수수빵 한 조각을 집어 입에 넣고 씹으면서 그는 밖으로 나갔다.

정원으로 나온 그는 정원사와 다른 일꾼들을 보자, 이전과 조금도 다름 없는 친근한 말씨로 하나하나 이름을 부르며 얘기를 걸었다.

일꾼들은 지금까지도 그때의 일을 기억하고 가끔 얘깃거리로 삼는다. 특히 아이크 후버라는 사람은 기쁨의 눈물을 보이면서 다음과 같이 말하였다.

"최근 2년 동안에 이렇게 즐거운 날은 없었습니다. 이 기쁨은 도저히 돈으로 바꿀 수 없다고들 얘기를 나누었습니다."

찰스 W. 엘리어트 박사가 대학 총장으로서 이름을 떨친 것도 역시 남의 문제에 깊은 관심을 가지고 있었기 때문이다.

박사는 남북전쟁 후 4년째부터 제1차 세계대전이 발발하기 5년 전까지 약 40년에 걸쳐서 하버드 대학 총장직에 있었던 사람이다. 그의 생활 방법을 소개하여 보자.

어느 날, 그랜드라는 신입생이 학생 융자금 50달러를 빌리기 위해서 총장실을 찾아갔다.

그때의 상황을 그랜드 군은 다음과 같이 말하고 있다.

차용 허가를 받은 후, 감사하다는 인사를 드리고 나오려고 하자 엘리어트 총장이 나를 불러세웠다.

"여보게, 자네 잠시 거기 앉게나."

무슨 일인가 해서 소파에 앉으니,

"자네는 자취를 한다지?"

내가 놀라서 멍청하게 있으니 총장은 계속 말을 이었다.

"음식을 편식하지 않도록 하게. 배불리 먹을 수만 있다면 자취도 결코 해롭지 않아. 나도 학생 시절 자취한 경험이 있어. 학생은 로스트 비프라는 것을 만들어 본 일이 있는가. 쇠고기를 잘 굽기만 하면 버릴 것이 없는 맛있는 요리가 될 걸세."

그리고 총장은 쇠고기를 부드럽게 만드는 법과 삶는 법, 자르는 법에서 먹는 법에 이르기까지 자상하게 가르쳐 주었다.

내 경험으로 이쪽이 진심으로 관심을 보이면 상대가 아무리 바쁜 사람이라도 관심을 보여 주며, 시간도 내주고 또 협력도 해주는 법이다.

한 가지 예를 들어보겠다.

상당히 오래전의 얘기지만 나는 브루클린 예술과학 학원에서 소설작법 강의를 계획한 일이 있었다.

우리는 그 당시 유명한 작가 캐서린 노이지, 하니 허스트, 아이다 터벨, 앨버트 터빈, 루퍼트 휴즈 등으로부터 유익한 경험담을 듣고 싶다고 생각했었다. 그래서 우리는 그들의 작품을 애독하고 있으며 직접 그들의 이야기를 듣고 성공의 비결을 알고 싶다는 내용의 편지를 작가들 앞으로 보냈다.

저마다의 편지에는 약 150명의 수강생들이 서명을 했다. 우리는 그들이 바빠서 강연 준비를 할 여가가 없을 것이라 생각하고 사전에 이쪽의 질문을 표로 만들어 그것을 동봉했다. 이 방법이 그쪽 작가들의 마음에 들었던 모양이다. 작가들은 우리들을 위해서 일부러 멀리 브루클린까지 찾아와 주었다.

나는 같은 방법으로 루스벨트 내각의 재무장관 레슬리 M. 쇼, 태프트 내각의 법무장관 조지 워커샵, 프랭클린 루스벨트 등 다수의 유명인에게 강의 교섭을 해서 그들로 하여금 웅변 강좌를 하도록 자리를 마련하였다.

인간은 누구나 모두 자기를 칭찬하여 주는 사람을 좋아하는 법이다.

가령 독일 황제의 경우이지만 제1차 세계대전에 패망하였을 때 아마 그는 세계에서 가장 미움을 받았을 것이었다. 목숨이 위태로워서 폴란드로 망명할 무렵에는 자기 국민조차도 그의 적이 된 상태였다. 그뿐만 아니라 온 세상 사람들이 그를 증오하고 목을 매달아 화장시켜도 부족하다고 생각하고 있었다.

이 분격의 소용돌이 속에서 어떠한 소년이 진정으로 찬미에 가득 찬 편지를 카이저(빌헬름 2세) 황제에게 보냈다.

> 66 누가 뭐라고 해도 나는 언제까지나 폐하를 나의 황제로서 경애합니다."

이 편지를 읽고 카이저는 깊은 감동을 받았다. 그는 그 소년에게 꼭 한 번 만나보고 싶다고 회답을 보냈다. 소년은 모친을 동반하여 왔다. 그리고 카이저는 그 소년의 모친과 결혼하였다. 이 소년은 이 책을 읽을 필요가 없다. 태어날 때부터 '사람을 움직이는 법'을 터득하고 있었기 때문이다.

친구를 만들고 싶으면 우선 남을 위해서 일해야 한다.

남을 위하여 자기의 시간과 노력을 바치고, 사려(思慮) 있는 자기 희생적인 노력을 행하는 것이 좋다.

원저 공이 왕세자였을 무렵에 남미를 여행할 계획을 세웠다. 외국에 나가면 그 나라 말로 이야기하고 싶다는 생각에 공은 출발 전 몇 개월간 스페인 말을 공부하였다. 남미에 간 원저공이 대단한 인기를 얻은 것은 당연한 결과였다.

오래전부터 나는 친구들의 생일을 알아내 기억하려고 애써왔다.

애당초부터 나는 점성술 따위는 전혀 믿지 않는 사람이었으나 생년월일과 성격, 기질에는 그 어떤 관계가 있다고 생각하는가, 어떤가를 상대에게 먼저 물어보고 다음에 상대의 생년월일을 물었다.

가령 11월 24일이라고 상대가 대답하면 나는 마음속으로 11월 24일, 11월 24일 하고 몇 번이나 되풀이하고 틈을 봐서 상대의 이름과 생일을 메모해두었다가 집으로 돌아와서 그것을 다시 생년월일 장부에 기입해 둔다.

그리고 새해가 되면 새로운 탁상일기에 이러한 생일을 표시해 둔다. 이렇게 해두면 잊어버릴 염려가 없다. 저마다의 생일에는 나로부터 축전과 축하의 편지를 받게 된다. 이것은 매우 효과적인 방법으로 상대방에게 깊은 감동을 주게 된다. 그 사람의 생일을 기억하고 있었다는 사람은 온 세계에서 나 한 사람뿐이었다는 경우도 흔히 있다.

친구를 만들고 싶으면 남을 성의 있는 태도로 대해야 한다. 전화가 걸려왔을 경우에도 같은 마음가짐이 필요하며, 전화받는 것이 매우 기쁘다는 심정을 충분히 담아서 '여보세요, 여보세요'라고 말하는 것이다.

뉴욕 전화 회사에서는 교환수들이 '예, 예, 번호를 말씀하여 주세요.'라는 말과 '안녕하십니까, 전화를 이용해 주셔서 감사합니다.'라는 말을 곁들이는 훈련을 받고 있다. 이러한 방식은 과연 사업에 어떤 도움이 될 것인가 — 물론 도움이 된다. 다음의 두 가지 실례를 소개하겠다.

뉴욕의 어느 은행에 근무하고 있는 찰스 월터스는 모(某) 회사에 관한 기밀조사를 하도록 명령받았다.

월터스는 문제의 회사 정보에 통하고 있는 인물 한 사람을 알고 있었다. 그는 공업회사의 사장이었는데, 월터스는 그 회사를 찾아갔을 때 젊은 여비서가 사장실 문을 열고 하는 말을 우연히 엿듣게 되었다.

"죄송해요, 사장님. 오늘은 아드님께 드릴 우표가 없습니다."

"열두 살배기 아들이 우표를 수집하고 있어서……."

라고 사장은 월터스에게 설명하였다.

월터스는 자신이 찾아온 용건을 말하고 여러 가지 질문을 했다. 그러나 사장은 전혀 요령부득의 말만을 늘어놓고 진정한 대답을 회피하고 있었다. 월터스가 묻는 화제에는 언급하고 싶지 않은 눈치였으므로 그로부터 정보를 끌어내는 일은 우선 불가능하다고 생각되었다. 면담은 단시간에 끝나고 하등의 소득도 없었다.

월터스는 이렇게 그 당시를 회고하였다.

그러다가 나는 문득 그 여비서가 사장에게 던진 말을 생각해보았다. 우표라니, 열두 살의 아들이라고 했지? 동시에 우리 은행 외국과에서는 세계 각국에서 온 편지의 우표를 모아놓고 있다는 사실을 생각해냈다.

다음 날 오후, 나는 다시 그 사장을 찾아가서 그의 아들을 위하여 우표를 가져왔다고 말하고 그것을 내보였다. 물론 나는 전날과는 달리 대단한 환영을 받았다. 내가 국회에 출마한 인물이라고 하더라도 그처럼 친절한 환영은 받지 못했을 것이다.

완전히 마음이 풀린 사장은 소중한 듯이 우표를 손에 쥐고 "이것은 정말 아들녀석 조지의 마음에 들겠어."라든가, "앗, 이것은 굉장하군! 상당한 값이 나가겠어."라고 중얼거리며 우표에 정신이 팔려 있었다.

사장과 나는 30분가량 우표 얘기를 하거나 그의 아들의 사진을 들여다보고 있었다. 이윽고 사장은 내가 먼저 말을 꺼내기도 전에 내가 알고 싶어 하는 정보를 얘기하기 시작했다.

한 시간 이상에 걸쳐서 그가 알고 있는 모든 것을 가르쳐줄 뿐더러 직원을 불러서 묻거나 전화로 다른 친지에게까지 문의를 하여 세세히 알려 주었다. 나는 백 퍼센트 이상으로 목적을 달성한 셈이다. 신문 기자로 치자면 소위 '특종'을 손에 넣은 것이다.

또 한 가지 예를 들어보자.

필라델피아에 사는 C. M. 나홀이라는 사람은 어떤 대형 체인 스토어에 수년간 석탄을 공급하기 위해 갖은 애를 썼다. 그 체인 스토어에서는 연료를 시외의 업자로부터 매입하는데, 그 트럭은 거의 매일같이 항상 나홀의 점포 앞을 이것 보라는 듯이 지나가고 있었다.

어느 날 밤에 나홀은 나의 강습회에 출석하여 체인 스토어에 대한 평소의 분만을 터뜨리면서 체인 스토어는 '시민의 적'이라고까지 비난하였다.

그러면서도 그는 판로를 개척할 것을 단념한 것은 아니었다.

나는 다른 대책을 써보면 어떨까 하고 그에게 제안했다.

간단하게 그 전말을 설명하면 다음과 같다.

즉, 강습회 토론의 의제(議題)로 '체인 스토어의 보급은 국가에 과연 유해한가'라는 문제를 우리들은 채택한 것이다.

나훌은 나의 권유로 '체인 스토어가 필요하다'는 입장을 취했다. 말하자면 체인 스토어의 변호를 맡아 적극적인 옹호에 나서기로 하였다. 그는 평소에 눈엣가시처럼 적으로 여겼던 체인 스토어의 중역에게로 가서 말을 붙였다.

"오늘은 석탄을 팔려고 온 것이 아닙니다. 다른 청이 있어서 찾아왔습니다."

그는 이렇게 전제한 뒤 토론회의 일을 설명하였다.

"실은 체인 스토어에 관해서 여러 가지로 가르쳐 주셨으면 해서 왔습니다. 그 점에 있어서는 선생님 외에는 적당한 사람이 없다고 생각하였기 때문에 청을 드리러 온 것입니다. 토론회에서는 기필코 이겨야 한다고 생각합니다. 많은 협조를 바라마지 않습니다."

나훌 자신의 말을 직접 들어보기로 하겠다.

나는 그 중역에게서 꼭 일 분간만 시간을 내주겠다는 약속을 받았다. 면회는 그 조건으로 허락되었다. 내가 찾아온 의도를 말하니 중역은 나에게 의자를 권하며 이야기를 시작했고 한 시간 47분을 계속 얘기하였다.

그는 체인 스토어에 관한 책자를 펴낸 일이 있는 또 한 사람의 중역까지

불러서 보충 설명까지 해 주었다.

그는 체인 스토어가 인류에 대해서 참다운 봉사를 하고 있다고 믿고 있으며 자기의 일에 커다란 자부심을 느끼고 있었다. 이야기를 하고 있는 동안에 그의 눈은 빛을 띠었다.

정직하게 말하면 나는 지금까지 체인 스토어에 대하여 부정적인 견해를 가지고 있었다. 그런데 그는 나의 생각을 일변시켰다.

용건이 끝나고 돌아가려 하자 그는 나의 어깨에 손을 얹고 문이 있는 곳까지 마중을 나오면서 토론회에서 이기도록 부탁한다고 말하고, 더욱이 그 결과를 반드시 보고하러 와 주기를 바란다고 말하였다.

"봄이 되면 당신 가게의 석탄을 주문하도록 하겠소."

이것이 헤어질 때 그가 입밖에 내놓은 말이었다.

나는 기적을 눈앞에 본 듯한 생각이 들었다. 내가 아무 말도 하지 않았는데 그쪽에서 먼저 석탄 구매 의사를 밝혔던 것이다. 불과 하루 전까지만 하더라도 그를 만나 내 점포의 석탄에 관심을 가지게 하려면 10년이 걸려도 할 수 없었던 일을, 그의 관심이 있는 문제에 대해서 이쪽에서 성실한 관심을 보임으로써 불과 두 시간 만에 만사를 성사시킬 수가 있었다.

물론 나홀이 유달리 새로운 진리를 발견한 것은 아니다.

기원전 1백 년에 로마의 시인 파브리아스 시라스가 이미 다음과 같이 말한 적이 있다.

"우리는 자기에게 관심을 보여 주는 사람에게 관심을 보인다."

■■■ 사람의 호감을 얻는 요령의 첫 번째 방법은 :

☞ 상대에 대하여 성실한 관심을 보이는 것이다.

항상 얼굴에 미소를 지어라

세상 사람들은 모두 행복을 추구한다. 행복은 외적인 조건에 의하여 얻어지는 것이 아니라 자기의 마음가짐 하나로 좌우될 수 있다.

오래전 나는 뉴욕에서 열린 어느 만찬회에 참석한 적이 있었다.

그 만찬회에 참석한 손님 중에 막대한 유산을 상속한 부인이 있었는데, 그녀는 어떻게 해서든지 모두에게 좋은 인상을 주고 싶은 열망이 지극했다.

호화로운 흑표범의 모피와 다이아몬드·진주 등으로 몸치장을 하고 있었으나 얼굴은 본성 그대로를 드러내고 있었다. 곧 그녀의 얼굴에는 심술과 자기 자만심이 뚜렷하게 나타났다.

몸에 걸친 의상보다도 얼굴에 나타난 표정이 더욱 여성을 위해서 얼마나 중요한지, 남자 같으면 누구나 알고 있는 일들을 그녀는 알지 못하고 있었다. (덧붙여 말해두거니와 아내가 모피를 사달라고 조를 때의 방패로 이 문구를 암기해둘 것을 권해둔다.)

찰스 슈와브는 자기의 미소는 1백만 달러의 가치가 있다고 말한 적이 있으나 그것은 매우 겸손하게 평가한 말이다. 그의 온갖 고통을 극복한 성공은 오로지 그 인품·매력·남에게 호감을 얻는 능력 등으로 만들어진 것이며, 그의 매혹적인 미소는 그의 인품을 이루고 있는 가장 훌륭한 요소였다.

어느 날 나는 모리스 슈발리에와 함께 오후를 지낸 일이 있었는데, 솔직히 말하면 아주 실망했다.

그는 성미가 까다로워 보이는 무뚝뚝한 남자로, 내가 상상하고 있었던 그와는 너무나 큰 차이가 있었다. 적어도 그가 미소를 지을 때까지는 그렇게 느끼고 있었다.

그런데 그가 한 번 미소를 짓자마자 구름 사이에서 태양이 갑자기 빛을 나타내 보이는 것 같았다.

만약 그 미소가 그 얼굴에 없었다면 모리스 슈발리에는 지금까지도 파리의 뒷골목에서 부친의 가업을 상속하는 가구상 직공으로 있었을 것이다.

표현은 말 이상의 웅변이다. 미소는 이것을 말한다.

'나는 당신을 좋아해요. 당신 덕분에 나는 매우 즐겁습니다. 당신을 만나 뵐 수가 있어서 기쁩답니다.'

개가 귀염을 받는 이유이다. 우리들을 보면 개는 기뻐서 어쩔 줄을 모른다. 자연 우리들도 개가 귀엽게 여겨진다.

마음에도 없는 미소 ─ 그런 것에는 아무도 속지 않는다.

그러한 기계적인 미소에는 오히려 화가 치민다. 나는 참다운 미소에 대해서 말하고 있는 것이다. 마음이 느긋해지는 미소, 마음속에서 우러나오는 미소, 천금(千金)의 가치를 가진 미소에 대해서 말하고 있는 것이다.

뉴욕의 어느 커다란 백화점 노무주임의 말에 따르면, 점원으로서는 진지한 얼굴을 가진 대학원 출신의 아가씨보다도 사랑스러운 미소를 지닌 초등학교도 제대로 졸업하지 못한 아가씨를 오히려 채용한다는 것이다.

미국 굴지의 고무회사의 사장 이야기로는, "일이 재미가 나서 못 견딜 정도가 아니면 좀처럼 성공할 수 없다.”고 말한다. 이 공업계의 거물은 ‘근면은 희망의 문을 여는 유일한 열쇠’라는 낡은 격언을 그다지 신용하고 있지 않은 모양이었다.

그는 또 이렇게 말했다.

“마치 얼렁뚱땅거리며 소동이라도 벌이고 있는 것처럼 일을 즐기면서 그것으로 성공한 사람을 여럿 알고 있지만, 그러한 인간이 진실로 작업과 씨름을 하게 되면 그만 일이 잘 안된다는 것이다. 결국 차차 일에 흥미를 잃고 끝내는 실패하고 만다.”

자기와 교제를 하고 상대가 즐거워하기를 바라는 사람은 우선 상대와 교제하여 자기가 즐거워할 줄 알아야 한다.

나는 많은 경영자들에게 눈을 뜨고 있을 동안에는, 매시간마다 한 번씩 누군가를 향해서 미소 지어 보일 것을 일주일 내내 계속하고, 그 결과를 나의 강습회에서 발표하도록 제안한 일이 있었다.

그것이 어떤 효험을 나타내었는가 한 가지 예를 들어 보자.

지금 나의 수중에는 뉴욕 주식시장의 중개인 윌리엄 B. 스타인하트의 수기가 있는데, 그의 수기는 다음과 같다.

나는 결혼한 지 18년 이상이 됐지만 아침에 일어나서 출근할 때까지 미소를 아내에게 보인 적도 없고, 또 스무 마디 이상 다정스런 말을 건넨 적도 없는 세상에 보기 드문 무뚝뚝한 성미의 소유자입니다. 그런데 카네기 선생께서 시킨 대로 일주일간 미소 짓는 생활을 하리라 마음먹었습니다. 그래서 그 다음날 아침, 머리를 손질하면서 나는 거울에 비친 퉁명스러운 얼굴에 타일러 주었습니다.

"여보게, 빌. 오늘은 그 퉁명한 표정을 그만두게나. 미소를 보내야 해. 자, 빨리 해야지."

아침 식탁에 앉을 때, 나는 아내에게 '밤새 안녕'하고 말하면서 빙긋 웃어 보였습니다.

상대가 깜짝 놀랄지도 모른다고 선생은 말하였습니다만 아내의 반응은 예상 외로 큰 충격을 받은 모양이었습니다. 나의 아내에게 오늘부터는 매일 이렇게 미소 지을 테니 그렇게 알라고 말해 주었습니다.

아내는 믿지 못하겠다는 표정이었지만 나는 사실 2개월 동안 그것을 계속하고 있습니다.

내가 태도를 바꾼 날 그 후의 2개월간은 일찍이 경험하지 못했던 커다란 행복이 우리 가정에 찾아왔습니다.

지금은 매일 아침마다 출근할 때 나는 아파트의 엘리베이터 보이에게 미소로 '안녕!'이라는 말을 걸고 문지기에게도 미소로 인사하게 되었습니다. 뿐만 아니라 지하철 창구에서 거스름 돈을 받을 때도 역시 미소를 지어 보였습니다. 거래처에서도 지금까지 나의 웃는 표정을 본 적이 없는 사람들에게도 미소를 짓습니다.

그러자 어느새 모든 사람이 다 나에게 미소로 보답하게 되었습니다. 투정이나 불만 따위를 늘어 놓는 사람들에게도 나는 밝은 태도로 대했습니다. 상대의 주장에도 귀를 기울이면서 미소를 잃지 않도록 하면 문제의 해결도 훨씬 용이하여집니다. 미소 덕분에 나의 수입은 한층 늘어났습니다.

나는 또 한 사람의 중개인과 공동으로 사무실을 사용하고 있습니다. 미소의 효력에 확신을 가진 나는 그에게 인간관계에 관한 나의 새로운 철학을 얘기했습니다. 그러자 그는 나를 처음 보았을 때는 몹시 퉁명한 사람으로 보았으나 최근에는 아주 달리 생각하고 있다고 솔직하게 얘기해 주었습니다. 나의 미소에는 인정미가 넘치고 있다고들 합니다.

또 나는 남의 험담을 하지 않기로 하였습니다. 험담을 하는 대신에 칭찬하기로 하였습니다. 그리고 내가 원하는 것에 대해서는 아무 말도 하지 않고 오로지 상대방의 입장에 자기를 두고 사물을 생각하기로 노력하고 있습니다. 그렇게 되자, 나의 생활에 글자 그대로 혁명적인 변화가 일어났습니다.

나는 이전과는 전혀 다른 사람이 되어, 수입도 늘고 대인관계에도 도움이 되는 행복한 사람이 되었습니다.

나는 한 인간으로서 이 이상의 행복을 바랄 수는 없다고 생각합니다.

이 수기를 쓴 인물이 뉴욕의 증권시장 중개인이라는 것에 유의하여 주기를 바란다. 뉴욕의 증권시장 중개인이라고 말하면 대단히 어려운 사업으로 1백 명 중에서 아흔아홉 명이 실패하기 마련이다. 그 위험한 거래에서 안정적 성공을 거둔 유능한 인물이 이 편지를 썼으니 의미가 매우 깊다.

미소 따위를 보이고 싶지 않을 경우에는 어떻게 하면 되는가. 방법은 두 가지가 있다.

우선 첫째는 무리하게라도 웃어 보이는 것이고, 둘째는 혼자 있을 때라면 휘파람을 불거나 콧노래를 부름으로써 행복해서 못견디겠다는 듯이 행세한다. 그러면 정말로 행복한 기분이 생겨나기 때문에 묘한 것이다.

하버드 대학의 교수였던 윌리엄 제임스의 주장을 들어보자.

"동작은 감정에 따라서 일어나는 듯이 생각되지만 실제로는 동작과 감정은 병행하는 것이다. 동작은 의지력으로 하여금 직접 통제할 수 있지만 감정은 그렇지가 못하다. 그런데 감정은 동작을 조정함으로써만 간접적으로 조정할 수가 있다. 따라서 쾌활함을 상실하였을 경우, 그것을 되찾는 최선의 방법은 그야말로 쾌활한 듯이 행동하고 쾌활한 듯이 말하는 것이다."

세상 사람들은 모두 행복을 추구한다. 그런데 여기 그 행복을 반드시 찾아내는 방법이 한 가지 있다.

그것은 바로 자기의 마음가짐을 조정하는 일이다. 행복은 외적인 조건에 의하여 얻어지는 것이 아니라 자기의 마음가짐 하나로 좌우될 수 있다.

행복과 불행은 재산, 지위, 혹은 직업 따위에 의해 결정되는 것이 아니다. 무엇을 행복으로 생각하고 또 불행이라고 생각하느냐 ─ 그 사고방식이 행복과 불행의 갈림길이다.

가령, 같은 장소에서 같은 일을 하고 있는 사람이 둘 있다고 하자.

이 두 사람은 대체로 같은 재산과 지위를 가지고 있음에도 불구하고 한쪽은 불행하고 다른 한쪽은 행복하다고 하는 경우가 더러 있다. 왜냐하면? 마음가짐이 서로 다르기 때문이다.

나는 중국을 여행하였을 적에 불과 7센트의 임금 때문에 하루종일 땀을 흘리고 일하는 짐꾼들 가운데 행복한 얼굴을 가진 사람이 많은 것을 보고 놀란 적이 있다.

뉴욕의 번화가인 애비뉴 공원에서도 그보다 더 행복한 표정을 찾아보기는 힘들 것이다.

"사물 자체에는 본래 선악이 없다. 다만 우리들의 생각 여하에 따라 선과 악이 구별될 뿐이다."

이것은 셰익스피어의 말이다.

"대개의 사람들은 행복해지려는 결심이 강함에 따라서 행복하게 되는 것이다."

이것은 링컨이 말한 것이지만 과연 명언이다.

지난날 나는 이 말을 뒷받침할 만한 실례를 목격하였다.

내가 뉴욕의 롱아일랜드역 계단을 오르고 있을 때, 나의 바로 앞을 30~40명의 다리가 부자유스러운 지체 장애인 소년들이 목발에 의지하여 악전고투하면서 간신히 계단을 오르고 있었다.

보호자의 손에 이끌려 매달리다시피 걸어가는 아이도 있었다. 그런데 놀라운 것은 그 소년들 모두가 한결같이 희희낙락하며 명랑하였다. 나는 보호자 중 한 사람에게 아이들이 그처럼 명랑한 까닭을 물어보았는데, 그는 이렇게 대답했다.

"한평생 장애인이 되었다는 것을 알게 되면 아이들은 처음에는 굉장한 쇼크를 받습니다만, 차차 쇼크는 사라지고 대개는 자기의 운명을 체념하게 되어 나중에는 보통의 아이들보다 오히려 쾌활하게 됩니다."

나는 소년들에게 머리가 절로 숙여지는 느낌이 들었다. 그들은 내게 한 평생 잊을 수 없는 교훈을 던져준 것이다.

메리 피포드가 더글라스 페어뱅크스와 이혼을 진행하고 있는 도중에 나는 그녀와 만난 일이 있다.

그러한 사정이었으므로 그녀는 필경 비탄에 잠겨 눈물에 젖어 있으리라고 생각하는 것이 당연하였지만 그녀는 다른 사람보다 더 침착하게 마치 자기의 승리를 자랑하고 있는 듯이 보였다. 오히려 행복해 보였다.

그녀는 그 비결을 서른여덟 장의 작은 책자에 수록하여 적고 있다. 그 제목은『신(神)에 의지해서』라고 하는 책이었다.

이전에는 세인트루이스 카디널스의 3루수였으며, 현재는 미국 굴지의 보험 설계사인 프랭클린 베드가는, 미소를 잃지 않는 사람은 항상 환영받는다는 진리를 훨씬 이전부터 알았다고 한다.

그래서 그는 사람을 방문하여 방에 들어가기 전에는 반드시 멈추어 서서, 자기가 감사하지 않으면 안 되는 것을 여러 가지로 생각해 내어 진심으로부터 미소를 짓고 그 웃음기가 사라지기 전에 노크를 하고 고객을 만난다는 것이다.

보험 설계사로서 대성공을 거둔 것은 이 간단한 테크닉 덕분이라고 그는 스스로 말하고 있다.

다음에 인용하는 앨버트 하버드의 말을 잘 읽어 주기를 바란다. 그러나

다만 읽는 것만으로는 아무 소용이 없다. 실행해야 한다.

▶ 집에서 나올 때는 항상 턱을 끌어 당기고 머리를 반듯하게 세워서 가능한 한 크게 호흡을 할 것.

▶ 가슴을 활짝 열어 태양을 빨아들이도록 한다.

▶ 친구에게는 웃는 얼굴로 대하고 악수할 때에는 정성스런 마음을 쏟는다.

▶ 오해받을 염려 같은 것은 하지도 말고 경쟁자의 일에 심정을 괴롭히지 않는다.

▶ 하고 싶은 일을 마음속으로 분명히 다진다.

▶ 그리고 똑바로 목표를 향하여 돌진한다.

▶ 항상 크고 훌륭한 일을 성취하고야 말겠다고 생각하고 이것을 항상 염두에 둔다.

▶ 그러면 세월이 흐름에 따라서 어느 사이엔가 염원을 달성하는 데 필요한 기회가 자기의 품속에 쥐어진 것을 느끼게 될 것이다. 이는 마치 산호충이 조류로부터 양분을 섭취하는 것과 같다.

▶ 또 유능하고 진지하고 남의 도움이 되는 인물이 될 것을 염두에 두고 그것을 항상 잊지 않는다. 그러면 날이 지나감에 따라서 그러한 인물이 되어간다.

▶ 마음의 움직임은 기묘한 것이다. 올바른 정신 상태는 뛰어난 창조력을 갖추고 있다. 모든 일들은 욕망에서 생겨나고 진심에서 비롯한 소원은 모두 이루어진다.

▶ 인간은 마음먹은 일이 그대로 되게 된다. 턱을 끌어당기고 머리를 반듯하게 세우자.

▶ 신이 되기 위한 첫 단계 — 그것이 바로 인간인 것이다.

예로부터 중국인들은 현명하기도 했지만, 처세에 아주 능숙했다. 그들의 격언에 다음과 같은 것이 있다.

66 미소를 지을 줄 모르는 사람은 사업가가 될 자격이 없다."

프랭크 어빙 플래처는 오펜하임 코린즈 회사의 광고문 속에 다음과 같은 평범한 철학을 말하고 있다.

▋▋▋ 크리스마스의 미소 (스마일) ▋▋▋

▶ 밑천이 들지 않는다. 그러나 이익은 막대하다.

▶ 베풀어도 줄지 않고 베푼 자는 풍부해진다.

▶ 한순간만 보아도 그 기억을 영구히 간직할 수가 있다.

▶ 어떤 부자라도 이것 없이는 살 수가 없으며, 어떤 물질적인 가난뱅이도 이것으로 인해 풍부해진다.

▶ 가정에 행복을, 사업에는 신뢰를 가져온다.

▶ 우정의 신호탄.

▶ 피로한 사람에겐 휴식이 되고,

▶ 실의에 빠진 사람에겐 광명이 되며,

▶ 슬퍼하는 사람에겐 태양이 되고,

▶ 괴로워하는 자에게는 자연의 해독제가 된다.

▶ 돈을 주고 살 수도, 강요할 수도, 빌릴 수도, 훔칠 수도 없다. 무상으로
　주어야 비로소 가치가 있다.

■■■■ 사람의 호감을 얻는 요령의 두 번째 방법은 :

　☞ 항상 미소를 짓는 것이다.

상대방의 이름을 기억하라

사람들로부터 호감을 얻는 가장 간단하고 중요한 방법은 상대의 이름을 기억하고, 상대에게 자신감을 갖게 하는 일이다.

1898년 뉴욕 로클랜드의 한 작은 마을에서 불행한 일이 발생하였다. 한 사람이 불의의 사고로 죽었기 때문에, 이날 근처 사람들은 장례식에 갈 채비를 하고 있었다.

짐 파레는 마구간에 말을 끌어내리러 갔다. 땅 위에는 눈이 쌓이고 날씨는 유난히 추웠다. 말을 여러 날 운동을 못 시켰는데, 물통이 있는 곳까지 데리고 가는 도중에 말이 갑자기 날뛰며 뒷발을 높이 치켜들어서 짐 씨를 차서 죽여 버렸다.

스토니 포인트라는 이 작은 마을에서는 이번 주에 장례가 하나 더 늘어서 두 사람의 초상을 치르게 되었다.

짐 파레는 아내와 세 명의 아들, 그리고 약간의 보험금만을 남겨 놓고 세상을 떠난 것이다.

장남도 역시 이름을 짐이라고 했으나 이제 겨우 열 살이 되었을 뿐이며 기와공장에 품팔이를 나가야만 했다. 모래를 짓이겨 나무틀에 넣은 다음, 그것을 나란히 세워 놓고 햇볕에 말리는 것이 그의 일이었다.

어린 짐에게는 학교에 다닐 여가가 없었다. 그러나 어린 소년 짐은 아일랜드 사람 특유의 쾌활성을 지니고 있어서 누구에게나 호감을 샀다.

그는 성장하여 정계(政界)에 진출하게 되었다. 그는 사람의 이름을 잘 외우는 기이한 능력을 발휘하기 시작했다.

짐은 고등학교 같은 델 가본 적도 없었으나 46세가 되었을 때는 네 군데의 대학에서 학위가 주어지고, 민주당 전국위원장과 체신장관을 역임하였다.

언젠가 나는 짐과 회견을 갖게 되었다. 그의 성공 비결을 물으니 대답은 이러했다.

"그야, 물론 근면(勤勉)입니다."

"농담은 좋아하지 않습니까?"

내가 그렇게 말하니 그는 도리어 나의 의견을 물었다.

"그럼 당신은 내 성공의 비결이 무엇이라고 생각하십니까?"

"그야, 당신의 특출난 재능 때문이겠지요. 당신은 무려 1만여 명의 이름을 기억하고 계시다고 들었습니다만⋯⋯."

내가 대답하니, 그는 즉시 나의 말을 정정하였다.

"아니, 5만여 명입니다."

프랭클린 루스벨트가 대통령이 되는 데에는 짐의 이 능력이 크게 도움이 되었다고 한다.

짐은 석고회사의 세일즈맨으로 여러 곳을 돌아다녔으며, 스토니 포인트의 관청에 근무하고 있을 때 사람의 이름을 기억하는 방법을 연구해낸 것이다.

그 방법은 처음에는 지극히 간단한 것이었다. 첫 대면하는 사람에게는 성명, 가족·직업, 그리고 정치에 관한 의견 등을 묻는다. 그리고 그것을 머릿속에 기억해 둔다. 그러면 그는 다음에 만났을 때 — 비록 일년 후가 되어도 — 그 사람의 어깨를 두드리며 아내나 아이들의 얘기를 묻거나 정원에 심어져 있는 나무 이야기까지 할 수가 있었다. 그의 지지자가 늘어나게 되는 것은 어쩌면 당연한 일이었다.

루스벨트가 대통령 선거에 출마하기 수개월 전에 짐은 서부 및 서북부 각 주의 사람들 앞으로 매일 수백 통의 편지를 보냈다.

이어서 그는 기차를 타고 19일 동안 20여 주를 돌다. 행로(行路)의 전(全) 코스는 실로 1만 2천 마일, 그 사이에 마차·기차·자동차·작은 배 등등 거의 모든 교통편을 이용하였다.

마을에 도착하자 즉각 그 마을의 사람들과 식사와 차를 함께 나누고 흉금을 털어놓고 얘기를 나누며, 그것이 끝나면 또 다음 마을로 떠나는 그러한 바쁜 일정이었다.

동부(東部)로 돌아와서 이번에는 자기가 돌고 온 마을의 대표자들에게 즉시 편지를 보내 회합에 모인 사람들의 명단을 보내줄 것을 부탁했다. 이리하여 그의 손에 들어온 이름의 수는 수만 명에 이르렀다. 명단에 실린 사람은 한 사람도 빠짐없이 민주당 전국위원장 짐으로부터 친절미가 넘치는 서신을 받았다.

그 편지는 '빌'이라든가 '존'으로 시작하여 서명에는 '짐 — 제임스의 애칭'
으로 되어 있어서 친숙한 벗들 사이의 편지와 같은 투로 쓰여 있었다.

사람들은 남의 이름 따위에는 전혀 관심 밖이지만, 자기 이름에는 그렇
지 않다는 것을 짐은 일찍부터 알고 있었다. 상대의 이름을 기억하고 불러
준다는 것이 참으로 흐뭇한 일이며, 부질없는 아첨보다도 몇 배의 효과를 낼
수 있다. 그와 반대로 상대의 이름을 잊어버리거나 틀려서 쓰게 되면 기분
을 상하게 한다.

나는 일찍 파리에서 웅변술의 강습회를 연 적이 있다. 재불(在佛) 미국인
에게 등사판으로 인쇄한 안내장을 보냈으나 영어에 소양이 없는 프랑스인
타이피스트에게 주소를 쓰게 한 것이 실수의 원인이었다. 어떤 미국의 대은
행 파리 지점장으로부터 이름의 철자가 틀려 있다고 엄중한 항의를 받은 적
이 있다.

앤드루 카네기의 성공 비결은 무엇인가?

카네기는 철강왕으로 불리고 있으나 본인은 제강의 일에 관해서는 거의
아는 바가 없었다. 자신보다도 훨씬 철강에 대해서 잘 알고 있는 수백 명의
사람들을 그는 고용하고 있었던 것이다.

그리고 그는 사람을 다루는 방법을 알고 있었다 — 그것이 바로 그를 철
강왕으로 만든 것이다. 그는 어릴 때부터 사람을 조직하고 통솔하는 재능을
보여 주고 있었다.

열 살 때는 이미 인간이라는 것은 자기의 이름에 예사롭지 않은 관심을 가지는 것이라고 자각하고 이 발견을 이용하여 남의 협력을 얻었다.

다음에 한 가지 예를 들겠다.

그가 아직 스코틀랜드에 있었던 소년 시절의 이야기이지만, 어느 날 그는 토끼를 잡았다. 그런데 그 토끼는 새끼를 배고 있었다. 얼마 있지 않아서 수많은 새끼 토끼가 작은 토끼집에 가득 찼다. 이렇게 되니 자연 먹이가 모자랐다.

그때 그에게는 번쩍 기묘한 생각이 떠올랐다. 이웃 아이들에게 토끼의 먹이가 되는 풀을 많이 뜯어온 아이의 이름을 토끼에게 붙여 준다고 하였다.

이 계획은 어김없이 들어맞았다. 카네기는 이때의 일을 결코 잊지 않던 것이다.

후일 이 심리를 사업에 응용하여 그는 거액의 부(富)를 얻었다.

그리고 또 다음과 같은 얘기가 있다.

그는 펜실베이니아 철도회사에 레일을 납품하려고 하고 있었다. 그 당시는 에드거 톰슨이라는 사람이 그 철도회사의 사장이었다. 그래서 카네기는 피츠버그에 거대한 제철공장을 세운 다음, 그 공장을 '에드거 톰슨 제철소'라고 명명하였다.

펜실베이니아 철도회사가 레일을 어디서 구입할 것인가는 독자의 상상에 맡겨도 좋을 것이다.

그 후 카네기도 조지 풀먼과 침대차의 경쟁이 시작되어 서로가 불꽃을

튀기고 있었다.

철강왕 카네기는 또 토끼의 교훈을 되새기게 되었다.

카네기의 센트럴 트랜스포테이션 회사와 풀먼의 회사는 유니언 퍼시픽 철도회사에 침대차를 팔려고 서로가 상대의 허점을 노리며 채산을 무시하고 경합을 하고 있었다. 카네기도 풀먼도 유니언 퍼시픽의 수뇌부를 만나기 위해서 뉴욕으로 갔다.

어느 날 밤, 센트니코러스 호텔에서 이 두 사람이 얼굴을 마주쳤다. 카네기가 먼저 상대에게 말을 건넸다.

"여보게, 풀먼 씨. 안녕하십니까? 생각해 보니 우리들 두 사람은 서로가 참으로 어리석은 짓을 하고 있는 것 같습니다."

"그게 도대체 무슨 뜻이오?"

풀먼이 되물었다.

그래서 카네기는 이전부터 생각하고 있던 것을 그에게 털어놓았다. 그것은 두 회사의 합병안이다. 풀먼은 주의 깊게 듣고 있었으나 반신반의하는 모양이었다. 이윽고 풀먼은 카네기에게 이렇게 되물었다.

"그렇다면 그 새 회사의 명칭은 어떻게 할 셈이오?"

그러자 카네기는 즉석에서,

"물론 풀먼 파레스 차량회사로 하죠."

하고 대답했다.

풀먼은 금시에 얼굴빛을 반짝이며 대답했다.

"그럼, 나의 방으로 가서 조용히 상의합시다."

이 협상이 미국 공업사에 새로운 장을 여는 계기가 된 것이다.

이와 같이 친구나 거래 관계자의 이름을 존중하는 것이 카네기의 성공 비결의 한 가지였다. 뿐만 아니라 카네기는 자기 회사에서 일하는 많은 노동자들의 이름을 기억하는 것을 자랑으로 삼고 있었다. 그리고 그가 기업의 진두에 서 있는 동안에는 파업 사태가 한 번도 일어나지 않았다고 자부하고 있었다.

이것은 또 다른 얘기이지만 유명한 피아니스트 파데레프스키는 침대차의 요리사에게 '미스터 코파'라고 정중한 호칭을 사용하고 이로 인하여 상대에게 자기의 중요성을 느끼게 하였다.

파데레프스키는 열성 있는 청중의 요청에 따라 15회나 전 미국 연주 여행을 떠났다. 그때는 전용차를 타고 가지만 연주회가 끝난 후의 밤참은 반드시 자기의 요리사가 만들게 하였다.

파데레프스키는 그 요리사를 미국식으로 '조지' 따위로 격하시켜 부르는 일은 한 번도 없었다. 유럽식의 진지한 태도로 어떤 경우에도 '미스터 코파'라고 불러 주었다. 그것이 당사자인 미스터 코파에게는 매우 기뻤던 것이다.

인간은 자신의 이름에 남다른 애착을 가지고 있는 것이며 어떻게든 이름을 후세에 남기려 한다.

한때 인기를 모았던 미국의 서커스 창시자이자 흥행사인 P. T. 바넘 (1810~1891)조차도 자기의 이름을 계승해 줄 자식이 없는 것을 걱정하다가 결국 손자인 C. H. 시레에게 자신의 이름을 쓰면 2만 5천 달러를 내주겠다고 제의하였다.

그리고 또 예나 지금이나 부자들은 책의 저자에게 돈을 지불하면서 '이 책을 아무개에게 바친다.'라고 자신의 이름을 책에 기입하는 걸 좋아한다.

도서관이나 박물관의 호화로운 소장품 중에는 자기의 이름을 세상에서 잊히지 않게 하기 위하여 기증하는 사람이 많다.

뉴욕 시립도서관의 아스타 콜렉션이나 레녹스 콜렉션이 그러하며, 메트로폴리탄 미술관에는 벤자민 알토맨이나 J. P. 모건의 이름을 영구히 전하고 있다. 또 교회 안에는 기증자의 이름을 기입한 스테인드글라스로 장식되어 있는 것이 많다.

대개의 사람은 남의 이름을 별로 잘 기억하고 있지 않다. 바빠서 기억할 여가가 없다는 것이 그 이유이다.

그러나 아무리 바빠도 프랭클린 루스벨트보다 더 바쁜 사람은 없을 것이다. 그 루스벨트가 우연히 마주친 일개 기계공의 이름을 기억하기 위하여 애를 쓴 적이 있었다.

그것은 이러한 까닭에서이다.

크라이슬러 자동차회사가 루스벨트를 위하여 특별 승용차를 제작한 일이 있는데, W. F. 첸바렌이 기계공과 함께 그 차를 가지고 대통령 관저로 갔다.

그때의 일을 첸바렌이 내게 보낸 편지에서 다음과 같이 말하고 있다.

나는 대통령에게 특수한 장치가 많이 붙어 있는 자동차의 조종법을 가르쳤습니다만 그는 내게 멋드러진 인간 조종법을 가르쳐 주었습니다. 관저를 찾으니 대통령은 매우 상쾌한 표정으로 나의 이름을 불러서 얘기를 해주었기 때문에 나는 매우 마음이 놓였습니다.

특히 감명이 깊었던 것은 나의 설명에 진심으로 흥미를 가져준 일입니다. 그 차는 두 손만으로 조종할 수가 있게 되어 있었습니다. 구경꾼들이 몰려들었습니다.

그때 대통령은 이렇게 말했습니다.

"이건 훌륭하군. 단추를 누르는 것만으로 자유롭게 조종할 수 있다니, 대단하군. 어떤 장치가 되어 있을까? 틈 나면 분해를 해서 충분히 속을 들여다보고 싶군."

대통령은 자동차에 눈이 팔려 있는 사람들이 보는 앞에서 내게 또 말했습니다.

"첸바렌 씨, 이렇게 훌륭한 자동차를 만들기 위해 애 많이 쓰셨겠죠. 정말 훌륭합니다."

그는 라디에이터·백미러·시계·조명 기구·차내 장식·조종석·트렁크 등등을 하나하나 다시금 확인하면서 매우 감탄했습니다.

대통령은 나의 고충을 충분히 이해하여 주었던 것입니다.

대통령은 또 영부인과 노동장관 미스 퍼킨스 등 주위에 있는 사람들에게도 이 자동차의 새로운 장치를 보여 주고 설명하는 것을 잊지 않았습니다.

그리고 일부러 나이 지긋한 종업원을 불러서 '조지, 이 특제 슈트 케이스는 특별히 조심해서 취급해야겠어요.'라고 일러주기도 하였습니다.

조종 연습이 끝나자 대통령이 내게 말했습니다.

"첸바렌 씨, 벌써부터 연방준비은행 사람들을 30분이나 기다리게 하고 있기 때문에 오늘은 이 정도로 해둡시다."

나는 그때 기계공을 한 사람 데리고 갔습니다.

관저에 도착했을 때 그도 대통령께 소개되었습니다만 그 후는 잠자코 있었습니다. 대통령은 그의 이름을 한 번밖에 들은 적이 없을 것입니다. 본래가 내성적이어서 이 남자는 시종 사람의 그늘에 숨어 있었습니다.

그런데 마지막으로 우리가 작별할 때가 되자, 대통령은 그 기계공을 찾아내어 그의 이름을 부르면서 악수를 하고 치하했습니다. 더구나 그 말씨는 결코 일상 있는 그런 형식적인 것이 아니고 진심으로부터의 감사에 넘쳐 있었습니다.

나는 그것을 뚜렷이 알 수가 있었습니다.

뉴욕으로 돌아와서 수일 후 나는 대통령이 직접 사인을 한 사진과 감사장을 받았습니다. 대통령은 이런 여가를 도대체 어떻게 만들어냈는지 모르겠습니다.

나는 참으로 기이하게 생각했습니다.

프랭클린 루스벨트는 사람에게 호감을 얻는 가장 간단하고 흔히 알려져 있는 그러면서도 가장 중요한 방법은 상대의 이름을 기억하고, 상대에게 자신감을 갖게 하는 일임을 알고 있었다.

그런데 그것을 알고 있는 사람이 세상에 몇이나 될까?

처음 보는 사람과 1~2분 동안 대담을 나누고 막상 일어서려고 할 때는 상대의 이름을 생각해낼 수 없는 경우가 흔히 있는 법이다.

"유권자의 이름을 외우는 것, 그것이 정치적 수완이다. 그것을 잊어버리는 것은 곧 잊히는 것이다"

이것은 정치가가 배워야 할 제1과이다.

타인의 이름을 기억하는 것은 사업이나 사교에도 정치의 경우와 같이 중요한 일이다.

나폴레옹 3세는 나폴레옹 황제의 조카뻘 되는 사람이지만, 그는 바쁜 와중에도 불구하고 한 번 소개받은 일이 있는 사람의 이름을 모두 기억할 수 있다고 공언했다.

그가 사용한 방법 — 그것은 매우 간단하다.

상대의 이름을 뚜렷이 들을 수가 없을 경우에는 '미안하지만 한 번 더 말씀해 주십시오.'라고 부탁한다. 만약 그것이 아주 이상한 이름 같으면 '어떤 글자를 씁니까?'라고 묻는다.

상대와 이야기하고 있을 때 그는 몇 번이나 상대의 이름을 되풀이하고 상대의 얼굴이나 표정·모습 등과 함께 머릿속에 그려 넣기 위해 노력하였다.

만약 상대가 중요한 인물 같으면 그는 더욱 노력을 거듭한다. 자기 혼자 시간이 되면 곧 메모지에 상대의 이름을 적고 그것을 쳐다보고 정신을 집중시켜 뚜렷이 기억한 후 그 메모지를 찢어 버렸다.

이렇게 해서 눈과 귀 양쪽을 동원하여 기억하는 것이다.

이것은 꽤 시간이 걸리는 방법이지만 한 번 시도해 봄직하다.

에머슨의 말을 빌리면, '좋은 습관은 사소한 희생을 쌓아감으로써 이루어진다.'고 하였다.

■■■ 사람의 호감을 얻는 요령의 세 번째 방법 :

☞ 이름이라는 것은 본인에게 있어서 가장 소중하고 막대한 영향력을 끼

친다는 사실을 기억하라.

진심으로 칭찬하라

<u>입에 발린 소리를 능숙하게 할 수 있을 때까지는 절대로 결혼해서는 안 된다. 이것은 자기의 안전을 위해서도 불가결하다. 솔직한 발언은 금물이다.</u>

뉴욕 8번가에 있는 우체국에서 나는 등기우편을 보내기 위해 줄지어 순번을 기다리고 있었다.

우체국에 근무하는 담당 직원은 매일같이 우편물 계량, 우표 판매와 거스름돈 청산, 수령증 발부 등의 일정한 기계적인 일에 진절머리가 나는 듯보였다.

그때 나는 문득 이런 생각이 들었다.

'어디, 이 사람으로 하여금 내게 호의를 갖도록 만들어 보자. 그렇게 하기 위해서는 나의 일이 아니고 그의 일에 대해 무엇인가 부드러운 말을 해주어야겠다. 그에 대해서 내가 진정으로 감탄할 수 있는 일은 무엇일까?'

이것은 그리 쉬운 문제가 아니며, 더구나 상대가 처음 만나는 사람이기 때문에 더욱 쉬운 일이 아니다. 그러던 중 나는 그에 대해서 곧 실로 멋드러진 점을 찾아낼 수가 있었다.

그가 내 우편물의 중량을 달고 있을 때 나는 진심으로 이렇게 말했다.

"당신의 그 아름다운 머리칼은 참 부럽군요!"

놀란 표정을 하고 나를 쳐다본 그의 얼굴에는 미소가 꿈틀거리고 있었다.

"웬걸요, 요즘은 전혀 못쓰게 됐습니다."

그는 겸손하게 이렇게 말했다.

그 전에는 어떠했는지 알 수는 없으니 어쨌든 훌륭하다고 나는 진심으로 감탄하였다. 그의 기쁨은 내게 매우 흐뭇한 것이었다. 우리들은 겨우 두세 마디 유쾌하게 얘기를 나누었을 뿐인데, 그는 마지막으로 '실은 여러 사람이 그렇게 말해 줍니다.'라고 본심을 털어놓았다.

그날 그는 마음이 들떠서 점심 시간에 외출했을 것이리라. 그리고 집으로 가서 아내에게도 한마디 했을 것이다. 어쩌면 거울을 향해 '역시 멋있어!' 하고 혼잣말을 했는지도 모른다.

이 이야기를 어느 날 나는 공개석상에서 끄집어냈다. 그러자 '그렇게 함으로써 당신은 그 사람으로부터 무엇을 기대하고 있었습니까?'라는 질문을 내게 하는 사람이 있었다.

내가 무엇을 기대하고 있었다니! 대체 무슨 말을 하는 것일까?

타인을 기쁘게 했다거나 칭찬을 했다고 하여서 무슨 보수를 받지 않으면 마음이 편치 않다는 그런 인색한 생각을 가진 친구들은 당연히 대인관계에서 실패할 것이다.

아니, 기실은 나도 역시 보수를 바라고 있었다. 내가 바라고 있었던 것은 돈으로는 살 수가 없는 것이다. 그리고 분명히 그것을 손에 넣었다. 그를 위하여 도와주고 더구나 그에게는 하등의 부담도 주지 않았다고 하는 시원스러운 심정이 그것이다. 이러한 심정은 언제까지나 즐거운 추억이 되어서 남는 것이다.

이보다 더한 대가가 어디 있을까? 이것이 내가 바란 대가라면 대가일 것이다.

■■■ 인간의 행위에 관해서 중요한 법칙이 한 가지 있다. 이 법칙에 따르면 대개의 분쟁은 피할 수가 있다. 이것을 지키기만 하면 친구는 수없이 많아지며 항상 행복을 느낄 수가 있다. 그러나 이 법칙을 깨뜨리게 되면 그날로 당장에 끝없는 분쟁에 휩쓸리게 된다.

이 법칙이란 :

☞ 항상 사람에게 자신감을 갖게 하는 일이다.

이미 말했듯이 존 듀이 교수는 '중요한 인물이 되고자 하는 욕망은 인간의 가장 뿌리 깊은 욕구'라고 말하고 있다.

또 윌리엄 제임스 교수는 '인간성의 근원을 이루는 것은 타인에게 인정받고 싶다는 소망'이라고 단언하고 있다.

이 욕망이 인간과 다른 동물을 구별 짓는 잣대라는 것은 이미 언급한 대로이지만 인류의 문명도 인간의 이러한 욕망에 의하여 진전되어 왔다.

인간 관계의 법칙에 대해서 철학자는 수천 년에 걸쳐서 사색을 계속하여 왔다. 그리고 그 사색 속에서 오직 한 가지 중요한 교훈이 생겨난 것이다.

그것은 결코 새삼스러운 교훈은 아니다. 인간의 역사와 같이 오랜 것이다.

3천 년 전의 페르시아에서 조로아스터는 이 교훈을 배화교도(拜火教徒)에게 전했고, 2천4백 년 전의 중국에서는 공자(孔子)가 그것을 설득했다. 도교(道敎)의 개조 노자(老子)도 그것을 제자에게 가르쳤다.

그리스도보다도 5년 빨리 석가모니는 성스러운 갠지스 강의 기슭에서 이것을 깨우쳤고, 그보다 1천 년 전의 힌두교 성전(聖傳)에도 이것이 설파되어 있다. 그리스도는 2002년 전에 바위산에서 이 가르침을 내렸다.

그리스도는 그것을 다음과 같은 말로 설법하였다.

"남으로부터 받고 싶거든 그대 스스로 베풀어라!"

사람은 누구나 주위의 사람으로부터 인정받기를 원한다. 자기의 진가를 인정해 주기를 바란다. 작으나마 자기의 세계에서는 자기가 중요한 존재라는 것을 느끼고 싶은 것이다. 빤히 들여다보이는 아첨은 듣고 싶지가 않다. 그 반면에 진심에서 우러나오는 칭찬에는 굶주려 있다.

찰스 슈와브가 말했듯이, '진정으로 인정받고 아낌없이 칭찬받고 싶어한다.'고 우리들은 모두 그렇게 생각한다.

그 때문에 저 '황금률(黃金律 : 인생에 유익한 잠언)'에 따라서 남이 해주기를 원하는 것을 남에게 해주지 않겠는가.

그러면 이 법칙에 따라 남에게 받고 싶은 것을 해주면 어떨까? 언제 어떤 식으로 어디에서 실행해야 할지 고민할 필요는 없다. 마음만 있으면 누구에게든 베풀 수 있다.

또 한 가지 이런 예가 있다.

어느 날 나는 라디오 시티 — 뉴욕의 록펠러 센터에 있는 세계적인 환락의 중심가 — 의 안내원에게 헨리 스벤의 사무실 번호를 물었다. 산뜻한 유니폼으로 몸을 단장한 그 안내원이 친절하게 위치를 가르쳐 주었다.

"헨리 스벤이라, 그곳은 18층 1816호실입니다."

뚜렷이 조금도 망설이지 않고 그는 대답해 주었다.

나는 서둘러 엘리베이터 쪽으로 가다가 다시 되돌아와서 그 안내원에게 말하였다.

"방금 그 태도는 훌륭합니다. 어느 누구도 흉내낼 수가 없겠습니다."

그는 나의 말에 환한 웃음으로 답하였다. 그는 중간에 말을 끊었다가 또 박또박 그렇게 말했는데, 그 기묘한 발음의 이유를 내게 들려 주었다. 나의 한마디 칭찬으로 그는 마음이 흐뭇했던 것이다.

18층까지 올라가면서 나는 인류의 행복의 총량에 일조한 듯한 기쁨을 맛보았다.

이와 같이 '칭찬의 철학'을 응용하면 큰 효과를 거둘 수 있다.

가령 레스토랑에서 점원이 주문한 것을 틀리게 가져왔을 경우에도, '수고를 끼쳐 미안하지만 나는 커피보다도 홍차를 들고 싶군요.'라고 친절하게 말하면 점원은 군소리없이 선뜻 바꾸어 온다. 상대에게 경의를 나타내 보였기 때문이다.

이렇게 친절한 말씨를 쓰면 단조로운 일상생활의 톱니바퀴에 기름을 치는 역할을 하는 것과 같으며 동시에 그의 사람됨을 증명하는 것이 된다.

또 한 가지 예를 들어보자.

홀 케인은 〈그리스도교도〉, 〈만 섬(島)의 재판관〉, 〈만 섬의 사나이〉 등의 소설을 쓴 유명한 작가이지만 본시 대장간집 태생이었다. 학교에는 8년 남짓밖에 다니지 않았으나 나중에는 세계 굴지의 부자가 되었다.

홀 케인은 14행 시(詩)나 민요를 좋아했으며 영국의 시인 댄디 가브리엘 로제티에 심취해 있었다. 그래서 그는 로제티의 예술적 공로를 크게 찬양한 논문을 써서 그 사본을 로제티에게 보내 주었다. 로제티는 물론 기뻐했다.

'나의 능력을 이처럼 높이 살 줄 아는 청년은 반드시 훌륭한 인물임에 틀림없을 것이다.'

그렇게 생각한 로제티는 이 대장간집의 아이를 런던으로 불러서 자기의 비서로 삼았다. 이것이 홀 케인의 생애에서 커다란 전환점이 되었다.

홀 케인은 새로운 직업에 종사하면서 당시의 유명한 문학인들과 직접 가깝게 사귈 수가 있었으며, 그들로부터 조언과 격려를 얻어 새로운 인생 항로를 개척하고 나중에는 이름을 세계에 떨치게 되었다.

만 섬에 있는 그의 저택 그리프 캐슬은 세계 여러 곳에서 밀어닥치는 관광객의 메카가 되었다. 그가 남긴 재산은 2백50만 달러에 달하였다고 전해지고 있는데, 만약 그가 유명한 시인에 대해 찬미하는 논문을 쓰지 않았다면 그는 가난한 무명인의 생애를 보냈을 것이다.

진심에서 나오는 칭찬은 이와 같이 헤아릴 수 없는 위력이 있다.

로제티는 자기를 중요한 존재라고 생각하고 있었다. 당연한 일이다. 인간은 거의 예외없이 그렇게 생각하고 있는 것이다.

세계의 어느 나라 인간도 모두 그렇게 생각하고 있다.

미국인 중에는 일본인에 대하여 우월감을 느끼고 있는 사람이 있다. 그런데 일본인도 자신들이 미국 사람보다 훨씬 잘났다고 생각하고 있는 것이다. 백인이 일본 부인과 댄스를 추고 있는 것을 보고 분개한 보수적인 일본인도 있었다.

힌두교도에 대해서 우월감을 가지고 있든 말든 그것은 외국인의 자유이지만, 어쨌든 힌두교도들은 외국인보다도 한없이 자기들이 우수하다고 생각하고 있다. 그래서 이교도인 외국인의 그림자가 닿은 음식은 더럽혀진 것이라고 생각해 결코 손대지 않는다.

에스키모인에 대해서 우월감을 느끼느냐 느끼지 않느냐 하는 것은 어디까지나 개인의 자유이지만 에스키모인이 백인에 대해서 어떤 생각을 가지고 있는가 그것을 한 번 소개해 보자.

에스키모인 사회에도 부랑자는 있다. 그러한 게으름뱅이고 몹쓸 인간을 에스키모인은, '백인 같은' 인간이라고 비유한다. 에스키모 사회에서 이것보다 더한 경멸은 없다고 한다.

이와 같이 어느 나라 국민이든 저마다 타국인보다도 우수하다고 생각하고 있다. 그것이 애국심을 낳고 전쟁을 일으키는 원인이 되기도 한다.

사람은 누구나 타인보다도 어떤 점에서는 뛰어나다고 생각한다. 그러니까 상대의 마음을 확실하게 손에 넣는 방법은 상대가 상대인 만큼, 세계에서 중요한 인물이라는 것을 솔직하게 인정하고 그 일을 상대에게 깨닫게 하는 일이다.

에머슨이 '어떤 사람도 자기보다 어떤 특수한 점에 있어서는 뛰어나고 배울 것을 갖추고 있다.'고 말한 것을 되새겨 주기를 바란다.

그런데 불쌍한 일은 남에게 자랑할 만한 장점을 별달리 갖추지 못한 인간이 그로 인한 열등감을 터무니없는 자만심이나 자기 선전으로 눈가림 하려는 경우이다.

셰익스피어는 이러한 사정을 '오만불손한 인간이다! 부질없는 아무 건덕지도 안 되는 것을 미끼로 천사조차 울리려고 하는 거짓 수작으로 속이려고 하고 있다.'라고 표현하고 있다.

'칭찬의 원칙'을 응용하여 성공을 거둔 세 사람의 이야기를 소개해 보겠다.

세 사람 모두 나의 강습회의 수강자이다.

우선 코네티컷 변호사의 이야기인데, 이름을 밝혀 두지 않기를 원하고 있는 사람이다. R씨라고 해두자.

그는 부인과 함께 롱아일랜드에 있는 부인의 친척집을 방문하였다. 연세 지긋한 숙모의 집에 도착하자마자 부인은 R씨를 숙모의 말상대로 남겨 두고, 자기는 다른 친척집으로 가버렸다.

R씨는 '칭찬의 원칙'을 실험한 결과를 강습회에서 보고하기로 되어 있었기 때문에, 우선 노(老) 숙모에게 한 번 시도해 보려고 마음먹었다. 그래서 그는 진심으로 감탄할 수 있는 것을 찾아내려고 온 집안을 둘러보았다.

"이 집은 1890년경에 지은 집이죠?"

라고 그가 물으니 숙모는 대답했다.

"그렇네, 꼭 1890년에 세웠어."

"제가 태어난 집도 꼭 이런 집이었어요. 훌륭한 건물입니다. 아주 썩 잘 지어진 건축입니다. 넓직하고……. 요즈음은 이런 집을 세울 수가 없게 됐습니다."

나의 얘기를 듣자 숙모는 나의 뜻을 알고 기쁜 듯이 맞장구를 쳤다.

"정말 그래. 지금의 젊은 사람들은 집의 구조에 전혀 관심을 갖지 않아. 비좁은 아파트에 전기 냉장고, 게다가 돌아다니기 위해서는 자가용이 젊은 사람들의 이상인 것 같아."

옛날의 추억을 그리워하는 여운이 그녀의 말씨에서 우러나오고 있었다.

집 안의 안내가 끝나자 숙모는 R씨를 차고로 데리고 갔다. 그곳에는 신품과 다름없는 패커드 자동차 한 대가 자키로 들어올려진 채로 있었다. 그것을 가리키면서 숙모는 조용히 말을 했다.

"남편 돌아가시기 전에 이 차를 샀네만 나는 이 차를 타본 적이 없어. 자네는 물건의 좋고 나쁜 것을 아는 사람이군. 나는 이 차를 자네에게 선물하고 싶은데, 어떤가?"

"숙모님, 그건 곤란합니다. 물론 마음은 고맙습니다만 이 차는 제가 받을 수가 없습니다. 저는 숙모님과 혈연관계가 있는 것도 아니고 자동차 같으면 저도 최근에 산 것이 있습니다. 이 패커드를 탐내고 있는 가까운 친척분이 많이 계실 게 아닙니까?"

R씨가 사양을 하니 숙모는 언성을 높여 말하였다.

"친척이야 얼마든지 있지. 이 차가 탐이 나서 내가 죽기를 기다리고 있는 친척 말일세. 그렇지만 그러한 사람들에게 이 차를 줄 수는 없어."

"그럼 중고 자동차상에 팔아 버리면 좋겠네요."

"팔다니! 내가 이 차를 팔리라고 생각하나? 어디 누구인지를 모르는 사람이 마구 굴리고 다닌대서야 참을 수가 있다고 생각하나? 이 차는 남편이 나를 위해서 사준 차란 말이야. 팔다니, 꿈에도 생각할 수 없어. 자네에게 주고 싶단 말일세. 아름다운 것의 가치를 알 수 있는 사람에게!"

R씨는 어떻게 상대의 마음을 상하지 않게 하면서 거절하려고 하였으나 도무지 그러한 얘기를 꺼낼 수가 없는 처지였다.

넓은 저택에서 오직 홀로 추억만을 되새기고 살아온 이 노부인에게는 사사로운 칭찬에도 굶주려 있었던 것이다. 그녀에게도 한때는 젊고 아름다웠으며, 남들이 소문을 일으킨 시절도 있었고 사랑의 집을 짓고 유럽의 각지에서 사들여온 물건으로 방을 장식한 일도 있었다.

그러나 지금은 늙고 외로운 노인에 불과했다. 그래서 남의 조그마한 진심과 칭찬에도 여간 마음이 흐뭇하지 않을 수 없었다. 그럼에도 아무도 그러한 것을 주려 하지 않았다. 그러니까 그녀는 R씨의 이해성이 있는 태도에 사막 속에서 오아시스를 발견한 것 같은 기쁨에 패커드를 선물하고 싶었던 것이다.

다음은 도널드 M. 맥마흔 씨의 이야기이다.

뉴욕에 있는 루이스 앤드 발렌타인 조경회사의 정원사장을 지내는 맥마흔 씨의 경험은 다음과 같다.

강습회에서 '사람을 움직이는 법' 강의를 들은 후 얼마 되지 않아서 나는 어떤 유명한 법률가의 정원을 꾸미고 있었다. 그 집 주인이 마당으로 나와서 나에게 철쭉꽃과 석남꽃 심을 장소를 일일이 알려주고 있었는데, 그때 내가 문득 말을 붙였다.

"선생께서는 아주 즐겁겠습니다. 저렇게 훌륭한 개를 많이 키우시니, 메디슨 스퀘어 가든의 개 품평회에서 댁의 개가 많은 상을 타셨다지요?"

이 뜻밖의 찬사에 대한 반응은 정말 놀라웠다.

그는 무척 자랑스러운 듯이 말했다.

"그건 여보게, 정말 즐거운 일이야. 어디 개집으로 한 번 안내를 할까?"

그는 한 시간 이상이나 개 자랑을 늘어놓고 그 개와 상패를 하나하나 내게 보여 주며, 그러다가 개의 혈통증서까지 꺼내 와서는 개의 우열을 좌우하는 혈통에 대해 설명을 해주었다.

나중에는 그가, "당신 집에 남자아이가 있소?"하고 묻기에 있다고 대답하니, "그 아이는 강아지를 좋아해요?"하고 물었다. "예, 강아지를 무척 좋아합니다."라고 대답을 하니 그는, "그럼 좋소, 내가 강아지를 한 마리 아이에게 선물을 하겠소."하고 자진 서둘러 말했다.

그는 강아지를 키우는 요령을 설명하기 시작했으나 잠시 생각하더니 "입으로만 얘기해서는 잊어버릴지 모르겠군. 종이에 적어주지." 하고 말한 뒤 나를 남겨놓고 집 안으로 들어갔다. 그리고 혈통증서와 양육법에 대해 타이프한 것을 갖추어 가지고, 사면 1백 달러나 값이 나가는 강아지를 내게 주었다.

그뿐만 아니라 그의 귀중한 시간을 한 시간 반이나 쪼개어 준 것이다. 이것이 그의 취미와 성과에 대해 내가 보낸 솔직한 찬사의 선물이었다.

코닥 카메라로 유명한 조지 이스트먼은 영화에 있어서 빼놓을 수가 없는 투명 필름을 발명하여 거액의 부를 쌓은 세계 굴지의 대실업가였다. 그러한 큰 사업을 성취한 사람이라도 역시 우리들과 같이 조그마한 찬사에도 대단히 감격했다.

그 이야기를 소개해 보자.

벌써 오래전 이야기지만 이스트먼은 로체스터에 이스트먼 음악학교와 그의 어머니를 기념하는 극장 길본 홀을 건축하고 있었다.

뉴욕의 고급 의자 제작회사를 운영하는 제임스 애덤슨 사장은 이 두 개의 건물에 부착시킬 좌석의 주문을 따내고 싶었다. 그래서 애덤슨은 건축가에게 연락을 취해서 이스트먼과 로체스터에서 만나기로 약속했다.

애덤슨이 약속 장소에 도착하자, 그 건축가가 그에게 주의를 시켰다.

"당신은 이 주문을 꼭 따내고 싶겠죠? 그렇다면 당신은 이스트먼의 시간을 5분간 이상 소비하게 되면 성공 가능성은 우선 없다고 보아야 합니다. 이스트먼은 까다로운 사람으로 알려져 있으며 또 무척 바쁜 사람이므로 가능한 한 빨리 얘기를 마무리 지어야 합니다."

애덤슨은 시킨 대로 할 작정으로 마음먹고 있었다.

애덤슨이 그의 방에 들어가자, 이스트먼 씨는 책상을 향해서 산더미같이 쌓인 서류에 정신이 팔려 있었다. 잠시 후 이스트먼 씨는 얼굴을 들고 안경을 벗은 다음 건축가와 애덤슨 씨 쪽으로 걸어와서 말을 건네었다.

"안녕하십니까? 그런데 두 분의 용건이 무엇이죠?"

건축가의 소개로 인사가 끝나자, 애덤슨은 이스트먼에게 말했다.

"아까부터 저는 이 방의 훌륭한 만듦새에 감탄하였습니다. 저는 실내장식이 전문입니다만, 지금까지 이렇게 훌륭한 방을 본 적이 없습니다."

그러자 조지 이스트먼이 대답했다.

"하긴 그렇게 말하는 것을 들으니 이 방이 만들어졌을 때의 일이 생각납니다. 꽤 좋은 방이죠. 만들어진 그 당시는 나도 기쁘게 생각했습니다만 최근에는 바쁜 시간에 쫓겨서 몇 주간이나 이 방이 좋은 것도 잊어버리고 지냅니다."

애덤슨은 일어서서 벽에 걸린 판자를 쓰다듬으면서 말했다.

"이것은 영국산 떡갈나무군요. 이탈리아산 떡갈나무와는 줄무늬가 좀 다릅니다."

그러자 이스트먼이 입을 열었다.

"그렇죠. 영국에서 수입했습니다. 재목에 대해서 잘 아는 친구가 나를 위해서 골라 준 것입니다."

이렇게 말한 다음 이스트먼은 방의 균형·색채·손조각의 장식, 그 밖에 그 자신이 고안한 곳곳 등 여러 가지를 애덤슨 씨에게 설명해 주었다.

두 사람은 퍽 조밀한 방의 구조를 둘러보다가 창가에 멈추어 서게 되었다.

이스트먼은 사회사업의 일환으로 자기가 세운 여러 시설에 대해 조용한 어조로 겸허하게 이야기를 꺼내기 시작하였다. 로체스터 대학·종합병원·동계의 요법 병원, 그리고 사장의 집·아동병원 등의 이름을 열거했다.

애덤슨은 이스트먼이 인류의 고통을 경감하기 위해서 그의 재력을 사용하고 있는 이상주의적인 방법에 대해서 진심으로 찬사를 표하였다.

그러자 이스트먼 씨는 유리 상자를 열어서 그가 최초로 입수하였다는 사진기를 꺼내들었다. 그것은 어떤 영국인으로부터 사들인 발명품이었다.

애덤슨은 이스트먼 씨가 장사를 시작하였을 무렵의 고생에 대해서 질문을 하였다.

그러자 이스트먼은 가난한 소년 시절을 회고하고 과부인 어머니가 값싼 하숙집을 경영하는 한편, 자기는 일급 50센트로 어떤 보험회사에 근무하고 있었다는 것 등을 실감나게 말해 주었다.

빈곤의 공포에 밤낮으로 시달려 있던 그는 어떻게 해서든지 가난을 물리치고 모친을 값싼 하숙집 영업의 중노동에서 해방시켜야겠다고 결심하였다고 한다.

애덤슨은 질문을 계속했고, 이스트먼은 사진 건판 실험을 할 무렵의 이야기를 해주었다. 사무실에서 하루 종일 일에 몰두했다는 것, 약품이 반응을 일으키는 짧은 시간을 이용하여 수면을 취하면서 밤새워 실험한 일, 때로는 72시간을 잠잘 때나 일할 때나 옷을 입은 채로 지냈다는 것 등등, 이스트먼 씨의 이야기는 끝이 없었다.

제임스 애덤슨은 이스트먼 씨의 방으로 들어간 것은 오전 10시 15분이었으며, 5분 이상 이야기를 끌면 안 된다고 하는 말을 듣고 있었지만 이미 두 시간을 경과하고 있었다. 그래도 아직 이야기는 끝나지 않았다.

이스트먼이 애덤슨을 향하여 다음과 같이 말하였다.

"지난번 일본에 갔을 때 의자를 사 와서 집의 앞뜰에 놓았습니다. 그런데 그것이 햇볕을 받고 칠이 벗겨져서 최근에 페인트를 사 와서 내가 직접 칠을 새로 했습니다. 나의 페인트칠 솜씨가 어떤지 보시겠습니까? 우리 집으로 와주십시오. 점심을 한 뒤에 보여드리도록 하죠."

점심 식사 후에 이스트먼은 애덤슨에게 의자를 보였다.

한 개에 1달러 50센트를 주었다는 싸구려 의자가 억만장자에게는 어울리지 않는 초라한 것이었으나 그래도 자기 스스로 페인트칠을 했다는 것이 대견스러운 모양이었다.

9만 달러에 달하는 좌석의 의자 주문이 과연 누구에게 낙찰되었는가 하는 것은 새삼 말할 것이 없다. 그 이후 이스트먼 씨와 제임스 애덤슨 씨는 평생의 친구가 되었다.

우리들은 이처럼 놀라운 효과를 가지는 '칭찬의 원칙'을 어느 누구에게보다도 자기 가정에서 시험해 보아야 할 것이다. 가정만큼 그것을 필요로 하는 곳이 없으며 가정만큼 그것이 등한시되고 있는 곳 또한 없다.

어떤 아내에게도 반드시 어떤 장점은 있다. 적어도 남편이 그것을 인정했기 때문에 결혼이 성립됐을 것이다.

그런데 당신은 아내의 매력을 찬미하지 않은 지 어느 정도의 세월이 지나갔는가?

수년 전 나는 미라미치강 상류까지 낚시질을 하러 간 일이 있었다. 캐나다의 넓은 수림 지대에서 깊숙히 오지로 들어가서 마을과 떨어진 곳에 캠프를 쳤다.

그때 가지고 간 읽을거리라고는 오직 한 장의 시골 신문뿐이었다. 나는 그것을 광고에 이르기까지 구석구석 빠짐없이 읽어 보았다. 그 기사 속에 도로시 디스크 여사가 쓴 기사가 실려 있었다. 꽤 좋은 기사였기 때문에 그 부분을 오려서 지금까지 보존하고 있다.

그 기사에 의하면, 그 여사는 신부에게 주는 교훈은 귀가 따갑도록 들었으나 오히려 신랑에게야말로 다음과 같은 교훈을 주어야 한다는 것이다.

입에 발린 소리를 능숙하게 할 수 있을 때까지는 절대로 결혼해서는 안 된다. 독신으로 있는 동안은 여성을 칭찬하든 말든 자유이지만 일단 결혼하게 되는 날이면 상대를 칭찬해 주는 것이 필수 조건이다.

이것은 자기의 안전을 위해서도 불가결하다. 솔직한 발언을 하는 것은 금물이다. 결혼 생활은 외교와 같은 것이다.

만족스러운 나날을 보내고 싶으면 결코 아내의 살림살이에 대해서 비난을 하거나 심술궂게 다른 여자와 비교해서는 안 된다. 거꾸로 언제나 아내의 살림 솜씨를 치켜세워 주고, 재색겸비한 이상적인 여자와 결혼하게 된 것을 행운으로 생각한다는 것을 보여 주어야 한다.

비록 비프스테이크가 소가죽처럼 굳어 있고, 토스트가 검은 숯처럼 타 있어도 결코 잔소리를 해서는 안 된다. 다만, '오늘은 적당하게 잘 안 구워져 있구만.'하는 정도로 가볍게 해두면 된다. 그러면 아내는 남편의 기대에 맞추려고 더욱 신경 쓰며 일할 것이다.

이 방법을 갑자기 시작하는 것은 좀 생각해야 한다. 아내가 이상하게 생각하기 때문이다. 우선 오늘 밤이나 내일 아침, 그녀에게 꽃이나 과자를 선물로 사 가지고 가는 것이 좋을 것이다.

'응, 그것도 좋겠구만.'하는 정도로 말해서는 쓸모가 없다. 본격적으로 해야 한다. 미소를 보이면서 부드러운 말씨를 한두 마디 걸어 본다. 이것을 실행하는 남편이나 아내가 늘어나게 되면 이 세상의 이혼율은 많이 줄어들 것이다.

여성에게 사랑을 받고 싶으면 이 비결을 전수하라. 꽤나 효력이 있는 방법이지만, 실은 이것은 내가 생각해낸 것이 아니고 도로시 디스크 여사로부터 얻어들은 이야기이다.

디스크 여사는 23명이나 되는 여성의 사랑과 재산을 송두리째 가로챈 유명한 결혼 사기꾼과 인터뷰를 한 적이 있었다.

그 장소는 교도소였는데, 여성에게 사랑받는 방법에 대해 그의 대답은 이러했다.

"별로 어려운 일은 아무것도 없어요. 상대 여자에 대한 이야기만 하고 있으면 됩니다."

이 방법은 남성을 대할 때도 마찬가지일 것이다.

"상대 남자쪽 얘기만 하라. 그러면 상대는 몇 시간이라도 귀 기울이고 싫증을 내지 않을 것이다."

이것은 그 수완을 떨친 영국의 대정치가 디즈렐리 수상의 말이다.

■■■ 남의 호감을 얻는 요령의 네 번째 방법 :
☞ 상대방을 진심으로 칭찬하는 것이다.

여기까지 읽은 사람은 일단 책을 덮고, 상대에 대한 '칭찬하는 철학'을 당신의 주위에 있는 사람에게 응용하여 볼 것을 권장한다. 그야말로 놀라운 효과를 얻을 것이다.

DALE CARNEGIE

3
상대방을
설득하는 방법

- 가급적 시비를 피한다
- 상대의 잘못을 지적하지 않는다
- 깨끗이 자기의 잘못을 시인한다
- 되도록 침착하게 조용히 말한다
- '네'라고 대답할 수 있는 문제를 선택한다
- 상대방으로 하여금 말하게 한다
- 스스로 생각하게 한다
- 상대방의 입장이 되어 본다
- 따뜻한 동정심을 갖는다
- 아름다운 감정에 호소한다
- 극적인 연출 효과를 생각한다
- 상대방의 경쟁심을 자극한다

3. 상대방을 설득하는 방법

1갤런의 쓴 국물보다도 한 방울의 벌꿀을 사용하는 것이 더 많은 파리를 잡을 수 있다. 부드러움이 능히 강한 것을 꺾는다. 사람을 다루는 비결은 상대의 입장을 동정하고 그것을 잘 이해하는 일이다.

가급적 시비를 피한다

시비를 하거나 반박을 함으로써 상대에게 이기는 일도 있을 것이다. 그러나 그것은 헛된 승리이다. 상대의 호의를 절대로 얻어낼 수 없기 때문이다.

제1차 세계대전 직후의 어느 날 밤, 나는 런던에서 귀중한 교훈을 얻었다.

당시 나는 로드 스미스 경(卿)의 매니저 일을 하고 있었다. 로드 스미스 경은 대전 중 팔레스티나의 공중전에 혁혁한 수훈을 세운 호주의 용사로, 종전 직후 30일간 세계 반주(半周) 비행에 성공하여 세계를 놀라게 하였다.

그 당시로서는 실로 전무한 일로 일대 센세이션을 불러일으켰다.

호주 정부는 그에게 5만 달러의 상금을 주고, 영국 국왕은 그를 나이트 (騎士)의 작위(爵位)에 품(品)함으로써 그는 대영제국의 화제의 중심이 되었다.

말하자면, 그는 영국의 새로운 린드버그가 된 셈이다.

어느 날 밤 그를 위하여 개최된 연회에 나도 참석하여 보았다. 모두가 자리하고 있을 때, 내 테이블 옆자리에 있던 사람이 '인간이 첫 손질을 하고 신이 완성시킨다.'라는 인용구에 관련되는 재미나는 이야기를 하였다.

그는 이 말이 성서에 있는 문구라고 말하였다. 나는 그의 잘못된 출전(出典)을 지적했다. 그래서 나는 자신의 중요성과 우월감을 충족시키기 위해서 그의 잘못을 지적하고 미움받는 역할을 사서 나서게 되었다.

"뭐요? 셰익스피어의 문구라고요? 그럴 리가 있습니까. 어리석은 얘기는 그만하시오. 성서에 있는 말이오. 이것만은 틀림없소."

그는 매우 흥분한 기색으로 이렇게 단언했다.

그 사람은 내 오른쪽에 앉아 있었고, 나의 왼쪽 좌석에는 오랜 친구인 프랭크 가몬드가 있었다.

가몬드는 셰익스피어에 대한 연구를 여러 해 계속하여 온 사람이었기 때문에 가몬드의 의견을 듣기로 하였다. 가몬드는 쌍방의 주장을 듣고 있었으나 테이블 밑으로 나의 발을 살짝 차면서 다음과 같이 말하였다.

"데일, 자네가 틀렸어. 저분의 말이 옳아. 분명히 성서에 나온 말이야."

그날 밤 나는 연회가 파하고 돌아오는 길에 가몬드에게 말하였다.

"프랭크, 그건 셰익스피어에게서 나온 말이야. 자네는 잘 알고 있을 게 아닌가?"

"물론 그렇지. 〈햄릿〉의 제5막 제2장의 말이야. 그러나 데일, 우리들은 자랑스러운 좌석에 초청받은 손님이야. 왜 그 사람의 잘못을 증명해야 하는가. 증명하면 상대방에 호감을 사는가? 상대방의 체면도 좀 생각해 줘야 할 게 아닌가. 게다가 상대는 자네에게 의견을 구하지 않았어. 자네의 의견 따위는 듣고 싶지 않았다는 거야. 시비 따위 할 필요가 어디에 있는가? 어떤 경우에도 모가 나는 일은 피하는 편이 좋아."

'어떤 경우에도 모가 나는 일은 피하는 편이 좋다.'라고 말하여 준 사람, 그는 지금 이 세상에 없지만 그 교훈만은 아직까지 나의 가슴 깊이 새겨져 있다.

본래 나는 지독히 토론을 좋아하는 편이어서 이 교훈은 내게 있어서 특히 필요했다. 젊을 때의 나는 세상의 모든 일에 대해서 형(兄)과 의견을 맞대었다. 대학에서는 논리학과 웅변을 연구하고 토론회에 참가하였다. 무척이나 캐고 따지는 것을 좋아해서 증거를 눈앞에 들이대기까지는 좀처럼 투구를 벗지 아니했다.

이윽고 나는 뉴욕에서 토론과 변론술을 가르치게 되었다. 지금 생각하니 식은땀이 흐르지만 그 방면의 책자도 펴낼 계획을 세운 일도 있다. 그 후부터 나는 모든 경우에 행하여지는 토론을 경청하고 비판하고 스스로가 참가해서 그 효과를 지켜보고 있었다.

그 결과 토론에 이기는 최선의 방법은 이 세상에 오직 한 가지밖에 없다는 결론에 도달했다. 그 방법은 시비를 피하는 일이다. 항상 무서운 독을 품고 있는 독사(毒蛇)나 지진을 피하듯이 시비를 피하는 일이다.

시비는 거의 예외 없이 서로 자기 설을 더욱 옳다고 확신시키고 끝나 버린다.

시비에 이긴다는 것은 불가능하다. 만약 지게 되면 진 것이고 비록 이겼다고 하더라도 역시 져 있는 것이다.

왜냐하면, 설혹 상대를 여지없이 때려눕혔다고 하더라도 그 결과는 어떻게 되는가? 때려눕힌 쪽은 크게 의기양양하겠지만 공격을 당한 쪽은 열등감을 가지고 자존심을 상하여 분개할 것이 틀림없다.

"인간은 억지로 설득을 당해도 수긍은 하지 않는다."

이 말을 명심하라.

벤 상호생명보험(相互生命保險) 회사에서는 보험 설계사의 수칙 요령으로 다음과 같은 방침을 확립하였다.

'시비를 하지 말 것.'

참다운 설계사의 자격은 시비곡절을 잘 따지는 데 있지 않다. 시비의 '시' 자도 소용이 없다. 사람의 마음은 시비를 따져서는 바꿀 수가 없다.

그 좋은 예가 있다.

수년 전의 일이지만 나의 강습회에 패드릭 J. 오헤아라고 하는 시비(논쟁)를 좋아하는 아일랜드 사람이 참가하였다. 교양은 별로 없는데 토론을 좋아했다. 이전에는 자가용차의 운전사였던 사람이다.

트럭 세일즈맨을 지망하여 해보았으나 잘되지 않아서 강습을 받으러 왔다고 한다. 두세 가지 질문을 해보니 항상 손님에게 시비를 걸거나 역정을 내고 있었다는 것이 밝혀졌다. 팔려는 트럭에 손님이 조금이라도 단점을 지적하면 무턱대고 목청을 돋우었다. 그리고 토론을 하면, 대개 상대방을 통쾌히 이겼다. 그는 나중에 다음과 같이 술회하고 있다.

"상대의 사무실을 나올 때 나는 '어때요, 역시 내게 졌지요?'라고 혼잣말로 중얼거렸습니다. 확실히 상대를 한 대 먹인 것은 틀림없으나 트럭은 한 대도 팔지 못했습니다."

내가 할 수 있는 최초의 일은 패드릭에게 대화의 요령을 가르치는 일이 아니라 그에게 침묵을 지키게 하여 시비를 하지 않도록 하는 일이었다.

그 오헤아 씨가 지금은 뉴욕에 있는 화이트 모터회사의 일류 세일즈맨이 되어 있다. 그의 성공 사례를 그의 말로 소개하고자 한다.

가령, 지금 내가 물건을 팔러 들어가서 상대로부터, '화이트의 트럭 말인가요? 그건 못쓰겠어. 거저 주어도 거절하겠어. 산다면 후즈이트의 트럭을 사겠어.'라고 말했다고 하자, 그럼 '아, 그 말씀은 옳습니다. 후즈이트의 트럭은 물론 좋죠. 그것을 사시면 틀림이 없습니다. 회사도 훌륭하고 판매원도 모두 사람들이 우수합니다.'라고 나는 말한다. 이렇게 되면 그쪽 사람은 두 마디째의 말발이 서지 않는다. 시비의 여지가 없기 때문이다. 상대가 후즈이트의 차가 가장 좋다고 말하고 이쪽도 그렇다고 대답하니 상대에게 할 말이 없을 수밖에 없다. 이쪽이 동의하고 있는데 또 그 이상 후즈이트가 가장 좋다, 라고 하루종일 뇌까리고 있을 수만은 없는 노릇이다. 그래서 이번에는 화제를 바꾸어서 화이트 회사의 트럭의 장점에 대해서 비로소 얘기를 끄집어내는 것이다.

옛날의 나 같으면 이런 얘기를 듣기만 하면 당장에 울컥 성이 치밀어서 후즈이트의 나쁜 점을 욕하기 시작했을 것이다. 내가 성을 돋우면 돋울수록 상대는 후즈이트의 편을 들게 된다. 그쪽 편을 들고 있는 동안에 더욱더 이쪽의 경쟁 상대의 제품이 더 한층 좋게 생각된다.

지금 돌이켜 생각해보면 그런 식으로 세일즈를 했어도 용하게 견뎌낸 것이 나 스스로도 이상할 정도이다. 나는 오랫동안 시비와 싸움으로 손해를 계속 보고 있었던 것이다. 그러나 지금은 굳게 입을 다물고 있다. 덕분으로 장사는 번창할 따름이다.

벤저민 프랭클린은 다음과 같이 말한다.

> **❝** 시비를 하거나 반박을 함으로써 상대에게 이기는 일도 있을 것이다. 그러나 그것은 헛된 승리이다. 상대의 호의는 절대로 얻어낼 수가 없기 때문이다.”

그러니까 여기서 곰곰이 생각하여 주기를 바란다. 이론 투쟁의 화려한 승리를 얻는 것이 좋은가, 아니면 상대의 호의를 획득하는 편이 좋은가? 이 두 가지는 좀처럼 양립하지 않는다.

〈보스턴 트랜스크리프트〉지에 다음과 같은 시(詩)가 실려 있었다. 그런데 그 의미는 상당히 의미심장한 구석이 있다.

여기에 윌리엄 제이가 영원히 잠들다.

올바르게 살려고 하고 또 올바른 길을 걷다 여기에 잠들다.

올바르지 않은 길을 걸은 자와 똑같이 잠들다.

아무리 올바른 시비를 한들 상대의 마음은 변치 않는다. 그 점, 올바르지 않은 시비를 하는 것과 하나도 다를 바가 없다.

우드로 윌슨 내각의 재무장관 윌리엄 G. 맥도버는 다년간의 정치 생활에서 '아무리 무지한 인간일지라도 시비로 이기기는 불가능하다.'는 것을 깨달았다고 말한다.

'무지한 인간'이라고 하는 것은 맥도버 씨가 상당히 겸손하게 자기를 낮추어 얘기한 것이다. 나의 경험으로는 지능지수(知能指數)의 여하를 불문하고 어떤 인간에게도 시비(논쟁)는 먹혀들어 가지 않는다.

실례를 들어보자.

소득세(所得稅) 상담역을 하고 있는 프레더릭 S. 파슨즈라는 사람이 어느 날 세무감사관(稅務監査官)과 한 시간에 걸쳐서 토론을 벌이고 있었다. 9천 달러의 한 항목(項目)이 문제가 된 것이다.

파슨즈의 주장은 그 9천 달러는 사실상 빚으로 도산된 악성 채권이므로 도저히 회수가 불가능하니 과세(課稅) 대상이 되어서는 안 된다는 것이었다.

"빚으로 도산했다고? 흥, 말도 안 되는 소리! 그건 당연히 과세의 대상이 됩니다."

감사관은 도저히 승낙을 하지 않았다. 그때의 대화 내용을 파슨즈 씨는 나의 강습회에서 공개하였다.

그 감사관은 냉혹·오만·완고해서 아무리 이유를 설명해도, 또는 그 전후 사실을 나열해도 전혀 받아들이지 않았다. 시비를 하면 할수록 고집불통이 됐다. 그래서 나는 시비를 그만두고 화제를 바꾸어서 상대를 자랑하기로 하였다.

나는 '정말 당신의 일은 힘들겠어요. 이런 문제 같은 것은 극히 사소한 일이겠지만 보다 중요한 액수가 많은 어려운 일을 하고 있겠죠? 저는 조세(租稅) 공부를 조금밖에 하지 못했습니다만 그것도 제 경우는 책에서 얻은 지식에 불과합니다. 당신은 실지의 경험에서 무한한 지식을 얻었겠죠. 나도 당신과 같은 일을 맡게 되면 좋았을 것이라고 생각합니다. 반드시 좋은 공부가 될 것입니다.'라고 말하였으나 그것은 아직 나의 본심은 아니었다.

그러자 감사관은 의젓이 의자를 다시 고쳐 앉더니 자랑스럽게 자기의 직업에 대해서 긴 사설을 늘어놓기 시작하였다. 자기가 적발한 교묘한 탈세 사건(脫稅事件) 이야기를 하다 보니 그 어조도 점점 부드러워졌다. 끝에 가서는 자기의 아들 얘기까지 내게 들려주었다.

돌아갈 즈음에 그는 문제의 항목(項目)을 좀 더 생각한 다음에 이삼일 내로 회답을 하겠다고 말하고 사무실을 나갔다.

3일 후, 그는 사무실로 찾아와서 세금이 신고대로 결정된 뜻을 전했다.

이 감사관은 인간의 가장 보편적인 약점을 드러내고 있는 것이다.

그는 자신의 중요성을 보이고 싶었던 것이다. 파슨즈 씨와 논쟁을 하고 있는 동안에 자기의 권위를 행세함으로써 중요성을 과시하고 있었던 것이다. 그런데 자기의 중요성이 인정되자 논쟁은 중지되고 자아(自我)의 확대가 행하여지자 즉각적으로 그는 친절하고 선량한 인간으로 변한 것이다.

나폴레옹의 집사를 하고 있던 콘스탄트는 황후(皇后) 조세핀과 자주 당구를 쳤다. 그가 쓴 『나폴레옹의 사생활 회고록』에는 다음과 같은 고백이 쓰여 있다.

> 66 나의 당구 솜씨는 상당한 것이었으나 황후에게는 항상 이기는 것을 양보하도록 하였다. 그것이 황후에게는 매우 기뻤던 모양이다."

이 고백은 매우 귀중한 교훈을 내포하고 있다.

우리들도 손님이나 애인 혹은 남편이나 아내와 말다툼을 하는 일이 있을 경우 승리를 상대에게 양보하는 것이 좋지 않겠는가.

부처님이 말씀하셨다,

> 66 미움은 결코 미움으로써 영원히 사라지지 않는다. 미움은 사랑을 가지고서야 비로소 사라진다."

논쟁도 마찬가지이다. 오해는 논쟁을 통해 결코 영구히 해결되지 않는다. 임기응변·사교성·위로, 그리고 상대의 입장에서 동정적으로 생각하는 친절을 보여 주어야 비로소 해결이 된다.

링컨은 어느 날 동료와 싸움질만 하고 있는 한 청년 장교를 나무란 적이 있다.

66 자기의 향상을 염두에 두고 있는 사람은 시비 같은 것을 하고 있을 여가가 없을 것이다. 더구나 시비의 결과 마음이 불쾌해지거나 자제심을 잃어버리든가 하면 더욱더 싸움은 할 수가 없다. 이쪽에 오 푼의 이치밖에 없을 경우에는 아무리 중대한 일이라도 상대에게 양보해야 한다. 이쪽에 십 푼의 이치가 있다고 생각될 경우에도 사소한 일 같으면 양보하는 것이 좋다. 골목에서 사나운 개를 만나면 권리를 주장해서 물리기보다는 개에게 길을 양보하는 것이 현명하다. 비록 개를 죽였다손 치더라도 개에게 물린 상처는 쉽게 낫지 않을 것이다."

■■■ 그 때문에 사람을 설득하는 요령의 첫 번째 방법 :
☞ 시비에 이기는 최선의 방법은 시비를 피하는 데 있다는 것을 알아야 할 것이다.

상대의 잘못을 지적하지 않는다

하루 빨리 그대의 적과 화해하라. 남을 납득시키려면 외교적인 사람이 되어야 한다. 상대의 잘못을 따지는 것으로는 아무러 이익도 생겨나지 않는다는 것을 확신한다.

　루스벨트가 대통령이 되었을 때 자기가 생각하는 일이 백 가지 중에서 일흔일곱 가지만 옳으면 자기로서는 그것이 바랄 수 있는 최고의 것이라고 다른 사람에게 말한 바 있다.

　20세기 제일의 위인이 이렇다고 한다면 우리들 평범한 사람은 도대체 어느 정도일까.

　자기가 생각하는 일이 55퍼센트까지 옳다고 자신 있게 믿는 사람은 월가(街)로 진출하여 하루에 백만 달러를 벌어들이고, 요트를 사고 절세의 미인과 결혼할 수가 있다. 그것이 55퍼센트에 달할 자신이 없다고 한다면 그러한 인간은 남의 잘못을 지적할 자격이 과연 있다고 하겠는가.

　눈짓·말씨·몸짓으로 상대의 잘못을 지적할 수가 있지만 이것은 분명히 상대를 욕하는 것과 하등의 차이가 없다.

　그렇다면 사람은 왜, 무엇 때문에 상대의 잘못을 지적하는가?

　상대의 동의를 얻기 위하여? 천만의 말씀이다.

　상대는 자기의 지능·판단·자랑·자존심에 뺨을 얻어맞고 있는 것이다. 당연히 보복이 있을 것이다. 생각을 바꾸려고 엄두를 낼 까닭이 없다. 아무리

플라톤이나 칸트의 논리로 설득하여 들려주어도 상대의 의견은 변하지 않는다. 상처를 입는 것은 논리가 아니라 감정이기 때문이다.

"그럼 당신에게 그 이유를 설명하겠소."

이러한 서두는 금지해야 한다. 이것은 '나는 당신보다 머리가 좋다. 잘 타일러서 당신의 생각을 고쳐 주겠다.'라고 말하고 있는 것과 같다.

그야말로 도전적(挑戰的)이다. 상대에게 반항심을 일으키고 전투 준비를 시키는 것과 같다.

타인의 생각을 고치게 하는 것은 가장 혜택이 갖추어진 조건 아래에서도 대단한 일이다. 무엇이 필요해서 조건을 악화시키는가. 스스로 손발을 묶어 놓는 것과 다름없지 않은가. 사람을 설득하고 싶으면 상대가 눈치채지 않도록 해야 한다. 누구에게도 눈치채지 않도록 교묘하게 해야 한다.

"가르치지 않는 척하면서도 상대를 가르치고, 상대가 모르는 일은 그가 잊어버리고 있었다고 말해 준다."

이것이 비결이다.

체스터필드 경(卿)(1694~1773, 영국의 정치가·외교관)이 자식에게 준 처세훈 중에 다음과 같은 구절이 있다.

66 될 수 있으면 남보다 현명해져라. 그러나 그것을 남이 알게 해서는 안 된다."

나는 20년 전에 믿고 있던 일을 지금은 거의 모두 믿지 못하게 되었다. 아직까지 믿고 있는 것은 구구단의 셈을 헤아리는 것뿐이다. 그런데 아인슈타인의 책을 읽고 그 구구단조차도 의심이 생기게 되었다. 이후 20년이 지나면 이 책에서 내가 주장하고 있는 것도 믿지 않게 될지도 모른다.

현재의 나는 이전과 달리 만사에 확신을 가질 수가 없게 되었다. 소크라테스는 제자들에게 되풀이해서 다음과 같이 말하였다.

"나는 오직 한 가지 일밖에 모른다. 그것은 나는 아무것도 모른다는 바로 그것이다."

내가 아무리 잘났다고 하더라도 소크라테스보다 현명할 리는 없다. 그러니까 타인의 잘못을 지적하는 따위의 흉내는 일체 하지 않기로 정하였다. 이 방침 덕분에 나는 여간 이득을 본 것이 아니다.

상대가 틀렸다고 생각하였을 때는, 생각할 뿐만 아니라 사실 그것이 명백한 잘못일 때는 다음과 같이 서두를 꺼내도 좋다고 생각하는데 어떨지 모르겠다.

"실은 나는 그렇게 생각하고 있지 않았습니다만, 필경 나의 잘못일지 모르겠습니다. 나는 자주 틀립니다. 잘못되어 있다면 고치려고 생각합니다. 다시 사실을 잘 생각해 봅시다."

이 '아마 나의 잘못일 겁니다. 나는 자주 틀립니다. 다시 사실을 잘 생각해 봅시다.'라는 문구는 이상할 만큼 효력이 있다.

이에 대해서 반대할 사람은 결코 없을 것이다.

이것은 또한 과학적인 방법이기도 하다.

북극 탐험가로서 유명한 과학자 스토퍼슨은 물과 고기만으로 11년간 북극권 생활을 계속 체험한 주인공인데, 그로부터 어떤 실험에 대한 이야기를 직접 들은 적이 있다.

이 실험을 통해 무엇을 증명하려고 했는가를 내가 묻자, 그는 다음과 같이 대답했다.

"과학자라는 것은 아무것도 증명하려고는 하지 않습니다. 다만 사실을 발견하려 할 뿐입니다."

나는 아직도 이 과학자의 말이 잊히지가 않는다.

우리들도 과학적으로 사물을 생각하기로 하면 어떨까. 자기만 그런 생각이 들면 언제든지 할 수가 있을 것이다.

'아마 나의 잘못일 것입니다.'라고 말하면 귀찮은 일이 생겨날 염려는 절대로 없다. 오히려 그것으로 시비가 종결되고 상대도 이쪽에 지지 않고 관대하며 공정한 태도를 취하고 싶어질 것이며 자기도 틀릴지도 모른다고 반성할 마음을 일으킨다.

상대가 분명히 나쁘다고 알고 있을 경우에 그것을 노골적으로 지적하면 어떤 사태가 일어나는가?

그 좋은 예를 말해 보자.

뉴욕의 젊은 변호사 S씨가 미국 최고 재판소의 법정에서 변론을 행하고 있었다. 그 사건에는 상당한 거액의 돈이 중요한 법률 문제와 더불어 포함되어 있었다.

논쟁이 한창 진행될 때 재판관이 S씨에게 물었다.

"해사법(海事法)에 의한 기한 규정은 6년이지요?"

S씨는 한참 동안 잠자코 재판관의 얼굴을 쳐다보고 있다가 이윽고 퉁명스럽게 대꾸했다.

"재판장님, 해사법에는 기한 규정이 없습니다."

그때의 사정을 S씨는 나의 강습회에서 다음과 같이 말했다.

> 순간 법정은 물을 끼얹은 듯 조용해지고 차가운 공기가 맴돌았다.
> S씨는 자신의 말이 옳았고, 재판관이 틀렸다는 것을 지적했을 뿐이다.
>
> 그러나 상대는 그것으로 내게 호의를 가졌을까? 아니, 나는 지금도 내가 옳았다고 믿고 있다. 그때의 변론도 좀처럼 드문 성과였다고 믿고 있다. 그러나 상대를 납득시키는 힘은 전무했다.
>
> S씨는 재판관의 잘못을 지적함으로써 그에게 수치심을 안겨주는 큰 실책을 저질렀을 뿐이다.

원칙대로만 움직이는 사람은 좀처럼 없다.

대개의 사람은 편견을 가지고 선입견·질투·시기심·공포·뒤틀린 마음·자부심 등에 침식당하고 있다. 그리고 자기들의 사상이나 종교, 머리 깎는 법, 클라크 게이블이 좋거나 싫다는 생각을 좀처럼 바꾸려 하지 않는다.

만약 남의 잘못을 지적하고 싶으면 다음의 문장을 읽고 난 다음에 하는 것이 좋다.

제임스 로빈슨 교수의 명저 『정신의 발달 과정』의 한 구절을 인용하여 보자.

우리는 그다지 심한 저항을 느끼지 않고 자기의 사고방식을 봐주는 경우가 흔히 있다. 그런데 남으로부터 잘못을 지적당하면 화를 내고 고집을 부린다.

우리는 실로 애매한 동기에서 여러 가지 신념을 갖게 된다. 그러나 그 신념을 누군가가 바꾸려고 하면 우리는 악착스럽게 거부한다.

이 경우 우리가 중시하고 있는 것은 분명히 신념 그 자체는 아니며 위기에 처한 자존심이다.

'나의'라는 단순한 말이 실은 이 세상에서는 가장 중요한 말이다.

이 말을 올바르게 포착하는 것이 사려와 분별의 시작이다.

'나의' 식사, '나의' 개, '나의' 집, '나의' 아버지, '나의' 나라, '나의' 하나님, 그 아래 무엇이 이어지든지 이러한 '나의'라는 말에는 같은 강도의 의미가 담겨 있다.

우리는 자기의 것이라면 시계이든 자동차이든 혹은 또 천문(天文)·지리(地理)·역사(歷史)·의학(醫學) 그 외의 지식이든 어쨌든 그것이 욕을 먹게 되면 한결같이 화를 낸다.

우리는 지금까지 진실이라고 받아들여온 것을 언제까지나 믿고 싶은 것이다. 그 신념을 흔들어놓는 대상이 나타나면 분개한다.

그리고 어떻게든 구실을 만들어 처음의 신념을 고집하려고 한다.

결국 우리들의 논의는 대개의 경우, 자기의 신념을 고집하기 위한 과정에 불과한 경우가 허다하다.

어느 날 나는 실내장식 디자이너에게 방 안의 커튼을 만들게 한 일이 있었다. 그리고 청구서가 도착하자 나는 숨통이 막히는 듯한 생각이 들었다. 너무 비쌌기 때문이다.

며칠 후 어떤 부인이 찾아와 그 커튼을 유심히 보고 있기에 값을 알려주니 그녀는 마치 조소하는 듯한 어조로 이렇게 말하였다.

"아이, 참으로 예상외의 값이군요. 많은 돈을 버신 모양이죠?"

실은 그녀가 말한 대로이다. 그러나 자기의 어리석음을 비웃는 듯한 말에 좋아하는 듯 귀 기울이는 인간은 거의 없다. 나 역시 한바탕 애써 변명하였다. 나쁜 것은 결국 가격이 헐하게 친다거나, 고급의 예술품은 특별 가격보다도 더욱 비싼 것이 당연하다는 등 여러 가지로 말주변을 늘어놓았다.

다음날 또 다른 한 부인이 찾아와 같은 커튼를 보더니 한껏 그것을 칭찬하고 자기도 그 커튼을 갖고 싶다고 수선을 떨었다. 그에 대한 나의 반응은 전혀 달라져 있었다.

"실은 내게도 이러한 물건을 살 돈은 없었습니다. 아무래도 봉 잡힌 것 같은 생각이 듭니다. 주문하지 않았더라면 좋았을 것이라고 후회하고 있답니다."

우리들은 자기의 잘못을 스스로가 시인하는 일이 종종 있다. 또 그것을 타인이 지적한 경우, 상대의 처사가 부드럽고 교묘하면 깨끗이 머리를 숙이고 오히려 자기의 솔직함이나 배짱이 큰 것을 자랑으로 느끼는 일도 있다.

그러나 상대가 그것을 억지를 쓰듯 자꾸 우겨대면 그렇게 되지는 않는 법이다.

남북전쟁을 할 무렵, 전국에 이름을 떨친 호라스 그릴리라는 편집장이 있었다.

그는 링컨의 정책에 크게 반대를 주장하였다. 그의 논박은 조소와 비난이 섞인 기사를 통하여 링컨의 의견을 바꾸려고 몇 년 동안이나 논박을 이어 나갔다. 링컨이 부즈의 흉탄에 쓰러진 날에도 그는 링컨에 대한 불손하기 짝이 없는 인신공격을 그치지 않았다.

그래서 효과가 있었을까? 물론 없다. 조소나 비난으로 의견을 바꾸게 할 수는 없는 일이다.

사람을 다루는 법과 자기의 인격을 연마하는 방법을 알고 싶으면 벤저민 프랭클린의 자서전(自敍傳)을 읽으면 된다. 그 책은 미국 문학의 고전(古典)이기도 하다.

이 자서전에서 프랭클린은 어떻게 해서 논쟁을 좋아하는 자기의 나쁜 버릇을 극복하고, 유능함과 인간관계가 부드럽다는 것과 사교적인 면에 있어서는 미국 제일의 인물이 될 수 있었는가를 말하고 있다.

프랭클린이 혈기 왕성하던 청년 시절의 이야기이다.

어느 날 그는 친구인 퀘이커 교도로부터 아무도 없는 곳에서 엄격한 설교를 당했다.

66 벤, 당신은 틀렸어. 당신은 의견이 다른 상대방에 대해서는 마치 모욕을 주듯 시비를 벌이곤 하는데, 너무 그러면 당신의 의견을 들어줄 사람이 아무도 없을 것일세. 당신이 옆에 있지 않는 것이 당신 친구들을 위해서는 무척 반가운 일일 걸세. 당신은 자기가 가장 만물박사라고 생각하고 있어. 그러니까 아무도 당신에게 말을 걸려고 하지 않는 거야. 사실 당신과 얘기를 하면 불쾌하게 될 뿐이니까. 이후는 상대하지 않겠다고 다들 그렇게 생각하고 있단 말야. 그러니까 당신의 지식은 언제까지나 지금 이상으로는 발전할 가능성이 없네. 지금의 보잘것없는 그 지식으로는 말이야."

이처럼 강경한 비난을 순순히 받아들인 것이 프랭클린의 위대한 점이다. 이 친구의 충고대로 자기는 지금 파멸의 심연을 향하여 나아가고 있다고 깨달은 점이 바로 그가 위대하기도 하고 현명하기도 한 점이다.

그래서 그는 심기일전했다. 그리곤 종래의 거만하고 독선적인 태도를 즉각 일축하고 새로운 태도를 취했던 것이다.

프랭클린은 다음과 같이 그때의 일을 회상했다.

나는 남의 의견에 정면으로 반대하거나 자기의 의견을 단정적으로 말하지 않기로 하였다.

결정적인 의견을 의미하는 말, 가령 '확실히'라든가 '틀림없이' 따위와 같은 말은 일체 사용하지 않고 그 대신에 '나로서는 이렇게 생각하지만……'이라든가 '내게는 그렇게 생각됩니다만……'이라고 말하기로 했다.

상대방이 분명히 잘못된 말을 주장하여도 곧 그것에 반대하거나, 상대의 잘못을 지적하는 것을 단념하였다.

그리고 '하긴 그러한 경우도 있겠지만, 그러나 이 경우는 좀 사정이 다르게 생각되는데……'라는 식으로 운을 떼기도 했다.

이렇게 해서 지금까지의 방법을 바꾸어 보니 매우 이익이 되었다. 타인과의 대화가 지금보다도 훨씬 쉽게 진척되었다. 겸손하게 의견을 말하니 상대는 곧 납득을 하고 반대하는 사람도 적어졌다. 자신의 잘못을 인정하는 것이 그다지 고통스럽지 않게 되었으며, 또 상대의 잘못을 보다 더 쉽게 인정시킬 수 있었다.

이 방법을 처음 사용하기 시작했을 무렵에는, 나의 성질을 억제하는 데 상당한 고민을 했으나 마지막에는 능히 그것을 극복하게 되었으며 몸에 배인 습관이 되어 버렸다.

아마 지난 55년 동안에 걸쳐서 내가 독단적(獨斷的)인 말을 쓰는 것을 들은 사람은 아무도 없었을 것이다. 새 제도의 설정이나 구 제도(舊制度)의 개혁을 내가 제안하면 모두가 즉각 찬성하여 준 것도, 또한 시의회의원으로서 시의회를 움직일 수가 있었던 것도 대체로 나의 제2의 천성이 되어버린 이 방법의 덕분이라고 생각한다.

애당초 나는 입담이 없어서 결코 웅변가라고는 할 수가 없었다.

말의 선택에 시간이 걸리고, 생각난 말도 그다지 적절하게 사용하지도 못했다. 그러면서도 나는 대개의 경우, 나의 주장을 밀고 나갈 수가 있었던 것이다.

이러한 프랭클린의 방법이 과연 비즈니스에 도움이 되는지 어떤지 예를 들어 말해보자.

뉴욕의 리버티 가(街)에서 제유관계(製油關係)의 특수 장치를 판매하고 있는 F. J. 마하니 씨의 이야기이다.

그는 롱아일랜드의 중요한 단골로부터 제작 주문을 받았다. 상대방에게 청사진(靑寫眞)을 보이고 그것으로 좋다는 결론이 나와서 그 장치의 제작에 착수했다.

그런데 뜻밖의 문제가 생겼다. 그것을 사려는 단골 주인이 그 장치 얘기를 친구들에게 하자 그 장치에 중대한 결함이 있다고 말하였다.

그 주인은 터무니없는 물건에 속아 넘어갔다고 생각하고, 그 장치가 너무 넓거나 짧다며 이러쿵저러쿵 온갖 말을 쏟아내었다.

그리고 끝내 그 주인은 완전히 성화를 부리며 마하니 씨를 전화로 불러내어 제작 중인 주문품을 받아들일 수가 없다고 일방적으로 계약을 파기해 버렸다.

그때의 경위를 마하니 씨는 다음과 같이 말하였다.

나는 그 제품을 샅샅이 재검토하여 틀림이 없다는 것을 확신하였다.

사는 사람이나 그 친구들의 이야기는 전혀 엉뚱한 것이었으나 지금 그것을 말해 버려서는 만사가 끝장날 것이라고 생각하였다.

나는 그를 만나기 위해서 롱아일랜드로 찾아갔다.

그의 사무실로 들어서자마자 몹시 험한 표정으로 그 주인은 냅다 소리쳤다. 상대방은 흥분한 나머지 당장이라도 덤벼들 듯이 이성을 잃고 있었다.

나는 그가 실컷 화를 내도록 내버려 두었다. 한참 후, 그가 불쑥 내뱉었다.

"자, 이제 어떻게 할거요?"

나는 극히 조용한 어조로 말했다.

"당신이 원하는 대로 하겠습니다. 당신은 돈을 지불하니까 당연히 희망하는 물건을 손에 넣어야 할 것입니다. 그러나 누군가가 이 책임을 지지 않으면 안 됩니다. 만약 당신이 옳다고 생각한다면 새로운 설계도를 내놓아 주십시오. 지금까지 우리는 2천 달러의 비용이 들었습니다만 당신을 위해서 기꺼이 그만한 돈은 우리 쪽에서 부담하겠습니다. 그러나 당신이 말한 대로 했을 경우에는 당연히 책임은 당신이 지지 않으면 안 됩니다. 그런데 우리의 설계대로, 우리는 아직도 그것이 옳다고 확신하고 있습니다만, 우리에게 제작을 맡긴다면 계속해서 책임은 물론 우리가 지겠습니다."

나의 말이 끝나자 그의 흥분은 어느 정도 가라앉고 있었다.

그는 결국 '좋습니다. 당신이 하던 대로 하시오. 그러나 만약 당신의 설계가 틀렸다면 손해를 감수해야 할 것이니 각오하시오.' 라고 결론을 지었다.

나의 처세는 결코 틀리지 않았다. 그후 우리의 사업은 틀림이 없었고, 그래서 그 단골 주인은 계속해서 같은 장치를 두 개 더 주문해 왔다.

그렇기는 하지만 그때 내가 그 사람으로부터 받은 모욕은 심하였다.

나를 풋내기라고 말했을 때, 시비하지 않기 위해서 참는 것은 고된 일이었다. 그러나 참은 만큼의 보람은 있었다.

만약 그때 내가 상대에게 강하게 나갔다면 어떻게 되었을까? 소송으로 발전하여 골치 아픈 함정에 괴로워하고 엄청난 손실을 입은 끝에 중요한 고객을 상실하는 결과가 되었을 것이다.

나는 그때의 경험을 통해, 상대의 잘못을 따지는 것으로는 아무런 이익도 생겨나지 않는다는 것을 확신한다.

또 다른 예를 한 가지 더 말해 보자. 이러한 얘기는 세상에 허다하게 있을 줄로 안다.

뉴욕의 가드너 W. 테일러 목재회사의 세일즈맨 R. U. 크로레는 여러 해 동안 거래처의 완고한 목재 검사계들을 상대로 하여 시비를 하고, 시비를 할 때마다 상대를 윽박지르곤 하였다.

그러나 그것으로 결코 좋은 결과는 얻어지지 않았다. 크로레의 말에 따르면 목재 검사계 따위의 패거리는 야구의 심판과 같으며 일단 판정을 내리면 결코 그것을 바꾸려 하지 않는다고 한다.

그는 논쟁에는 이겼으나 그 때문에 회사는 5천 달러의 손해를 입었다. 그래서 그는 나의 강습회에 참가하여 지금까지의 방법을 바꾸고, 시비는 일체 하지 않기로 결심하였다.

그래서 어떤 결과가 얻어졌는가?

강습회에서 그가 말한 체험담을 들어보자.

어느 날 아침, 나의 사무실에 전화가 요란스럽게 울렸다.

그것은 전에 발송한 한 트럭 분량의 목재가 품질이 나빠서 도저히 받을 수 없다는 한 단골 거래처 공장으로부터 온 전화였다. 짐을 내리다가 일을 중단하고 있으니 빨리 인수하러 오라는 것이다. 약 4분의 1을 하역하고 난 뒤 검사계원이, 이 목재에는 불합격품이 절반 이상 섞여 있다고 보고했기 때문에 이러한 사태가 일어났다는 것이다.

나는 즉각 상대방의 공장으로 달려갔으나 그 도중에 가장 적절한 방법을 생각하여 보았다.

이러한 경우에 평소 같으면 나는 다년간의 목재에 관한 지식을 기울여서 등급 판정 기준(等級判定基準)에 대한 상대방 검사계원의 잘못을 지적했을 것이다.

그러나 이번에는 이 강습회에서 배운 원칙을 응용하여 보려고 생각하였다.

내가 그 공장에 도착하자 구입계와 검사계가 얼굴을 찌푸리고 당장이라도 덤벼들 듯이 하고 있었다. 나는 상대와 함께 현장에 가서 어쨌든 목재 모두 내려서 보여달라고 부탁하였다.

그리고 지금까지 한 것과 같이 합격품과 불합격품을 골라 나누어서 따로따로 놓아달라고 검사계에게 부탁하였다.

나는 검사계가 선별(選別)하는 것을 한참 동안 바라보고 있었는데 그의 방식이 지나치게 엄격하여 판정기준을 잘못 적용하고 있음을 알아챘다.

문제의 목재는 백송재(白松材)였으나 그의 지식은 견목재(堅木材)에 한정되어 있어서 백송재의 검사계로서는 낙제라는 것도 알게 되었다.

백송재는 나의 전문이었다. 그러나 나는 그의 방식에 대해서 구태여 이의를 제기하지 않았다. 한참 동안 잠자코 보고 있다가 차차 조금씩 불합격한 이유를 물어보기 시작했다.

그러나 상대의 잘못을 지적하는 그러한 태도는 결코 취하지 않고, 이후에는 어떤 물건을 보내면 만족하게 받아들일 수가 있느냐 하는 것을 알고 싶다고 말하였다.

상대가 하는 대로 맡겨두고 협조적인 친절한 태도로 묻고 있는 동안에 상대의 심정도 누그러지고 지금까지의 험악한 공기도 사라졌다. 내가 이따금 말하는 주의 깊은 질문이 상대에게 반성의 기회를 주었다.

어쩌면 자기가 불합격품으로 제쳐두고 있는 재목은 실은 주문한 그 등급의 물건이며, 오히려 자기가 주문한 등급 이상의 기준을 적용하고 있는지도 모른다고 깨닫게 된 것이다.

나로서는 바로 그 점을 지적하고 싶었지만 그런 기색은 조금도 보이지 않았다.

결국 차츰 그의 태도가 달라졌다. 마침내 그는 나를 향해서 실은 백송재에 대해서는 별로 경험이 없다고 말하고 짐을 내리는 재목에 대해서 묻기 시작했다. 나는 그 재목이 모두 지정된 등급에는 합격점이라고 설명하고 싶었으나 그렇게 말하지 않고 마음에 들지 않는 것은 하등 구애없이 도로 가져가겠다고 말하였다.

마침내 그는 불합격품을 더 골라내는 일에 마음의 가책을 느끼게 되는 경지에까지 오고 말았다. 그리고 잘못은 결국 자기 쪽에 있는 것을 시인하고 처음부터 보다 상질의 등급을 주문했어야 옳았다고 말하였다.

결국 그는 내가 돌아온 뒤 다시 한 번 검사를 한 후에 전부를 사들이기로 하고 전체 대금을 수표로 지불하였다.

이 예처럼 약간의 조심과 상대의 잘못을 지적하지 않는다는 마음가짐 한 가지만으로도 1백50달러의 수익을 올리고 그 외에 금전으로 바꿀 수 없는 선의(善意)까지 서로 교환하게 된 것을 알아야 한다.

이 장(章)에서 언급한 사항은 결코 새로운 무슨 기발한 얘기가 아니다.

2002년 전에 그리스도는 '하루 빨리 그대의 적(敵)과 화해하라'고 가르쳤다.

말하자면 상대가 누구이든 시비를 해서는 안 된다고 하였다. 상대의 잘못을 지적하여 성화가 나도록 하지 말고 사교적 수완을 발휘하라는 뜻이다.

또 기원전 2200년 이집트 왕(王) 아크토이는 자신의 왕자에게 이렇게 가르쳤다. "남을 납득시키려면 외교적(外交的)인 사람이 되어야 한다."

■■■ 그 때문에 남을 설득하는 요령의 두 번째 방법 :

☞ 상대의 의견에 경의를 표하고, 결코 상대의 잘못을 지적하지 않는 것이다.

깨끗이 자기의 잘못을 시인한다

지는 것이 곧 이기는 것이다. 이번 일은 모두가 나의 잘못 때문이다. 책임
은 나 한 사람에게 있다. 타인의 비난을 받기보다는 자기 스스로 비판하는
것이 훨씬 마음이 편하다.

나는 지도상(地圖上) 뉴욕의 중심가에 살고 있다.

그런데 나의 집 바로 옆에 원시림(原始林)이 있으니 참 재미가 있다. 이 숲
속에는 검은 딸기 줄기가 봄이 되면 온통 즐비하게 희고 작은 꽃을 피운다.
그 일대를 다람쥐가 집구멍을 만들어 놓고 새끼를 키우고 있으며, 잡초는 말
의 키만큼이나 크게 자라나 있다.

이 자연 그대로의 수림(樹林)을 '포레스트 공원'이라고 부르고 있다. 이 숲
의 모습은 아마 콜럼버스가 아메리카를 처음 발견하였을 때의 숲과 크게 다
르지 않을 것이다.

나는 렉스라고 부르는 포스턴 불도그를 데리고 이 공원으로 자주 산책을
간다. 렉스는 사람을 잘 따르기 때문에 결코 남을 물거나 덤비는 일은 없다.
게다가 공원에서는 좀처럼 사람을 만날 수가 없기 때문에 나는 렉스에게 쇠
줄도, 재갈도 물리지 않고 데리고 간다.

그러던 어느 날, 공원 안에서 기마경찰을 만났다. 이 경찰은 자기의 권
위를 과시하고 싶어서 안달이 나 있는 사람 같았다. 그는 대뜸 나를 윽박질
렀다.

"입가리개도 하지 않고 개를 데리고 다니다니, 이게 법률에 위반되는 것을 모르시오?"

경찰이 소리를 지르자 나는 조용히 대답했다.

"예, 잘 알고 있습니다. 그러나 저 개는 사람에게 해를 주지 않는 개이기 때문에 괜찮을 거라고 생각했습니다."

"생각했다고? 생각했다는 것이 대체 무슨 뜻이오? 어떻게 생각하든, 그래서 법률이 바뀐다고 생각하는가? 당신의 개가 다람쥐나 아이들을 물게 될지 어떻게 보장해요? 오늘은 그대로 놔두겠지만 다음에 또 이런 일이 있으면 재판소까지 가야 할거요."

나는 앞으로 조심하겠다고 순순히 약속했다.

그리고 나는 약속을 지켰다.

얼마 후 개가 재갈을 싫어하고 나도 구태여 억지로 끼우고 싶지 않았기 때문에 들키면 들키는 대로 어떻게 될 것이라는 속셈으로 그냥 산책길에 나섰다.

한동안은 아무 일 없이 지나갔다.

그런데 하루는 올 일이 닥치고야 말았다. 나와 렉스가 비탈길을 뛰어올라가자 난데없이 길 앞을 막아서는 엄숙한 법의 수호자가 밤색 털의 말을 타고 나타났다. 나는 당황했으나 렉스는 아무것도 모르고 똑바로 경관 쪽으로 달려갔다.

기어코 사건은 구차하게 돼 버렸다. 나는 모든 것을 단념하고 경관의 말을 기다리지 않고 먼저 선수를 쳐서 입을 뗐다.

"기어코 현행범으로 잡히고 말았습니다. 제가 나쁩니다. 뭐라고 할 말이 없습니다. 지난주에 두 번 다시 이런 일이 있으면 벌금을 물어야 한다고 주의를 받았습니다만……."

"아, 그래요. 그러나 주위에 사람이 없을 때는 이런 작은 개 정도는 흔히 재갈을 떼놓고 싶은 것이 사람의 심정일 것입니다."

경관의 음성은 조용하였다.

"실은 그렇습니다만 그러나 법은 법이죠."

"그건 그렇지만, 이런 작은 개는 아무에게도 해를 끼치지 않겠죠?"

경관은 이렇게 말하며 오히려 동정적인 발언을 해주었다.

"아니죠. 다람쥐라도 물게 될지 모릅니다."

이것은 나의 말이다.

"그것은 당신이 지나치게 생각하고 있는 것입니다. 그렇다면 이렇게 하면 어때요? 언덕의 저쪽으로 데리고 가서 놓아주시오. 그렇게 하면 나의 눈도 닿지 않을 테니까, 그것으로 만사 해결합시다."

경찰도 역시 인간이다. 그에게도 자기의 중요성이 필요했던 것이다. 내가 자신의 죄를 인정했을 때 그의 자부심을 만족시키는 유일한 방법은 잘못을 인정하는 솔직함이었던 것이다.

그때 거꾸로 만약 내가 구실을 달고 변명을 늘어놓았다면, 결국 경관과 시비를 벌이게 될 것은 자명한 일이었다.

경관과 상대를 하는 대신에 나는 먼저 그쪽이 절대로 옳고 자신이 절대로 나쁘다는 것을 시인했다. 그것을 즉각 깨끗이 성의를 다하여 내가 잘못했다는 점을 시인했다. 그러자 서로가 양보하는 마음이 생겼다. 나는 상대의 입장이 되고 상대는 나의 입장이 되어 얘기를 나누게 되니 사건은 흐뭇하게 해결된 것이다.

그런데 법의 전위로서 나를 위협한 이 경관이 일주일 후에 보여준 부드러운 태도는 누구나 한 번쯤은 놀랄 것이다.

이처럼 자신의 잘못이 명백하다면 상대방이 자신을 비난하기 전에 자기 스스로가 자기를 꾸짖는 편이 훨씬 낫다. 타인의 비난을 받기보다는 자기 스스로 비판하는 것이 훨씬 마음 편할 것이다.

자기에게 잘못이 있을 때, 상대가 말할 것을 먼저 자기가 말해버리는 것도 한 요령이다. 그렇게 하면 상대에게는 아무런 할 말이 없어진다. 십중팔구 상대방은 관대해지고 이쪽의 잘못을 용서하는 태도로 나오게 될 것이다. 나와 렉스를 용서한 기마 경찰과 같이 말이다.

상업 미술가 페르디난드 E. 워렌은 이 방법을 사용해서 성미가 까다로운 고객의 환심을 산 일이 있다.

> 66 광고나 출판용의 그림은 면밀하고 정확해야 하는 것이 중요하다."

워렌 씨는 이렇게 전제를 하고 이야기를 시작했다.

미술 편집부의 사람들은 주문한 일을 무턱대고 독촉하는 경우가 있다. 그런 경우에는 사소한 잘못이 생기게 마련이다. 내가 알고 있는 미술감독 중에는 항상 사소한 잘못을 찾아내는 것을 즐기는 사람이 있다.

나는 그 사람의 비평 내용보다 비평의 방법이 비위에 거슬리었다.

최근에 나는 급한 일을 그의 사무실로 전달한 일이 있었다. 얼마 후에 자기 사무실까지 곧장 오라는 전화가 걸려왔다. 골칫거리가 생겼다는 것이다.

예상대로 그의 사무실에 달려가니 그는 얼굴을 잔뜩 찌푸리고 기다리고 있다가 나를 보자마자 마구 혹평을 가하기 시작했다.

평소에 연구하고 있던 자기비판의 방법을 이용할 기회가 찾아온 것이다. 그래서 나는 이렇게 말했다.

"당신이 말하는 것이 사실이라면 제 잘못이 틀림없습니다. 뭐라고 사과드릴 말이 없습니다. 참으로 부끄러울 따름입니다."

그러자 그는 당장에 나를 편들어 옹호하기 시작했다.

"그건 그렇지만 뭐, 그 정도는 괜찮아요. 조금 부족하기는 하지만."

그러나 나는 즉각 변명했다.

"하지만 그건 제 잘못이 분명합니다."

그는 또 뭐라고 말을 할 듯했으나 나는 그런 여유를 주지 않았다. 나는 마음속으로 매우 유쾌했다. 자기비판을 하는 일은 난생 처음 있는 있이었으나 해보니 여간 흥미가 있는 것이 아니었다.

나는 계속해서 이렇게 제의했다.

"제가 좀 더 신중을 기했어야 했는데……. 지금까지 당신에게는 많은 일을 얻고 있는 처지여서 당연히 최선을 다해야 했습니다. 미안합니다. 당신 마음에 들도록 다시 한 번 처음부터 시작하겠습니다."

그러자 그는 한 발 더 물러섰다.

"그렇게까지 수고를 끼칠 생각은 없어요."

그리곤 조금만 고쳐주면 좋겠다고 말하였다.

내가 저지른 잘못으로 손해가 생긴 것도 아니고 결국은 사소한 세부의 문제이니 그렇게 속을 태울 것도 아니라는 것이었다.

내가 줄곧 자기비판을 시작하니까 상대방의 콧대가 꺾이고 만 것이다. 결국 그는 내게 점심 식사 대접을 하게 되고 이 사건은 끝났다. 그리고 헤어지기에 앞서 그는 수표와 함께 다른 일거리의 주문도 내게 맡겼다.

어떤 바보라도 잘못의 핑계쯤은 할 수가 있다. 사실 바보는 대개 그런 짓거리를 곧잘 취한다. 자기의 과실을 인정하는 것은 그 인간의 가치를 올리고 스스로도 무엇인가 고상한 느낌을 갖게 되어 기쁜 것이다.

그 예로 남북전쟁의 남쪽 군 총사령관 로버트 E. 리 장군의 전기에 기록된 미담 한 가지를 소개하겠다.

게티즈버그 전투에서 부하 피켓 장군이 실패한 책임을 리 장군은 자기 혼자서 짊어진 일이 있다. 다음은 그 얘기이다.

피켓 장군의 돌격작전은 서양의 전쟁사에서도 그 예를 찾아볼 수가 없을 만큼 치열한 것이었다. 피켓 장군은 용맹이 뛰어난 군인으로 붉은 갈색 머리칼을 길게 늘어뜨려 어깨까지 닿을 듯했다. 이탈리아 전선에서의 나폴레옹과 같이 그는 매일 전장에서도 열렬한 러브레터를 썼다.

운명의 날 오후, 그는 말에 올라 모자를 비스듬히 쓴 모습으로 진격을 시작하니 그를 신뢰하는 부하들은 온통 갈채를 아끼지 않았다. 그들은 군기를 바람에 나부끼고 총검을 번쩍이면서 속속 장군의 뒤를 따랐다.

참으로 용맹스런 광경이었다.

이 당당한 진군을 바라보고 있던 적진(敵陣)에서도 탄성의 소리가 들렸다. 피켓 돌격대는 적탄을 무릅쓰고 들을 넘고 산을 넘어 물밀 듯이 진격해 들어갔다.

세메터리 리치에 도착하였을 때, 돌연 돌담 뒤에서 북군(北軍)이 나타나서 피켓의 부대를 향하여 맹렬한 일제 사격을 퍼부었다. 세메터리 리치의 언덕은 삽시간에 총화(銃火)의 바다가 되고 무서운 수라장으로 변하였다.

피켓의 군대는 지휘관 중에서 살아남은 장교가 오직 한 사람뿐이었으며, 5천 명의 군사는 순식간에 그 5분의 4를 잃었다.

아미스테 대장이 남은 병사들을 이끌고 최후의 돌격을 감행하였다. 돌담에 걸터앉아서 총검 끝에 모자를 얹고 큰 소리로 "돌격! 돌격!"하고 외쳤다.

돌담을 뛰어넘고 적진 속으로 뛰어들어 간 남군은 대전란 끝에 마침내 남군의 군기를 세메터리 리치에 꽂는 데 성공하였다.

그러나 그것도 순식간의 일이었다. 그 순식간이 겨우 남군 세력의 모닥불 같은 가련한 절정이었다.

피켓의 돌격 작전은 치열하고 찬란하며 용감무쌍한 작전이었으나 기실은 남군이 패배한 첫 번째의 시련이었다. 리 장군은 이 작전에서 완전히 실패한 것이다. 북군에 이길 가망은 끝내 사라지고 만 것이다.

남부연맹(南部聯盟)의 운명은 결정되었다.

완전히 의기를 상실한 리 장군은 그때의 남부연맹의 대통령 제퍼슨 데이비스에게 사표를 제출하고 자기보다 젊고 유능한 인물을 임명하도록 건의하였다.

만약 리 장군이 피켓의 돌격 작전에 따른 실패의 책임을 다른 사람에게 전가하려고 생각했으면 얼마든지 변명의 길은 있었을 것이다.

　휘하의 사령관 중에서 그의 명령을 어긴 사람도 있었다. 기병대도 돌격의 시간보다 늦게 도착했었다. 그 외에도 여러 가지 이유를 들 수도 있었다.

　그러나 그는 책임을 전가하기에는 너무나도 고결한 인물이었다. 패배한 피켓 부대의 병사를 혼자서 전선으로 마중나간 리 장군은 한결같이 자기를 책망하였다. 그야말로 숭고하리만큼 철저한 태도였다.

　그는 병사들을 향하여 이렇게 말했다.

　"이번 일은 모두가 나의 잘못 때문이다. 책임은 나 한 사람에게 있다."

　이렇게 부하들에게 책임을 전가시키지 않고 사죄할 수 있는 용기와 인격을 구비한 장군은 동서고금의 전사(戰史)를 통해서 그렇게 흔하게 볼 수는 없다.

　앨버트 하버드는 참으로 독창적인 작가지만, 그만큼 독자들의 감정을 자극한 작가도 드물 것이다. 그 신랄한 문장은 몇 번이나 여론의 맹렬한 반격을 받았다. 그런데 그는 드물게 보는 사람을 다룰 줄 아는 명인(名人)으로, 그는 적을 자기편으로 만들어 버리는 일이 종종 있었다.

　가령 독자로부터 혹독한 항의가 들어왔을 경우에 그는 흔히 다음과 같은 답장을 보냈다.

　실은 나 자신도 그 문제에 대해서는 크게 의문을 느끼고 있습니다. 어제의 나의 의견은 반드시 오늘의 나의 의견은 아닙니다. 귀하의 의견을 듣길 원하며 참으로 나의 뜻과 함께함을 느꼈습니다.

이곳으로 오시는 길이 있으면 누추하기는 하나 반드시 저희 집에 들러 주시기 바랍니다. 심기일전하여 서로의 의견이 일치함을 축하하고자 하는 바입니다.

이런 식으로 자기를 낮추어서 대하면 대개의 사람은 아무 말도 할 수가 없게 된다.

자기가 옳을 때는 상대를 친절하게 교묘히 설득하지 않겠는가. 또 자기가 잘못되어 있을 때, 잘 생각해보면 자기가 틀렸을 경우가 놀랄 만큼 많은 법이다.

그러한 때는 조속히 자기의 잘못을 흔쾌히 시인하도록 하라. 그러면 예상 밖의 효과가 있을 것이다. 게다가 괴로운 변명을 하기보다는 이렇게 하는 편이 훨씬 유쾌한 기분이 될 수가 있다.

속담에도 '지는 것이 곧 이기는 것'이라고 하지 않았던가.

■■■ 그 때문에 사람을 설득하는 요령의 세 번째 방법 :
☞ 자기의 잘못을 즉각 깨끗이 시인하는 것이다.

되도록 침착하게 조용히 말한다

태양은 매섭게 불어닥치는 북풍보다 빠르게 외투를 벗게 한다. 곧, 태양의
부드럽고 친절한 방법은 어떤 경우일지라도 심한 힘의 대결을 하는 방식
보다도 훨씬 효과가 있다.

화가 났을 때 상대방을 마음껏 공격하고 나면 정말 가슴이 후련할 것이
다. 그러나 공격당한 쪽도 그와 같이 가슴이 후련할까? 시비조로 호되게 당
하고 나서 기분 좋게 이쪽의 마음대로 움직여 줄까?

우드로 윌슨 대통령은 다음과 같이 말하였다.

> **❝** 만약 상대가 주먹을 움켜쥐고 들이닥치면 이쪽도 지지 않고
> 주먹을 움켜쥐고 맞이하는 것이 세상사 일이다. 그러나 상대방이
> '서로 잘 주의해 보지 않겠습니까? 그리고 만약에 의견이 다른 점
> 이 있으면 그 이유나 문제점을 밝혀 봅시다'라고 타이르듯 조용히
> 말한다면 어떻게 될까? 그러면 두 사람의 의견 차이가 생각했던 것
> 보다 그리 심하지 않다는 사실을 깨달을 수 있을 것이다. 그런 다
> 음, 서로가 인내와 솔직함과 선의를 가지고 문제에 접근한다면 쉽
> 사리 그 문제를 해결할 수 있을 것이다."

이 윌슨의 말을 누구보다 잘 이해하고 있었던 사람은 존 D. 록펠러 2세였다. 록펠러는 콜로라도의 민중들로부터 몹시 미움을 사고 있었다.

미국 산업사상 유례없는 대파업 사태가 무려 2년에 걸쳐서 콜로라도주를 온통 뒤흔들어 놓았다. 록펠러가 관리하는 회사에서 임금 인상을 요구하던 종업원들 또한 극도로 신경이 날카로워져 있었던 것이다. 회사의 건물이 파괴되는가 하면 군대가 출동해서 마침내는 유혈 사태가 벌어졌다.

이와 같은 대립이 격화되자 록펠러는 어떻게든 상대방을 설득하고 싶었다. 그리고 그것을 결국은 성취했다.

다음은 그때의 이야기이다.

그는 수주간에 걸쳐 화해의 조치들을 취한 후에 노조 측의 대표자들을 모아놓고 연설을 했다. 이때 그가 행한 연설은 한 점의 티도 없는 훌륭한 것이었으며 그것은 뜻밖의 성과를 거두었다.

록펠러를 둘러싸고 아우성을 치고 있던, 증오하는 인파를 진정시키고 다수를 자기편으로 끌어들였다. 록펠러는 이 연설에서 우정에 넘치는 태도로 사실을 순순히 설득해 나갔다. 그러자 노동자들은 그처럼 강경히 주장하던 임금 인상에 대해서는 아무 말도 하지 않고 각자의 직장으로 복귀하였다.

그때의 연설 첫머리 부분을 인용해 보기로 한다. 얼마나 그것이 우정에 넘치는가 잘 음미하기를 바란다.

록펠러는 바로 조금 전까지도 그를 목매달아 놓아도 시원치 않다고 생각하고 있던 사람들을 상대로 지극히 우호적인 어조로 조용히 말을 시작했다.

비록 자선단체에서 이야기를 한다손 치더라도 이처럼 조용한 태도로 할 수는 없을 것 같은 그러한 태도였다.

"나는 이 자리에 나오게 된 것을 매우 자랑스럽게 생각합니다."

"여러분의 가정을 방문하여, 가족 여러분도 만났으므로 우리들은 인사도 없는 남남끼리가 아니라 친구로서 만나고 있는 것입니다."

"우리들 상호의 우정."

"우리들의 공통된 이해."

"내가 이 자리에 나올 수가 있었던 것은 오로지 여러분의 호의에 의한 것이라고 생각하고 있습니다."

이러한 어구들이 그의 연설을 장식하고 있었다.

록펠러는 입을 열자 다음과 같이 말하였다.

오늘은 나의 생애에서 특히 기념할 만한 날입니다. 이 대회사의 종업원 대표 및 간부사원 여러분을 한자리에서 만나볼 수 있는 기회를 얻었다는 것은 내게 있어서는 일찍이 없었던 행운의 혜택을 입은 것으로 생각합니다. 그리고 나는 이 자리에 나오게 된 것을 매우 자랑스럽게 생각합니다. 이 회합은 오래도록 언제까지나 나의 기억에 남으리라고 확신합니다.

만약 이 회합을 2주일 전에 가졌다면 아마 나는 극히 소수의 분들을 제외하고는 대부분의 사람들과는 인사가 없는 존재에 지나지 않았으리라고 생각합니다.

나는 지난주 남광구(南鑛區)를 방문했습니다. 때마침 거기에 부재중인 분들을 제외하고는 거의 모든 대표자 여러분과 개별로 이야기를 나누고 또 여러분의 가정을 방문하여 가족분들도 만나뵈었습니다. 그렇기 때문에 이제 우리들은 서로가 알지 못하는 타인은 아닙니다. 즉, 친구로서 만나고 있는 것입니다.

이러한 우리들 상호의 우정에 입각해서 나는 우리들 공통의 이해에 대해서 여러분과 이야기를 나누고자 합니다.

이 회합은 회사의 간부사원들과 종업원 대표 여러분들께서 마련한 것으로 알고 있습니다. 간부사원도 아니고 종업원 대표도 아닌 내가 오늘의 이 자리에 나오게 된 것은 오로지 여러분들의 호의에서 이루어진 것으로 생각합니다. 나는 간부사원도 종업원 대표도 아닙니다만, 그러나 주주(株主)와 중역(重役)의 대표자로서 여러분과 밀접한 관계가 있다고 생각합니다.

이야말로 적을 자기 편으로 끌어들이는 훌륭한 방법의 본보기라고 말할 수 있는 예가 될 것이다.

만약 록펠러가 다른 방법을 취해서 토론을 벌이고 사실을 앞세우고 잘못은 노동자 측에 있다고 말하고 우격다짐으로 주장을 하거나 혹은 그들의 잘못을 이론적으로 증명하려고 했다면 그 사태는 어떻게 되었을까? 그야말로 불에 기름을 붓는 결과가 되었을 것이다.

상대방의 심정이 반항과 증오에 가득 차 있을 경우에는 아무리 훌륭하고 적합한 이론을 들먹여도 설득할 수는 없다.

아이를 나무라는 부모, 권력을 행사하는 고용주나 남편, 바가지가 심한 아내와 같은 — 이런 사람들은 자기의 생각을 바꾸려 하지 않는다는 사실을 분명히 알아둬야 한다. 이런 사람을 무리하게 자기 의견대로 좇게 할 수는 없다.

그러나 부드럽고 친절한 태도로 얘기를 주고받으면 상대방의 마음도 바꿀 수가 있다.

링컨은 다음과 같이 의미 있는 말을 벌써 하였다.

> ❝ 1갤런의 쓴 국물보다도 한 방울의 벌꿀을 사용하는 것이 더 많은 파리를 잡을 수 있다.'라는 속담은 어느 세상이나 통하는 말이다. 인간에 대해서도 같은 말을 할 수가 있다. 만약 상대를 자기의 의견에 따르게 하고 싶으면, 우선 자신이 그의 편이라는 사실을 상대방에게 알려 주어야 한다. 이야말로 상대방의 마음을 포착하는 한 방울의 벌꿀이며, 상대의 이성(理性)에 호소하는 최선의 방법이다.

경영자 중에는 파업자 측과 우호적으로 만나 무난히 분쟁을 해결한 사람도 있다.

그 한 예를 들어보자.

· 화이트 모터회사의 2천5백 명 종업원이 임금 인상과 유니언 숍 (노동 협약에 따라 고용된 노동자는 모두 의무적으로 노동조합에 가입해야 하며 고용주는 탈퇴, 제명 등으로 비조합원이 된 자를 해고하도록 의무화한) 제도의 채택을 요구하여 파업을 일으켰다.

그런데도 사장 로버트 F. 블랙은 노동자들에게 하등의 나쁜 감정도 보이지 않고 거꾸로 그들이 '평화적인 태도로 파업에 들어간 것'을 칭찬하는 기사를 〈클리블랜드〉 신문지상에 내보냈다.

그리고 바리케이드를 치고 있는 사람들이 지쳐 있는 것을 보고 그는 야구 도구를 사들여서 공지를 이용하여 야구를 하도록 권하였다. 볼링을 좋아하는 사람을 위해서는 볼링장을 빌려 주기도 했다.

경영자 측이 취한 이 우호적인 태도는 충분한 교화가 있었다. 말하자면 우정이 우정을 낳은 것이다. 노동자들은 청소도구를 빌려 와서는 공장 주변을 청소하기 시작하였다.

한편으로는 임금 인상과 '유니언 숍' 제도 실시를 위하여 싸우면서도, 다른 한편으로는 공장 주변을 청소하고 있는 것이다.

이야말로 바람직한 풍경이 아닌가? 격렬한 논쟁에 얼룩진 미국 노동운동사상 일찍이 볼 수 없었던 광경이었다. 이 파업은 일주일을 넘기지 않고 해결하여 쌍방 간 하등의 나쁜 감정도 갖지 않았다.

웹스터 웨버스타는 매우 탁월한 변호사였다. 어떤 결론에 맞부딪칠 경우에도 온화한 태도로 서두를 꺼내었다. 결코 고압적인 말투는 쓰지 않았다. 자기의 의견을 상대에게 강요하려고 하지도 않으면서 조용히 누그러진 태도를 보인다. 그것이 그의 성공을 크게 도운 것이다.

노동 쟁의의 해결을 의뢰하거나 피고의 변호를 의뢰하거나 하는 사람은 좀처럼 드물지만 집세나 땅값을 싸게 하고 싶은 사람은 얼마든지 있을 것이다.

그러한 사람들에게 이 조용한 화술이 어떤 역할을 하였는가 생각해 보기로 하자.

O. L. 스트로브라는 전기 기사가 방값을 싸게 해주었으면 생각하고 있었다. 그러나 집주인은 소문난 옹고집쟁이였다.

다음에 그가 나의 강습회에서 공개한 이야기를 소개하여 보자.

나는 계약 기간이 끝나는 대로 아파트를 나가겠다고 집주인에게 통고했다. 그러나 사실 나는 나가고 싶지 않았다. 집세를 싸게 해주기만 하면 그대로 그 집에 머물고 싶었다.

그러나 상황은 아주 비관적이었다. 다른 세든 사람들도 모두가 실패했으며, 그 집주인만큼 다루기 힘든 사람은 없다고 누구나 입을 모아 손사래를 쳤다. 그러나 나는 마음속으로 이렇게 생각하였다.

'나는 강습회에서 사람을 다루는 방법을 배우고 있다. 한 번 집주인에게 응용하여 효과를 시험해 보자.'라고.

나의 편지를 받고 난 뒤에 곧장 집주인은 비서를 데리고 나타났다.

나는 쾌활한 얼굴로 집주인을 맞이하고 진심으로 호의를 보였다. 집세가 비싸다는 그런 말은 조금도 내비치지 않았다.

먼저 나는 이 아파트가 매우 마음에 든다고 서두를 꺼냈다. 사실 나는 유감 없이 칭찬을 한 것이다. 아파트의 관리에 대해서도 마침내 크게 탄복하고 하다 못해 한 일 년쯤은 더 이곳에 있고 싶으나 애석하게도 그것이 안 된다고 집주인에게 말했다. 아마 집주인은 지금까지 세든 사람들로부터 이러한 환영을 받은 일은 한 번도 없었던 모양이다. 그는 집주인이 전혀 예기치 못했던 표정을 지어 보였다.

한참 후에 집주인은 자기의 고충을 한 가지 한 가지 늘어놓았다.

문제점만을 들먹이는 임대인, 그중에는 열네 통이나 트집을 부리는 편지를 보내는 사람이 있는가 하면, 또 역력하게 모욕적인 편지도 몇 가지가 있었다. 집주인의 책임이니, 위층 사람의 코 고는 소리를 멈추게 해주지 않으면 계약을 파기하겠다고 위협하는 사람 등등 이루 다 말할 수가 없다는 것이었다.

집주인은 '당신처럼 얘기가 통하는 사람이 있어 준다는 것은 참으로 고마운 일'이라며, 내가 아무 뜻도 내비치기도 전에 먼저 방값을 조금 내려주겠다고 말하였다. 나는 좀 더 내려주길 원했기 때문에 분명히 내가 지불할 수 있는 금액을 말하니 집주인은 즉각 그것을 승낙하여 주었다.

게다가 그는 '방 안의 장식을 바꾸어 드리고 싶습니다만 어디 요구할 점이 있으면 말하시오.'라는 말까지 하고 돌아갔다.

만약 내가 다른 사용자들과 같은 방법으로 집세 인하 운동을 벌였다고 한다면 역시 그들과 같이 실패하였음에 틀림이 없다. 우호적이며 동정을 구하는 척, 그러면서도 감사에 찬 태도가 이와 같은 성공을 가져오게 한 것이다.

또 한 가지 다른 예를 들어 말해 보자.

이번에는 사교계에서 유명한 부인, 롱아일랜드의 가든 시티에 살고 있는 드로시 데이 부인의 이야기다.

일전에 나는 간단한 오찬회(午餐會)를 개최한 일이 있습니다. 내게 있어서는 한 사람 한 사람 모두가 귀중한 손님이었기 때문에 만사 실수 없도록 매우 신경을 썼습니다. 이러한 파티를 개최할 때, 나는 언제나 에밀이라고 하는 요리사에게 모든 것을 의뢰해 두고 있었습니다. 그런데 이번에는 그 에밀이 사고를 내고 말았습니다.

에밀은 마지막까지 얼굴을 보이지 않고 조수격인 한 사람만을 보냈습니다. 그 조수란 사람이 아주 서툴러서 쓸모가 전혀 없었습니다.

주요리를 뒤로 돌리는가 하면 커다란 접시에 작은 샐러드를 한 개만 담아서 내놓곤 했습니다. 고기는 굳어 있었고 고구마는 기름투성이였으며 그야말로 엉망진창이었습니다. 나는 울화통이 터져 견딜 수가 없었습니다. 그것을 가만히 참고 미소를 보이는 괴로움은 이루 헤아릴 수 없었습니다.

'어디 두고 보자. 이번에 에밀을 만나면 그냥 두지 않을 테다.'라고 나는 결심했습니다.

이번 오찬회는 수요일에 있어서 그 다음날 밤, 나는 〈인간 관계〉에 대한 강연을 들으러 갔습니다.

듣고 있는 동안에 에밀을 일방적으로 책망하는 것은 공연한 짓이라는 것을 깨달았습니다. '그를 화나게 하면 이후에는 절대로 도와주지 않겠지?' 그래서 나는 에밀의 입장에서 생각해 보기로 했습니다.

'요리의 재료를 사들인 것도, 그것을 요리한 사람도 그가 아니었다. 그의 조수들 중에는 감각이 무딘 사람도 있을 것이다.'

생각해 보면 내가 처사를 잘못한 점도 있을 것입니다. 나는 그를 책망하는 대신에 조용히 대화를 나누어 보기로 하였습니다.

그래서 우선 그에게 감사하기로 마음을 고쳐먹었습니다. 이 방법은 훌륭한 결실을 맺었습니다. 그 다음날 에밀을 만나니 그는 나를 경계하고 얼굴에는 성난 표정이 역력했습니다. 그야말로 한바탕 곧 떠벌릴 기세였습니다.

"이봐요, 에밀. 당신은 내가 파티를 열 때는 없어서는 안 되는 사람이에요. 당신은 뉴욕에서도 일급 요리사가 아닙니까? 물론 재료의 구입 때나 요리는 당신 책임이 아니니까, 그래서 지난 수요일과 같은 일이 있었던 것도 어쩔 수 없는 일입니다."

나는 점잖게 말했다.

그러자 그의 험악한 얼굴빛은 금세 웃는 얼굴로 변했습니다.

"에밀, 실은 나는 또 파티를 열려고 생각하고 있으니 아무래도 당신이 좀 도와주어야 되겠어요."

"부인, 다음에는 그런 실수가 없도록 하겠습니다."

그는 정중히 대답했습니다.

그다음 주에 나는 또 오찬회를 열었습니다. 이번에는 메뉴를 에밀과 상의하여 정했습니다. 그전의 일은 일체 물에 흘러버리고 그의 의견을 충분히 채택했습니다.

드디어 우리가 회장으로 들어가 보니 테이블은 아름다운 장미로 장식되고 에밀은 빈틈없이 손님을 접대해 주었습니다. 내가 여왕님을 초대하였다고 하더라도 만점이고 조수들도 전과 달리 네 사람이나 얼굴을 보이고 있었습니다. 에밀도 마지막에는 스스로 요리를 날라다 주었습니다.

파티가 끝나자 그날의 주빈(主賓)이 '여보, 부인. 저 접대장에게 마술이라도 쓴 것이 아닙니까? 그렇게 빈틈없는 서비스를 받은 일은 정말 처음 있는 일이군요.'라고 나에게 귀띔했습니다.

바로 그렇습니다. 나는 조용한 태도로 진심을 가지고 칭찬하는 마술을 쓴 것입니다.

나는 미주리주의 시골 초등학교에 다니고 있었습니다. 그 당시 나는 태양과 북풍(北風)이 힘 자랑을 하고 있는 〈이솝 이야기〉를 읽은 적이 있습니다.

북풍이 '내가 너보다 강한 것은 보나마나지. 저기 외투를 입고 가는 노인이 있지 않나. 나는 자네보다 먼저 저 노인에게서 외투를 벗겨볼 테니 두고 봐.'라고 으스대었습니다.

태양은 잠시 구름 뒤에 숨었습니다. 북풍은 기세좋게 불어왔습니다. 그러나 북풍이 신나게 불어오면 올수록 노인은 외투 자락을 더욱 힘차게 움켜쥐고 몸을 감쌌습니다.

북풍은 마침내 기진맥진하여 바람을 그치고 말았습니다. 그래서 이번에는 태양이 구름 사이에서 얼굴을 내밀고 빙글빙글 웃는 얼굴을 노인에게 보이기 시작했습니다.

얼마 지나지 않아서 노인은 이마의 땀을 닦고 외투를 벗었습니다. 태양의 부드럽고 친절한 방법은 어떤 경우일지라도 심한 힘 대결을 하는 방식보다도 훨씬 효과가 있는 것이라고 가르쳐 주었습니다.

이 〈이솝 이야기〉를 내가 시골에서 읽었을 무렵에, 내가 아직 가보지 못한 멀리 떨어져 있는 보스턴의 마을에서 이 우화(寓話)가 옳다는 것을 B씨라고 하는 의사가 증명해 보였다. 그리고 20년 후, 이 B씨가 나의 강습회에 참가하여 당시의 이야기를 해준 것이다.

그 당시 보스턴의 신문에는 이상야릇한 의사 광고가 화려하게 실렸다. 낙태를 전문으로 하는 의사나 환자를 골탕먹이는 돌팔이 의사들이 광고를 이용하여 환자의 공포심을 조장하고 엉터리 치료를 베풀고 있었던 것이다. 다수의 희생자가 나왔으나 그 때문에 처벌을 받은 의사는 거의 없었다. 대부분의 의사는 약간의 벌금으로 사건을 흐지부지 만들거나 아니면 정치적인 압력을 가해 사건 자체를 지워버렸다.

이 너무나 못돼먹은 처사에 보스턴 시민은 분개했다.

목사는 연단을 두들기면서 신문을 비난하고 야릇한 광고를 정지할 것을 하나님께 빌었다. 각종 민간단체·실업가·부인회·교회·청년단체 등등 모두가 들고일어났으나 아무 효과가 없었다.

이러한 종류의 신문 광고 금지를 둘러싸고 주의회에서는 치열한 논쟁이 벌어졌으나 결국 매수와 정치적 압력에 의하여 흐지부지되고 마는 것이 고작이었다.

그 당시 B씨는 보스턴시 '그리스도교 연합회'의 회장이었다. 그의 위원회도 전력을 다해 싸웠으나 역시 아무런 소득을 얻지 못했다. 이 의료 범죄에 대한 싸움은 이미 절망인 듯 생각되었다.

어느 날 B씨는 보스턴에서는 아무도 생각하지 못했던 방법을 착안해 냈다. 말하자면 친절·동정·감사를 가지고 하는 방법으로, 신문 발행자들이 자발적으로 중지하도록 하는 심리작전을 꾸미는 것이었다.

그는 〈보스턴 헤럴드〉지의 사장에게 편지를 보내어 그 신문을 진심으로 찬양했다. 자기는 평소부터 그 신문의 대단한 애독자이며 뉴스는 청결하고 선동적인 냄새가 없으며 사설도 뛰어나다고 극찬했다. 특히 영국은 물론 전 미국에서도 일류에 속하는 가정신문(家庭新聞)이라고 칭찬해 주었다.

그리고 그다음에 다음과 같은 글을 덧붙였다.

나의 친구 중에 어린 딸을 가진 남자가 있습니다. 그 사람의 이야기로는 어느 날 밤, 딸이 귀사의 신문에 난 '낙태 전문병원'의 광고를 읽고서 그 속에 나오는 말의 의미를 그에게 질문하였다고 합니다.

당황한 그 친구는 딸에게 대답할 말을 찾지 못하였다고 합니다. 귀사의 신문은 보스턴의 상류사회에서 읽히고 있습니다. 이러한 사태가 이곳저곳의 가정에서 생겨나지 않으리라는 보장은 없습니다.

만약 귀하에게 어린 딸이 있으시면 그러한 신문을 딸에게 읽히고 싶다고 생각하겠습니까? 혹은 딸이 그러한 질문을 하게 되면 당신은 어떻게 대답하겠습니까?

귀사의 신문 같은 일류지에, 부친으로서 딸에게 읽히고 싶지 않은 내용이 혹 한 군데라도 있다는 것은 참으로 유감스러운 일이라고 생각합니다. 귀지(貴紙)를 애독하는 수천수만 명의 사람들도 분명 나와 같은 느낌을 가지고 있을 것입니다.

이틀 후, 〈보스턴 헤럴드〉지의 사장으로부터 B씨 앞으로 회답이 왔다.

B씨는 그 답장을 20년 동안 보관하고 있다가 나의 강습회에 참가하여 보여 주었다.

B씨, 보십시오. 친절하신 편지 매우 감사하게 받아 보았습니다.

제가 부임한 이래 이 문제에 관하여 저는 괴로움을 계속 느껴왔습니다만 겨우 이번에 결단을 내리게 되었습니다. 그것은 오로지 귀하의 편지 덕분이라고 생각합니다.

오는 월요일 이후 〈보스턴 헤럴드〉지의 신문지상에서는 수상쩍은 광고는 일체 삭제하도록 가능한 한 노력을 다하겠습니다. 세척기(洗滌器) 등의 광고도 일체 게재하지 않겠습니다. 또 부득이하게 게재할 의료 광고에 대해서는 절대로 독자에게 지장이 없도록 만반의 주의를 다하여 편집하도록 할 것입니다.

귀하의 친절한 충고에 다시 한 번 감사드리며, 우선 이것으로 인사를 대신합니다.

이솝은 크리서스의 왕궁(王宮)에 근무하던 그리스의 노예였다.

그는 그리스도가 태어나기 6백 년 전에 불후의 명작인 『이솝 이야기』를 썼고, 그 교훈은 2천5백년 전의 아테네에서는 물론 현대의 보스턴에서도 같은 진실로 받아들여지고 있다.

태양은 북풍보다도 빠르게 외투를 벗게 할 수 있다. 마찬가지로 친절과 우애와 감사는 세상의 모든 노여움보다도 쉽게 사람의 마음을 바꿀 수가 있다.

"1갤런의 쓴 국물보다도 한 방울의 벌꿀을 사용하는 것이 더 많은 파리를 잡을 수가 있다."

링컨의 이 명언을 마음 깊이 새겨두기 바란다.

■■■ 그 때문에 상대를 설득하는 요령의 네 번째 방법 :

☞ 되도록 침착하게 조용히 말하는 것이다.

'네'라고 대답할 수 있는 문제를 선택한다

소크라테스는 상대의 잘못을 지적하는 일은 결코 하지 않았다. 우선 상대 방으로부터 '네'라고 답을 이끌어내는 것을 주안점으로 삼고 있었다.

상대방과 이야기할 때, 서로 의견이 충돌되는 문제를 처음부터 꺼내서는 안 된다. 우선 서로 의견이 일치하고 있는 문제부터 시작하여 그것을 항상 강조하면서 이야기를 진행한다. 서로가 동일한 목적을 추구하고 있다는 것을 상대방에게 인식시키고, 다만 그 방법에 차이가 있을 뿐이라는 것을 강조해야 한다.

처음에는 상대에게 '네'라고 말할 수 있는 그러한 문제만을 채택하고, 가능한 한 '아니오'라고 말하지 않도록 하여야 한다.

오버스트리트 교수는 다음과 같이 말하고 있다.

> 상대에게 일단 '아니오'라고 말한 이상, 그것을 번복하는 것은 자존심이 허락하지 않는다. '아니오'라고 말해 버리고 후회할 경우도 있을지 모르지만 비록 그렇게 되더라도 자존심을 상하게 할수는 없다. 말을 꺼낸 이상 어디까지나 그것을 고집한다. 그러니까처음부터 '네'라고 말하게 하는 방향으로 이야기를 몰고 가는 것이 매우 중요하다."

화술이 능한 사람은 상대방에게 몇 번이나 '네'라고 말하게끔 만든다. 그러면 상대방의 심리는 자연스럽게 긍정적인 방향으로 움직이기 시작한다. 이것은 당구공이 일정한 방향으로 굴러가는 것과 같은 것이며, 그 방향을 바꾸게 하려면 상당한 힘이 필요하다. 더구나 반대 방향으로 되돌아가게 하려면 그것보다 더욱더 많은 힘이 든다.

이럴 때의 심리적인 패턴은 아주 분명하다.

사람이 진심으로 '아니오'라고 말할 때는 단순히 그 말을 입으로 나타낼 뿐만 아니라, 동시에 온갖 행동으로 표현한다.

즉, 신체의 각종 분비선(分泌腺), 신경, 근육 따위의 모든 조직이 일제히 딱딱하게 굳어져 거부 태세를 취한다. 그리고 대개의 경우 그것은 뚜렷이 알 수 있을 정도의 커다란 동작으로 나타나는 경우도 있다.

말하자면 신경과 근육의 전 조직이 거부 태세를 취하는 것이다.

그런데 '네'라고 말할 경우에는 이러한 현상은 전혀 일어나지 않는다. 신체의 조직이 무엇인가를 받아들이려고 하는 자세를 취한다. 그 때문에 처음에 '네'라고 말을 많이 하게 하면 할수록 상대를 이쪽이 생각하는 방향으로 끌고 가는 것이 용이하다.

상대방에게 '네'라고 말하게 하는 기술은 극히 간단하다. 그런데도 이 간단한 기술이 별로 이용되지 않고 있다. 미리부터 반대하는 것으로 자기의 중요성을 인식시키고 싶어 하는 듯한 사람이 더러 있어 보인다.

세상에는 급진파(急進派)의 사람이 보수파(保守派)의 동료들과 이야기를 나누게 되면 즉각 상대방을 화나게 하고 만다. 도대체 그래서 무슨 도움이 되며, 무슨 소용이 있다는 것인가. 단순히 일종의 쾌감을 맛보기 위한 것이라면 그것으로 족할지도 모른다. 그러나 그 어떤 성과를 기대하고 있다면, 그러한 행동은 인간의 심리에 관한 한 매우 어리석은 짓이다.

학생이거나 고객, 그리고 자기의 아이이거나 남편 혹은 아내이든 처음에 '아니오'라고 말하게 하면 그것을 '네'로 바꾸어 놓는 데는 상당한 지혜와 인내가 필요하다.

뉴욕의 그리니치 저축은행의 출납계원 제임스 에버슨은, 이 '네'라고 하는 방법을 이용함으로써 하마터면 놓칠 뻔한 손님을 가까스로 만류할 수가 있었다.

그 에버슨 씨의 이야기를 소개하면 다음과 같다.

손님 한 분이 예금 계좌를 개설하기 위해서 찾아왔습니다.

나는 평소에 하던 대로 용지에 필요한 사항을 기입해 줄 것을 요청하고 있었습니다. 그런데 그는 대개의 질문을 자진해서 대답해 주었습니다만 어떤 질문에 대해서는 도무지 대답하려 하지 않았습니다.

내가 인간관계에 대한 공부를 하기 이전이었으면 이 질문에 응답해 주지 않으면 계좌를 열어줄 수 없다고 분명히 말했을지도 모릅니다. 부끄러운 얘기입니다만 사실 나는 지금까지 그러한 발언을 해왔습니다. 그렇게 해서 상대를 몰아세우는 것은 확실히 통쾌한 일입니다. 은행의 규칙을 방패로 삼고 자기의 우위(優位)를 상대에게 보여준 것이 됩니다. 그러나 그러한 태도는 일부러 걸음을 해준 손님에게 자신에 대한 호감과 존재감을 주지 못하는 결과를 초래했습니다.

나는 상식에 맞는 태도를 취해볼 것을 결심했습니다.

은행 측의 희망이 아니고 손님의 희망에 관해서 이야기해 보자, 그리고 손님이 처음부터 '네'라고 말하게 하도록 시도해 보자고 마음먹었습니다. 그래서 나는 손님에게 반대하지 않고 마음에 들지 않는 질문에는 구태여 대답할 필요가 없다고 말했습니다. 그리고 다음과 같이 덧붙여 말했습니다.

"그러나 가령, 예금을 하신 후에 당신에게 만약의 사고가 생긴다면 어떻게 하시겠습니까? 법적(法的)으로 당신의 가장 가까운 사람이 예금을 찾을 수 있도록 해야겠죠?"

그러자 그는 '네'라고 대답했습니다.

"그럴 경우를 대비해서 우리는 고객과 가장 가까운 사람의 이름을 알아 두는 것입니다. 좋은 방법이라고 생각하지 않습니까?"

그는 또 '네'라고 대답했습니다.

내가 질문한 사항이 은행을 위한 것이 아니라, 그를 위한 것이라는 사실을 깨달은 손님의 태도는 일변하였습니다.

그는 자신에 관해서 뿐만 아니라 나의 권유에 따라서 그의 어머니를 수취인(受取人)으로 하는 신탁 계좌를 개설하고, 어머니에 관한 질문에도 기쁘게 응답해 주었습니다.

그가 처음의 문제를 잊어버리고 결국 나의 말대로 움직이게 된 것은 처음부터 그에게 '네'라고 대답하게끔 유도했기 때문이라고 생각합니다.

다음은 웨스팅 하우스사(社)에 근무하는 세일즈맨 조셉 앨리슨의 이야기이다.

나는 담당 구역에 우리 회사의 제품을 꼭 팔고 싶은 상대가 있었다.

나의 전임자는 10년간 그 사람을 쫓아다녔으나 헛수고였다. 나도 이 구역을 맡고는 3년간을 찾아다녔으나 역시 안 되었다. 그리고 10년을 더 찾아다닌 끝에 겨우 서너 대의 모터를 팔 수가 있게 되었다.

만약 그 모터의 성능이 좋으면 그 후부터는 반드시 수백 대의 주문을 받을 수 있으리라고 나는 기대하고 있었다. 성능은 반드시 좋은 것이 틀림없었으니까.

나는 삼 주일 후에 의기양양하게 그의 사무실로 찾아갔다.

그런데 찾아가 보니 기술 감독이 대뜸 이렇게 말하는 것이었다.

"앨리슨, 자네 회사의 모터는 이제 질색이야."

나는 놀라면서 되물었다.

"왜, 도대체 무슨 이유입니까?"

"자네 회사의 모터는 너무 타서 섣불리 손을 댈 수가 없단 말야."

그가 말하였다.

나는 이 경우에 화를 내서는 안 된다는 것을 오랜 경험으로 잘 알고 있었다. 나는 상대방에게 '네'라고 말하도록 만들어 보고 싶었다.

"스미스 씨, 당신이 그렇게 말하는 것은 지당한 말씀입니다. 정말 너무 타게 되면, 그러한 모터를 더욱더 사달라고 요구하는 것이 무리한 얘기입니다. 협회(協會)가 정해 놓은 규준(規準)보다 열(熱)이 나지 않는 제품을 고르는 것이 당연할 테니까요. 그렇지 않습니까, 감독님?"

그는 그렇다고 대답했다. 첫 번째의 '네'를 얻은 셈이다.

다음에 나는 '협회의 규준에는 모터의 온도가 실내 온도보다 화씨 72도

(섭씨 40도)까지 높이 올라가는 것은 인정되고 있지 않습니까?'라고 물었다.

그는 또 '네'라고 대답했다. 그리고 나는 '그렇다면 그 모터는 더욱더 뜨거워질 것입니다.'라고 말하였다.

그런 다음에 나는 계속해서 물어보았다.

"공장 내의 온도는 몇 도쯤 됩니까?"

그의 대답은 75도 정도로 짐작될 것이라고 했다.

그래서 나는 '그럼 공장 내의 온도를 75도라고 한다면 거기에 75도를 더 가산하면 1백47도가 됩니다. 1백47도의 뜨거운 물에 손을 넣으면 상처를 입게 되겠죠?'라고 되물었다.

그는 역시 '네'라고 대답하지 않을 수가 없었다.

나는 계속해서 물었다.

"그렇게 되면 모터에는 손을 대지 않도록 조심하지 않으면 상처를 입겠죠?"

그러자 그는 '하긴 그렇구먼. 자네 말이 옳아.'라고 마침내 승복하고 말았다.

그리고 나서 한참 동안 우리들은 다른 잡담을 나누었는데, 이윽고 그는 약 3만 5천 달러어치의 물건을 내게 주문하였다.

시비를 하면 손해를 본다. 상대의 입장이 되어서 사물을 생각하는 것은 시비하는 것보다도 오히려 흥미가 있고 더구나 비교가 안 될 정도로 이익이 있다. 생각하여 보니 나는 매우 오랫동안 시비 때문에 막대한 손해를 보아왔던 것이다.

인류의 사상에 일대 변화를 가져다준 아테네의 대철학자 소크라테스는 사람을 설득하는 요령에 있어서는 고금을 통해서 제1인자라고 한다.

소크라테스는 상대의 잘못을 지적하는 일은 결코 하지 않았다. 소위 '소크라테스식 문답법'으로 상대로부터 '네'라고 답을 이끌어내는 것을 주안점으로 삼고 있었다.

그는 우선 상대방이 '네'라고 말하지 않을 수 없는 질문을 한다. 다음의 질문도 역시 '네'라는 대답을 이끌어내는 질문이 되풀이되는 그런 과정을 통해 상대방은 자신이 최초에 부정하고 있었던 문제에 대해서 어느 사이에 '네'라는 대답을 하게 되는 것이다.

상대의 잘못을 지적하고 싶으면, 소크라테스의 얘기를 생각하고 상대방에게 '네'를 말하도록 유도해 볼 일이다.

중국의 옛말에 '부드러움이 능히 강한 것을 꺾는다'라는 격언이 있다.

5천 년의 역사를 가진 민족에게 어울리는 명언이 아닌가.

■■▥ 그 때문에 상대를 설득하는 요령의 다섯 번째 방법 :

☞ 상대가 '네'라고 대답할 수 있는 문제를 고르는 것이다.

상대방으로 하여금 말하게 한다

만일 당신이 적을 만들고 싶으면 상대방을 이기도록 하라. 그러나 자기편 을 만들고 싶으면 상대방으로 하여금 당신을 이길 수 있도록 하라.

상대를 설득하려고 자기 혼자서 계속 지껄이는 사람이 있다.

세일즈맨 가운데 특히 이러한 잘못을 저지르는 사람이 많다. 그러나 상 대방을 설득하기 위해서는 상대방으로 하여금 충분히 말하도록 만드는 것 이 좋다. 본인에 대해서는 본인이 가장 잘 알고 있으므로 상대방 스스로 말 을 하도록 만드는 것이 좋다는 얘기다.

상대방이 말하는 중에 이의를 주장하고 싶어도 참지 않으면 안 된다. 상 대가 말하고 싶은 문제를 아직 가지고 있는 한 이쪽에서 무슨 말을 해도 소 용이 없다. 넓은 마음으로 참을성 있게 더구나 성의를 가지고 들어주며, 거 리낌없이 자기 의견을 말하도록 한다.

이 방법을 사업에 이용하면 어떨까?

그런데 부득이 어찌할 도리 없이 파탄에 빠진 어느 사람의 체험담을 다 음에 인용하여 설명해 보자.

수년 전에, 미국 굴지의 자동차 회사가 차내 장식용 직물류(織物類) 일 년 치 분량을 구입하려고 하고 있었다. 세 군데의 유명 브랜드 회사에서 견본을 보내왔다. 자동차 회사의 중역들은 그 견본을 세밀히 검토한 후에 담당 브랜드 사에 각각 통지를 보내고 최종적인 설명을 들은 후에 계약을 할 예정이니 지정된 날짜에 찾아오라고 말해 놓았다.

그날, 한 브랜드의 대표자 R씨가 몸이 불편한 데도 불구하고 자동차 회사를 방문하였다.(그는 후두염을 심하게 앓고 있었다.)

다음은 그 R씨가 실제로 겪은 체험담이다.

내가 설명할 차례가 돌아왔다. 자기 회사의 입장을 말해야 하는데 목에서 소리가 나올 것 같지 않았다. 가는 소리조차 나오지 않는 처지였다. 나는 별도의 어떤 방으로 안내되었는데, 그 방 안에는 사장을 비롯해서 각 부분의 책임자가 쭉 둘러앉아 있었다.

나는 일어서서 말을 하려고 했으나 나의 목은 '시익, 시익' 소리만 날 뿐이었다.

그래서 나는 한 장의 종이쪽지에 '목이 아파서 소리가 나오지 않습니다'라고 적어서 내놓았다.

그것을 본 사장이 '그럼 당신을 대신해서 내가 말해 주겠소.'라고 입을 열었다. 그리고 나의 견본을 펼치더니 그 장점을 자랑하기 시작했다. 그러자 나의 물건에 대해서 활발한 의견이 각 책임자로부터 제기되었다. 사장은 나의 대역을 맡고 있는 형편이 되었기 때문에 부득이 나의 편을 들게 되었다. 나는 다만 미소를 짓거나, 머리를 끄덕이거나 하는 따위의 몸짓만 보이고 있어도 그것으로 족했다.

이 엉뚱한 회담의 결과, 나는 50만 마일의 천을 주문받는 데 성공했다. 금액으로 따져도 1백60만 달러이다. 내게는 난생 처음의 큰 거래였다.

그때 만약 내가 후두염을 앓고 있지 않았다면 도저히 그 주문은 딸 수가 없었을 것이다. 나는 그때까지 사업을 하는 방식에 대해서 터무니없는 잘못된 생각을 가지고 있었던 것이다.

그 전에 나는 자기편에서 말하기보다는 상대편에게 말하게 하는 것이 이익이 더 많은 경우가 있다는 것을 알지 못했던 것이다.

필라델피아 전기회사의 조셉 S. 웹도 이와 비슷한 경험을 한 적이 있었다. 웹 씨는 언젠가 펜실베이니아주의 부유한 네델란드인들이 모여 사는 농업지대를 시찰한 적이 있었다.

깨끗하게 손질이 잘 되어있는 농가의 앞을 지나가면서 웹 씨는 '어째서 이 부근의 농가에서는 전기를 사용하지 않는 것일까?'라고 그 지역을 담당하는 동행자에게 물어보았다.

그러자 담당자가 이렇게 말하는 것이었다.

"워낙 인색한 구두쇠 영감들이 모여 살고 있기 때문에 아무리 권해도 안 됩니다. 게다가 회사에 대해서 반감조차 가지고 있답니다. 지금까지 몇 번이나 권유해 보았으나 얘기 상대가 되질 않습니다."

사실 그럴지도 모르겠지만 어쨌든 그는 한 번 직접 맞부딪쳐 보려고 그 중 한 농가를 찾아갔다.

다음은 웹 씨의 얘기이다.

그 부인은 우리가 전기회사 사람인 것을 알자 문을 닫아 버렸다. 나는 몇 번이나 노크를 했다. 마지못해 문은 다시 열렸으나 이번에는 험한 기세로 우리들에게 욕을 퍼붓는 것이었다.

"드라겐블러 부인, 소란을 피워서 죄송합니다. 실은 저는 전기 용건 때문에 찾아온 것이 아니고 달걀을 살까 하고 찾아왔습니다."

부인은 의심쩍은 얼굴로 나를 쳐다보며 문을 좀더 열어 주었다.

"댁의 닭은 참 훌륭합니다. 도미니크 종(種) 같은데……, 제가 달걀 한 꾸러미를 살 수 없겠습니까?"

그러자 부인이 호기심 어린 눈으로 내게 물었습니다.

"어떻게 도미니크 종이라는 걸 알았습니까?"

"저도 닭을 치고 있습니다만 이렇게 훌륭한 닭은 본 적이 없습니다."

"그러면 댁의 달걀을 쓰시면 될 게 아닙니까?"

라고 그녀는 아직도 석연치 않다는 눈치였다.

"우리 집에서 기르고 있는 닭은 레그혼 종이기 때문에 흰 달걀밖에 낳지 않습니다. 부인께서는 직접 요리를 하시니 아시리라 생각합니다만 과자를 만들려면 흰 달걀보다도 노란색의 달걀이 훨씬 좋답니다. 우리 집사람은 과자 굽는 것이 자랑이죠."

이렇게 얘기를 주고받자 그녀의 마음도 훨씬 누그러지고 강아지까지 달려나왔다. 그 동안에 나는 주위를 살펴보고 이 농장에 낙농설비(酪農設備)까지 갖추어져 있는 것을 알았다.

나는 계속해서 물었습니다.

"부인께서 기르고 있는 닭이 아마 젖소의 우유보다도 훨씬 이윤이 있다고 생각합니다만, 어떻습니까?"

나의 이 말이 멋지게 주효했다. 이야말로 그녀가 남에게 얘기를 하고 싶어 못 견디는 문제였다. 그녀의 완고한 남편은 내가 지적한 사실을 암만해도 인정하려고 하지 않는다는 것이다.

그녀는 우리들을 닭장으로 안내했다. 그곳을 돌아보는 동안에 나는 그 부인이 만들었다고 생각되는 여러 가지 장치를 발견했기 때문에 진심으로 그것을 칭찬했다. 나는 사료는 어떤 것이 좋다든지 온도는 몇 도 정도가 적당하니 그렇게 하라고 권하는 한편 그녀로부터 양계에 대한 온갖 가르침을 받았다.

결국 우리는 서로가 쌍방의 벽을 허물고 아주 즐겁게 경험담을 얘기하면서 시간을 보냈다.

그러자 그녀는 닭장에 전등을 켜서 좋은 성적을 올리는 농가가 이웃에 있는 모양인데 과연 정말 그것이 유리한지 어떤지 솔직한 얘기를 들려달라고 내게 말했다.

2주일 후 드라겐블러 부인의 닭들은 밝은 전등 아래에서 만족스럽게 모이를 쪼고 있었다. 나는 전기공사의 주문을 맡고 그녀는 보다 많은 달걀을 얻을 수 있었다. 만사가 잘된 것은 두말할 여지도 없다.

이 이야기의 가장 중요한 요점은 만약 내가 처음에 그녀에게 말을 하도록 하지 않았다면 나의 세일즈는 실패하고 말았을 것이라는 점이다. 강제로 권하거나 팔려고 하지 말고 상대방의 마음을 돌리게 하는 것이 요령이다.

〈뉴욕 헤럴드 트리뷴〉지의 경제란에서 '경험 있는 우수한 인물'을 구하는 구인광고가 나와 있는 것을 보고 찰스 T. 큐베리스가 응모를 했다.

며칠 후 그 사람 앞으로 면접 통지서가 왔다. 면접에 앞서 그는 월 가(街)로 가서 그 회사의 설립자에 대한 자세한 조사를 해두었다.

면접 당일 날 그는 사장에게 물었다.

"이렇게 훌륭한 업적을 가진 회사에서 일할 수 있는 것이 저의 소망이라고 생각합니다. 들은 바에 의하면 28년 전에 거의 무일푼으로 이 회사를 시작하셨다는데 그것이 사실입니까?"

라고 사장에게 물었다.

대개 성공한 사람들은 젊었을 때 그가 걸은 가시밭길을 회상하는 것을 좋아한다. 이 사장도 예외가 아니었다.

겨우 4백50달러의 자금과 독자적인 아이디어만으로 발족할 당시의 고충을 길게 이야기하기 시작했다. 일요일도 공휴일도 쉬지 않고 모든 장애와 싸워서 드디어 현재의 지위를 쌓아올렸으며 지금은 월 가(街)의 일류 인사들이 오히려 그의 의견을 구하러 오게 되었다고 사장은 말하였다.

그는 확실히 자기 자랑을 할 만한 가치가 있는 성공을 거둔 인물로서 그 얘기를 들려주는 것이 무척이나 즐거운 것 같았다. 고생담이 끝나자 그는 큐베리스의 이력에 관해서 간단한 질문을 한 후, 부사장을 불러서 "이 사람을 채용하시오."라고 했다.

큐베리스 씨는 상대방의 업적을 조사하는 수고를 했다. 그것은 상대에게 관심을 보인 것이다. 그리고 상대에게 이야기를 하게 만들고 좋은 인상을 심은 것이다.

친구나 동지들 사이라 할지라도 상대방의 자기 자랑을 듣는 것보다는 자기의 공훈담을 이야기하고 싶은 것이 사람이다.

프랑스의 철학자 라 로슈푸코는 이렇게 말했다.

> 66 만일 당신이 적을 만들고 싶으면 상대방을 이기도록 하라. 그
> 러나 상대방으로 하여금 당신을 이길 수 있도록 하라."

그 이유는 사람은 누구나 상대방보다 뛰어날 경우 자기의 중요성을 느끼지만, 그 반대의 경우에는 열등감을 가지고 선망과 질투를 일으키기 때문이다.

독일의 속담에 이런 말이 있다.

> 66 남의 실패에 대한 기쁨 이상의 기쁨은 없다."

분명히 우리들 친구 중에는 우리들의 성공보다는 실패를 기뻐하는 사람이 있을 것이다. 그러니까 자기의 성공은 될 수 있으면 비밀스럽게 이야기하지 않으면 안 된다. 이 방법은 반드시 히트할 것이 틀림없다.

아빈 컵은 이 요령을 터득하고 있었다.

'당신은 일류 작가라고 듣고 있습니다만 정말입니까?'라고 누가 물으면 그는 '그저 운이 좋았을 뿐이죠.'라고 대답했다고 한다.

일반적으로 사람들은 그렇게 자랑할 만큼 대단한 존재는 아니니까 겸손한 태도를 취하는 것이 상책이다. 백년도 지나지 않아서 우리들은 모두 죽거

나 세상에서 잊히고 마는 것이다. 인생은 짧다. 부질없는 자랑거리를 남에게 들려줄 여유가 없다. 남이 얘기하도록 만들면 된다. 곰곰이 생각하여 보면 우리들은 자랑할 만한 것을 별로 가지고 있지 않은 셈이다.

우리들이 백치(바보)가 안 되어 살고 있는 것은 갑상선(甲狀腺)에 아주 소량의 옥소(沃素)가 있기 때문이다. 그 정도의 옥소는 5센트만 지불하면 살 수가 있다.

갑상선에서 그 옥소를 제거하고 나면 인간은 백치가 된다. 불과 5센트의 옥소가 우리와 정신병원을 떼어놓고 있는 것이다. 아무리 뽐내봐야 별것이 아니다.

■■■ 그 때문에 사람을 설득하는 요령의 여섯 번째 방법 :

☞ 상대방에게 말하도록 만드는 것이다.

스스로 생각하게 한다

당신들에게 기쁨을 주기 위해 이 인물을 임명합니다만, 다음은 여러분이
나를 기쁘게 해주어야 할 차례가 되었습니다.

사람은 남으로부터 강요된 의견보다는 자기 스스로 생각해낸 의견을 훨
씬 중요하게 여긴다. 그렇다면 남에게 자기의 의견을 강요하려는 것은 애초
부터 잘못된 것이다.

힌트를 주어서 상대로 하여금 결론을 내리게 하는 것이 훨씬 현명한 방
법인 것이다.

이런 예가 있다.

나의 강습회에 참가한 필라델피아의 아돌프 젤스 씨는 자동차 판매의 부
진으로 부하 세일즈맨들이 모두 기가 꺾여 있는 것을 보고 그들을 격려할 필
요성을 느꼈다.

판매회의를 열어서 그들의 요구를 기탄없이 발표하도록 권유했다. 그는
그들의 요구사항을 칠판에 적은 후, 부하직원들에게 다음과 같이 말했다.

"여러분의 의견을 모두 들어주겠습니다. 여러분이 나를 위해 할 수 있는
일이 무엇인지, 그것에 대해 말해 주기 바랍니다."

그러자 부하들은 즉석에서 대답했다. 충성을 맹세하는 사람이 있는가
하면, 정직·적극성·낙천주의(樂天主義)·팀워크 등을 약속하는 사람, 하루 8시

간의 노동을 제시하는 사람, 그들 중에는 또 14시간 노동을 감히 마지않겠다고 하는 사람도 나왔다.

회의는 용기와 감격을 새로이 하기로 하고 끝났다. 그리고 그 후 판매 성적은 놀라울 만큼 향상되었다.

이에 대해서 젤스 씨는 다음과 같이 말하고 있다.

> 66 세일즈맨들은 일종의 도의적인 계약을 나와 맺었다. 내가 그 계약에 따라서 행동하는 한 그들도 역시 그와 같이 행동하려고 결심한 것이다. 그들의 희망이나 의견을 들어준 것이 기사회생(起死回生)의 묘약이 된 것이다."

상대방으로부터 강요를 당하고 있다든지, 명령을 받고 있다든지 하는 느낌은 어떤 사람이든 싫은 것이다. 그것보다도 자주적으로 행동하고 있다는 느낌이 오히려 훨씬 바람직하다.

자기의 희망이나 욕망이나 의견을 남이 들어주는 것은 기쁜 일이다.

유진 웨슨의 예를 인용해서 생각해 보자.

그는 이 진리를 납득하기까지 수수료(手數料)로 수천 달러나 손해를 보았다. 웨슨 씨는 직물 제조업자에게 아이디어(意匠)를 공급하는 스튜디오에 밑그림(본을 뜨는 사본 그림)을 팔아 넘기는 일을 하고 있었다.

그는 뉴욕의 어떤 일류급 디자이너를 3년간 매주 방문하고 있었다.

웨슨 씨는 그 디자이너에 대해 이렇게 말하고 있다.

"그는 언제나 만나주기는 하지만 한 번도 내 디자인을 사 주지는 않았다. 나의 스케치를 천천히 들여다보고는 반드시, '안되겠군요, 웨슨 씨. 역시 마음에 들지 않아요'라고 말할 뿐입니다."

무려 1백50회의 실패를 거듭한 후에 웨슨 씨는 생각하는 방식을 바꿀 필요가 있다고 생각하였다. 그래서 그는 사람을 다루는 요령에 관한 강습회에 일주일에 한 번씩 출석할 결심을 했다. 그리고 새로운 사고 방식을 배우고 다시 용기를 냈다.

그는 새로운 방식을 실험하기 위해서 미완성의 그림을 몇 장 가지고 구매자 사무실로 찾아갔다.

"실은 여기에 미완성의 스케치를 가져왔습니다만 이것을 어떻게 완성시키면 당신에게 쓸모가 있겠습니까? 지장이 없으시다면 가르쳐 주셨으면 합니다."

이렇게 그가 부탁을 하자 디자이너는 스케치를 말없이 쳐다보고 있다가 이윽고,

"웨슨 군, 2~3일 동안 맡아둘 터이니 한 번 더 와 줘요."

라고 말하였다.

3일 후에 웨슨 씨는 다시 디자이너를 찾아가서 여러 가지 의견을 들은 다음에 스케치를 도로 가지고 와서 주문대로 완성하였다. 그 결과는, 물론 그림을 몽땅 팔게 되었다.

이것은 지금부터 9개월 전의 일이지만 그 이후 이 디자이너는 수많은 스케치를 웨슨 씨에게 주문 의뢰하고 있다.

그것들이 모두 디자이너의 아이디어로 그려진 것임은 말할 것도 없다. 결국 웨슨 씨가 말하는 바에 의하면 꼭 1천6백 달러 이상의 그림 제작 수수료가 굴러들어왔다고 한다.

그때의 일에 대해 웨슨 씨는 이렇게 말한다.

> 66 내가 몇 해 동안이나 그림 팔기에 실패한 것은 당연한 일이었다는 것을 깨달았습니다. 그때까지 나는 이쪽의 의견을, 즉 나의 생각을 강매하려고만 했던 것입니다. 하지만 지금은 거꾸로 상대에게 의견을 말하게 하고 있습니다. 상대방은 자기가 디자인을 창작하고 있다고 생각합니다. 사실이 그렇습니다. 그가 원하는 대로 하니 이쪽에서 강매할 필요가 없습니다. 상대가 사게 되는 것입니다."

루스벨트가 뉴욕 주지사를 지내고 있을 때, 깜짝 놀라운 곡예(曲藝)를 연출해 보인 일이 있다. 그는 정치 보스들과 친근하게 지내면서 그들이 반대하고 있는 정책 개혁을 강행한 것이다.

그때에 취한 방법을 소개하면 다음과 같다.

그는 중요한 직위(職位)를 보충할 때는 정계의 보스(대표급 인사)들을 초청하여 후보자를 추천토록 했다. 루스벨트는 그것에 관해서 다음과 같이 설명하고 있다.

보스들이 최초에 들고 나오는 인물은 대개 자기 정당에서 뒤를 돌봐주어야 할 그런 대단치도 않은 인물들이다. 나는 그러한 인물은 시민들이 수긍

하지 않으니까 안 될 것이라고 일러준다.

다음에 그들이 추천하는 인물은 기껏해야 자기 정당의 끄나풀로서 아무런 장점도 단점도 없는 그러한 관리의 고참이다. 나는 보스들에게 좀 더 시민들이 납득할 수 있는 적임자를 물색해서 천거해 달라고 부탁한다.

세 번째는 그만하면 합격할 듯하지만 역시 좀 더 딱 들어맞는 인물이 아니다.

나는 보스들에게 협력해 준 것에 감사하고 한 번만 더 생각을 해봐달라고 부탁한다. 그러면 네 번째는 비로소 나의 심중에 있는 사람과 일치한다. 그때야 나는 그들에게 감사하고 그 사람을 임명한다.

말하자면 보스들에게 꽃다발을 안겨주는 셈이다. 마지막으로 나는 그들에게 말한다.

"당신들에게 기쁨을 주기 위해서 이 인물을 임명합니다마는 다음은 여러분이 나를 기쁘게 해주어야 할 차례가 되었습니다."

사실 그들은 루스벨트를 기쁘게 해주었다. 그들은 루스벨트가 상정한 문관 근무 법안(文官 勤務 法案)이라든가, 독점세 법안(獨占税 法案) 따위와 같은 대개혁안을 적극 지지해 준 것이다.

요컨대 루스벨트는 상대방에게 상의할 것을 교섭하면서 가능한 한 상대방의 의견을 받아들이고, 그들로 하여금 그것이 자기 자신의 뜻인 양, 상대가 생각하도록 만들어 놓고 협력을 시키는 것이다.

롱아일랜드의 어느 자동차 판매업자는 스코틀랜드인 부부에게 이와 같은 방법을 사용해서 중고 자동차를 팔았다.

그는 그 부부에게 차례로 차를 구경시켰으나 그때마다 트집을 잡았다. 어울리지 않는다든가, 쿠션이 나쁘다거나, 값이 너무 비싸다는 등 말이 많았다. 특히 값에 대해서는 어느 차고 간에 모두 비싸다고 했다.

이 판매업자는 내 강습회의 수강자였는데, 마침내 그가 이 문제를 들고 나와서 우리들의 의견을 구했다.

우리들은 굳이 팔려고 서둘 필요없이 상대방으로 하여금 차를 사고 싶도록 만드는 것이 중요하다고 그에게 충고하였다. 말하자면 사는 사람을 이쪽이 시키는 대로 만들려고 하지 말고 거꾸로 사는 사람의 마음대로 되어주어서 상대의 의견으로 이쪽이 움직이고 있다고 생각하게 만드는 것이다.

그는 당장에 이 방법을 사용하여 보았다.

며칠 후 어떤 고객으로부터 중고차를 팔고 새 차를 사고 싶다고 신청하는 사람이 있었다.

그는 이 중고차가 스코틀랜드인의 마음에 들 것임에 틀림없다고 생각하였다. 즉각 전화로 스코틀랜드인에게 의견을 물을 일이 있으니 와줄 수 없느냐고 이야기하였다.

그는 스코틀랜드인이 찾아오자, 이렇게 부탁했다.

"자동차를 보는 당신의 안목이 높은 것은 우리들 장사꾼들도 당할 수가 없습니다. 이 차를 얼마로 내가 사들여야 좋을지…… 적당한 가격을 매겨주실 수 있겠습니까?"

스코틀랜드인은 마음이 우쭐한 것처럼 썩 기분이 좋아 보였다. 드디어 그의 의견을 구할 수가 있었다. 그의 능력이 인정받게 된 것이다. 그는 그 차를 몰고 자메이카에서 퀸즈 대로를 달려 포리스트 힐까지 드라이브를 하고 돌아오더니 다음과 같이 말했다.

"3백 달러가 알맞은 값입니다."

"그래요? 그럼 이 차주가 3백 달러에 내놓는다면 당신은 얼마에 이것을 사시겠습니까?"

3백 달러, 그것은 자기가 매긴 가격이다. 물론 흥정은 그 자리에서 이루어졌다.

어떤 X선 장치 제조업자가 브루클린의 큰 병원에 이와 같은 심리를 응용하여 자기 회사의 제품을 팔 수 있었다.

이 병원은 미국에서 제일 가는 X선과(X線科)를 창설하려고 하고 있었다. 업자들이 저마다 자기 회사의 제품에 대한 안내서를 내놓고 구입을 요구하는 바람에 X선과 담당인 L 박사는 그야말로 골머리를 앓고 있었다.

그중에 교묘한 한 업자가 있었다. 그는 다른 업자들과 비교가 안 될 만큼 교묘하게 사람의 심리를 포착하였다.

다음과 같은 편지를 L 박사에게 제출한 것이다.

폐사(弊社)에서는 최근 X선 장치의 최신형을 완성하였습니다. 마침 지금 막 그 첫 번째 제품이 사무실에 도착하였습니다. 물론 이번 제품은 완전한 것이라고는 결코 생각하고 있지 않습니다. 더 한층 개량에 노력하고자 계획하고 있습니다. 말씀드릴 것은 매우 죄송스러우나 한 번 박사님의 검사를 받고 개량의 방법에 대한 의견을 들을 수 있다면 더없는 영광으로 생각하겠습니다. 바쁘시겠지만 승낙해 주신다면, 저희 차를 보내드리겠습니다.

나의 강습회에서 L 박사는 그때의 일을 이야기해 주었다.

그 편지는 뜻밖이었습니다. 의외인 동시에 기쁘기도 했습니다. 나는 그때까지 X선 장치 제조업자로부터 의견을 요구받은 일은 한 번도 없었는데, 그 편지는 내가 중요한 존재라는 사실을 각인시켜 준 것입니다.

그 주에는 매일 밤 약속이 있었으나 그 장치를 검사하기 위해서 어느 날 밤의 약속 하나를 취소했습니다. 그런데 그 장치는 보면 볼수록 나의 마음에 들었습니다.

나는 그것을 살 것을 강요당한 것이 아니라 병원을 위해서 그 장치를 사기로 한 것인데, 이는 나의 마음이 자발적으로 움직였기 때문입니다.

나는 그 장치의 우수함에 반해서 그 즉시 계약을 맺었던 것입니다.

우드로 윌슨 대통령의 재임 중에 에드워드 W. 하우드 대령은 국내 및 외교 문제에 막대한 영향력을 가지고 있었다. 윌슨은 중대한 문제에 대해서 하우드 대령을 각료(閣僚) 이상으로 신뢰하고 있었다.

대령은 어떤 방법으로 대통령의 신뢰를 획득할 수가 있었는가? 대령 자신이 아더 D. 하우든 스미드에게 그것을 밝힌 적이 있었는데, 다음은 〈새터데이 이브닝 포스트〉지에 기고한 스미드의 글이다.

하우드 대령은 대통령에 대해서 다음과 같이 말하고 있다.

대통령을 알게 된 후부터 자각하게 된 일이지만, 그를 어떤 문제로 유도하기 위해서는 그것을 슬쩍 아무것도 아닌 것처럼 그의 마음에 새기게 하여 그가 관심을 갖도록 하는 것이 가장 좋은 방법이다.

말하자면 그가 자주적으로 그것을 생각하게 된 것처럼 만드는 것이다.

처음에 나는 엉뚱한 일로 이 사실을 알게 되었다. 어느 날 나는 백악관으로 가서 대통령을 방문하여 어떤 문제에 대해서 논의를 하였다. 그는 반대하는 입장을 취하는 것 같았다. 그런데 며칠 후 만찬회 석상에서 그가 발표한 의견이 앞서 내가 그에게 이야기한 것과 똑같았다. 이렇게 되었을 때 나는 놀라지 않을 수 없었다.

그래서 하우드 대령이 '그것은 대통령의 의견이 아니지 않습니까? 애당초 저의 의견입니다.'라고 반박했겠는가?

대령은 결코 그렇게 말하지 않았다. 대령은 명분보다는 실리를 추구했다. 그 의견은 어디까지나 대통령의 것이라는 것과 그리고 대통령 자신은 물론 다른 사람들도 그렇게 생각하도록 두었다. 대통령에게 꽃을 안겨준 셈이다.

우리들의 교섭 상대는 모두 윌슨과 같은 인간이라는 것을 염두에 두고, 하우드 대령의 방법을 자주 이용하여야 한다.

수년 전 뉴브런즈윅에 살고 있는 사람이 이 방법을 사용하여 나를 단골 손님으로 만들어 버렸다.

그때의 이야기는 이렇다.

나는 낚시와 뱃놀이를 겸해서 뉴브런즈윅에 갈 계획을 세워서 교통공사에 문의 편지를 보냈다.

이쪽의 주소, 성명을 아마 리스트에 적어 넣은 모양이었다. 그랬더니 즉각 수많은 관광 안내소에서 무수한 안내서와 팸플릿이 날아들어 왔다.

도대체 어느 것이 좋은지 도무지 알 수가 없었다.

그런데 그 속에 〈산의 집〉에서 숙박한 적이 있다는 뉴욕 거주자의 이름과 전화번호가 나란히 적혀 있는 팸플릿이 눈에 띄었다. 아마 그분들에게 전화로 그 〈산의 집〉의 상황을 문의해 달라고 적혀 있는 듯했다.

놀란 것은 그 명부에 바로 내가 알 수 있는 사람의 이름이 나와 있다는 사실이었다.

나는 당장에 그에게 전화를 걸어서 물어 보았다. 그리고 그 〈산의 집〉에 예약을 신청하였다.

다른 사람은 내게 강매하려 했으나, 그 〈산의 집〉 주인은 내게 사고 싶은 마음을 일으키게 하였다. 그의 승리였다.

■■■ 그 때문에 사람을 설득하는 요령의 일곱 번째 방법 :

☞ 상대방이 스스로 생각하게 하는 것이다.

상대방의 입장이 되어 본다

남에게 무슨 일을 부탁하려고 할 때는 우선 눈을 감고 상대의 입장에서 일을 생각해 봅시다. '어떻게 하면 상대방이 그것을 하고 싶어 할까?' 생각해볼 일이다.

상대방이 틀렸을지도 모르지만 어쨌든 자기가 잘못되어 있다고는 결코 생각지 않는 것이 사람의 습성이다. 그러니까 상대방을 비난한들 소용이 없다. 비난은 어떤 바보라도 할 수가 있다. 이해하도록 노력하지 않으면 안 된다. 현명한 사람은 상대방을 이해하려고 노력한다.

상대방의 말과 행동에는 저마다 그럴 만한 상당한 이유가 있을 것이다. 그 이유를 찾아내지 않으면 안 된다. 그렇게 하면 상대의 행동을, 더욱이 상대의 성격에 대한 열쇠까지도 잡을 수가 있다.

진심으로 상대방의 입장이 되어 보도록 하여야 한다.

'만약 내가 상대방이라면 과연 어떻게 느끼고, 어떻게 반응할 것인가?'

늘 이렇게 자문자답해 보아야 한다.

이런 훈련을 하게 되면, 화를 내는 게 얼마나 어리석은 짓인지를 깨닫게 될 것이다. 원인에 흥미를 가지면 결과에도 동정을 갖게 된다. 그리고 사람을 다루는 요령이 한층 숙달될 것이다.

케네스 M. 구드는 그의 저서에서 다음과 같이 언급하고 있다.

> 66 스스로 자기반성을 해보고, 자기에 대한 강렬한 관심과 상대방에 대한 어중간한 관심을 비교하고, 그다음에 인간은 모두 비슷비슷하다는 것을 고려하면 모든 직업에 필요한 원칙을 파악할 수 있다. 말하자면 사람을 다루는 비결은 상대의 입장을 동정하고 그것을 잘 이해하는 일이다."

우리 집 근처에 공원이 하나 있는데, 나는 언제나 그곳에서 기분 전환을 한다.

나는 평소부터 떡갈나무에 대해서 경건에 가까운 애정을 품고 있다. 그런데 그 어린 나무가 부주의로 인해서 철철이 항상 불태워지는 것을 보면 슬픈 생각을 억제할 수가 없다.

그 화재의 원인은 담배꽁초 때문이 아니라, 대개는 청소년들이 숲속에서 소시지와 달걀을 구워먹은 후 불기 처리를 소홀하게 하는 것이 원인이었다. 때로는 큰불로 번져 소방차가 동원되는 경우도 있다.

〈모닥불을 금함. 위반자는 처벌함〉

이런 게시판이 공원 한구석에 세워져 있지만, 그것은 사람의 눈에 띄지 않는 곳에 있기 때문에 그 효과를 기대할 수가 없었다.

기마경찰이 공원의 안전과 경계를 맡고 있지만, 엄중하게 단속하고 있지 않기 때문에 화재는 끊이지 않았다.

나는 언젠가 화재를 발견하였고, 경관에게 달려가 곧 소방서에 연락해

달라고 요청했다. 그런데 놀란 사실은 자기 담당구역이 아니기 때문에 할 수 없다는 냉담한 대답이었다.

그 이후 나는 말을 타고 산책할 때는 공원 보안관이 된 것처럼 행동했다. 사실 처음에는 청소년들의 입장에서 생각해 보려고 하지 않았다.

숲속의 모닥불을 보면 그저 한심해서 정의감에 불타고 자칫 그릇된 방법을 취하기도 했다.

나는 소년들의 옆으로 뛰어가서 불을 피우면 처벌을 받으니까 그만두라고 노발대발하여 명령했을 뿐만 아니라, 그래도 듣지 않는 경우에는 경관에게 체포케 하겠다고 위협했다.

나는 소년들의 입장 같은 것은 조금도 괘념치 않았고 나의 판단만이 옳다고 믿고 그 마음이 시키는 대로 했다.

그 결과 소년들은 마지못해 내가 시키는 대로 하였다. 마음속으로는 화가 나면서도 어쩔 수 없이 시키는 대로 하였다. 그러나 내가 그곳을 떠나면 그들은 다시 또 모닥불을 피웠을 것이다. 큰불이 일어나서 공원이 전소해 버렸으면 마음이 시원하겠다고 생각했을지도 모른다.

지금 같으면 대략 다음과 같이 말할 것이다.

얘들아, 오늘은 아주 재미 있는 모양이군. 맛있는 게 많구나. 나도 너희들처럼 이렇게 친구들과 숲속에서 요리를 하고 불장난하기를 좋아했지. 물론 지금도 좋아해.

그러나 너희들도 잘 알고 있으리라고 생각하지만 여기서 모닥불을 피우는 것은 위험해요. 너희들이야 물론 불을 낼 염려는 없다고 생각하지만, 다른 애들 중에는 조심성이 없는 경우가 있단 말야.

그래서 마른 잎에 불이 붙어서 큰 사고를 내는 일이 간혹 있단다. 여간 조심하지 않으면 이 공원이 몽땅 타버릴 거야.

그리고 여기서 모닥불을 피우면 처벌을 받게 되어 있어. 너희들의 재미나는 모양을 보니 너무 심한 얘기는 할 수가 없군. 너희들이 잘 노는 것을 보면 마음이 흐뭇하단 말야.

그 대신에 모닥불 가까이에 있는 낙엽은 전부 멀리 치워버려야 해요. 그리고 돌아갈 때는 잊지 말고 많은 흙을 뿌려서 불을 완전히 꺼버려야 해요.

이 다음에 모닥불을 피울 때는 뒤쪽 언덕 너머의 모래땅에서 하면 안전하지. 거기 같으면 불날 염려는 없으니까. 그럼 잘 놀다 가도록 해요.

같은 말이라도 이런 식으로 타이르면 효과는 전혀 다를 것이다. 소년들도 협력할 생각이 난다.

불평불만도 없다.

강제성도 없다.

그들의 체면도 서게 된다.

상대방의 입장을 생각해 줌으로써 서로 기분 좋은 결과를 얻을 수 있는 것이다.

남에게 무슨 일을 부탁하려고 할 때는 우선 눈을 감고 상대의 입장에서 일을 생각해 보자. '어떻게 하면 상대방이 그것을 하고 싶어 할까?'를 생각해 볼 일이다. 좀 귀찮은 방법이긴 하지만, 그러나 그렇게 해서 좋은 결과를 쉽게 얻을 수 있다면 이 얼마나 훌륭한 대인 관계법이겠는가?

하버드 대학의 도남 교수는 다음과 같이 말했다.

> 66 나는 다른 사람을 방문할 때, 미리 이쪽에서 말할 것을 충분히 생각하고 그것에 대해서 상대방이 무엇이라고 대답할지 뚜렷이 짐작이 설 때까지는 상대의 집 앞을 두 시간이고 세 시간이고 왔다 갔다 하면서도 그 안으로는 들어가지 않는다."

이 책을 읽고 상대편의 입장이 되어서 세상일을 깊이 판단할 줄 아는 요령만 터득하면, 이 책은 당신의 한평생에 있어서 그야말로 획기적인 역할을 하게 된 셈이다.

■■■ 그 때문에 사람을 설득하는 요령의 여덟 번째 방법 :
☞ 상대방의 입장이 되는 것이다.

따뜻한 동정심을 갖는다

인간은 일반적으로 동정심을 원한다. 아이들은 상처를 보이고 싶어 한다. 때로는 동정을 구하고 싶어서 자기 스스로 상처를 만드는 일도 있다. 자기 연민의 정을 느끼고 싶어 하는 마음은 누구에게나 있는 법이다.

시비나 나쁜 감정을 소멸시키고, 상대방에게 선의의 마음을 갖게 하며 당신이 말하는 것을 조용히 듣도록 하는 마법(魔法)의 문구가 여기에 있다.

❝ 당신이 그렇게 생각하는 것은 당연합니다. 내가 만약 당신이라도 역시 그렇게 생각할 것입니다.❞

이렇게 말하고 얘기를 시작하는 것이 상례이다.

아무리 심술궂은 인간이라도 이렇게 서두를 꺼내면 조용해지는 것이 보통이다. 더구나 상대의 입장이 되면 당연히 상대가 같은 생각을 가지게 되는 셈이니 이 문구에는 1백 퍼센트의 성의가 담겨져 있을 것이다.

가령 우리들이 알 카포네와 똑같은 정신과 육체를 가지고 태어나서 똑같은 환경에서 자라고 똑같은 경험을 쌓았다고 한다면, 카포네와 한 치도 다르지 않는 인간이 되고 카포네와 같은 일을 할 것이다.

우리들이 뱀이 아니라는 유일한 이유는 우리들의 부모가 뱀이 아니었기 때문이다. 내가 소에게 키스를 하거나 뱀을 신성시 하지 않는 유일한 이유는 내가 힌두교도의 집에서 태어나지 않았기 때문이다.

마음에 들지 않는 상대일지라도 그가 그렇게 된 데는 그만한 충분한 이유가 있을 것이다. 그러니까 동정심을 가져 주어야 한다. 상대방을 위로하는 마음이 필요하다.

존 B. 가프는 주정꾼을 보면 '언제나 하나님의 은혜가 없으면 나 역시도 저렇게 되었을 것이다'라고 말하였는데, 이러한 심정으로 남을 대할 필요가 있다.

우리들이 교제하는 상대의 4분의 3은 모두 동정에 굶주려 있다.

그것을 베풀어주는 것이다. 그렇게 하면 상대로부터 호감을 사는 것은 정해놓은 이치이다.

『작은 아씨들』의 작가 루이자 메이 올콧의 이야기를 나는 라디오에서 방송한 일이 있다.

물론 나는 그녀가 매사추세츠주의 콩코드에서 불멸의 소설을 썼다는 사실을 분명히 알고 있었으면서도, 실수로 뉴햄프셔주의 콩코드라고 잘못 말해 버렸던 것이다.

그런데 그것도 한 번이 아니고 두 번이나 말해버렸으니 청취자들이 가만 있을 리가 없었다. 당장에 신랄한 비난의 편지와 전보가 계속 날아들었다. 분개하고 있는 사람이 대다수였으나 개중에는 모욕하고 있는 사람도 있었다.

매사추세츠주의 콩코드에서 자라나서 필라델피아에서 살고 있는 보수적인 한 여성은 특히 이만저만 말썽이 아니었다.

설혹 내가 올콧 여사가 식인종(食人種)이라고 말했다 하더라도 그처럼 노여워할 수는 없을 것이다.

나는 편지를 읽으면서 '하나님, 정말 감사합니다. 이런 여성과 결혼하지 않은 것이 얼마나 다행인지 모르겠습니다.'라고 마음속으로 말했다. 나는 다만 지리상의 착오였으나 그녀는 예의상의 큰 실수를 범했던 것이다.

서두에 이러한 글을 써서 답장을 보내주고 싶었다. 그러나 그것은 어떤 바보라도 할 수 있는, 즉 바보는 대개 그런 식으로 얘기한다는 것을 깨닫게 되었다. 나는 바보가 되고 싶지 않았다. 그래서 나는 그녀의 적의(敵意)를 호의로 바꾸어 보려고 결심하였다.

말하자면 일종의 유희이다. 나는 내 자신에게 다음과 같이 말하여 보았다.

"내가 만약 그녀였다면, 나 역시 그녀가 취한 것과 같이 느꼈음에 틀림없다."

그래서 나는 상대의 입장을 이해하려고 노력하였다. 그후 필라델피아로 갔을 때 나는 그녀에게 전화를 걸어서 다음과 같은 대화를 교환했다.

나 : 지난번 편지는 참으로 고마웠습니다. 전화로 실례인 줄 압니다만 이렇게 감사의 말씀을 드립니다.

그녀: (똑똑하고 품위 있는 어조로) 실례입니다만 어디의 누구시죠?

나 : 아직 뵈온 적은 없습니다만 데일 카네기라는 사람입니다. 전날 제가 올콧 여사에 관한 얘기를 방송하였을 때 매사추세츠와 뉴햄프셔를 뒤바꾸어서 터무니없는 실수를 한 것을 알고 계실 테지만, 참

으로 제가 경솔했던 것 같습니다. 그 사과의 말씀을 드리려고 합니다. 친절하게 일부러 편지까지 보내주셔서 뭐라고 감사의 말씀을 드려야 할지 모르겠습니다.

그녀: 어머, 그러세요. 실례했습니다. 저야말로 너무 심한 편지를 드려서 죄송합니다. 그땐 제가 좀 어떻게 되었던 모양입니다. 사과는 오히려 제가 드려하죠.

나 : 무슨 말씀을, 당신이 사과할 필요는 조금도 없습니다. 초등학교의 학생들도 다 알고 있는 일을 제가 잘못 전달했으니까요. 물론 그다음 일요일 방송에서 시정과 사과를 드렸습니다만 당신에게는 직접 사과를 드리고자 이렇게 전화했습니다.

그녀: 저는 매사추세츠의 콩코드에서 태어났습니다. 애당초 저의 집은 매사추세츠에서도 옛날부터 이름 있는 가문으로, 저는 제가 태어난 주(州)를 매우 자랑으로 생각하고 있습니다. 그래서 당신의 방송을 듣고서 너무 성급하게 그런 편지를 쓰게 되었습니다. 참으로 부끄럽습니다.

나 : 무슨 말씀을, 부끄러운 것은 저입니다. 제가 틀렸다고 해서 결코 매사추세츠의 명예가 손상되는 것은 아닙니다만 저로서는 매우 마음이 괴로웠습니다. 정말 잘 알려주셨습니다. 이후에도 아무쪼록 잘 지도·편달하여 주시기를 바라마지 않습니다.

그녀: 그렇게 무례한 편지를 드렸는데도 조금도 화내시지 않으시니 선생님은 참으로 훌륭한 분이라고 생각합니다. 저야말로 부디 잘 부탁하겠습니다.

이렇게 해서 내가 그녀에게 사과를 하고 그녀의 입장에 동정을 하게 되니 그녀도 내게 사과를 하고 내 입장에 동정하여 주었다. 나는 일시적인 노여움을 참았던 보람이 있었다고 생각하자 마음이 더욱 상쾌해졌다.

곧, 상대방을 헐뜯기보다 상대에게 호감을 사는 편이 더욱더 유쾌한 일이라는 것을 깨닫게 되었다.

역대(歷代) 대통령들은 매일 귀찮은 인간관계의 문제에 직면하게 된다. 물론 태프트 대통령 또한 예외가 아니었다.

그러나 그는 경험에 의해서 나쁜 감정을 중화(中和)시키는 데는 동정심이 절대적인 힘을 가진다는 것을 알고 있었다. 태프트의 저서인『봉사의 윤리학』이란 책 속에는 어떻게 해서 남의 반감을 누그러뜨릴 수 있었는지 여러 가지 흥미있는 실례를 들어 보여 주고 있다.

그 한 대목을 소개하면 다음과 같다.

워싱턴에 있는 한 부인이 그녀의 아들을 어떤 지위에 앉히려고 6주간 이상이나 매일같이 내게로 오고 갔다. 그녀의 남편은 정계(政界)에서도 다소 이름이 알려진 사람이다.

그녀는 수많은 상하 양원(上下 兩院)을 자기편으로 끌어들여서 맹렬한 운동을 전개했다.

그러나 아들이 원하는 지위는 전문적인 기술을 필요로 하기 때문에 나는 그 부처 책임자의 추천에 따라서 다른 사람을 임명하였다.

그녀로부터 원한에 사무친 편지가 왔다.

내가 그렇게 해주고 싶은 마음만 있었다면 쉽사리 그녀를 기쁘게 해줄 수가 있었을 텐데, 그것을 하지 않았다는 것은 은혜를 모르는 사람이라고 말했다.

내가 특별히 관심을 가지고 있었던 법안(法案)을 통과시키기 위해서 그녀는 지역구 출신의 국회의원 모두를 설득해서 그 법안을 지지하게 했음에도 불구하고 은혜를 원수로 갚았다는 것이었다.

이러한 편지를 눈앞에서 보게 되면 누구라도 참고 견딜 수가 없어서 그 무례함을 응징해 주고 싶을 것이다. 그래서 당장에 반박 편지를 쓴다.

그러나 현명한 사람은 즉각 그것을 부치지 않는다. 책상 서랍에 넣고 열쇠를 채운 뒤 2~3일이 지나서 다시 꺼내 본다.

'그런 편지는 2~3일쯤 늦어도 무방하다. 냉각 기간을 두고 새로 읽어보면 발송할 생각이 나지 않는다.'

나는 이 현명한 사람의 방법을 취했다. 나는 새삼스럽게 그녀에게 될 수만 있으면 친절한 편지를 쓰고 그녀의 실망은 충분히 이해하겠으나 그 인사 문제는 실제 나의 마음만으로는 할 수 없고 전문적인 기술을 가진 사람이 아니면 안 되었기 때문에 국장의 추천에 따르지 않을 수가 없게 되었으니 양해해 달라고 말하였다.

그리고 그녀의 아들은 현재의 직위에 그냥 있어도 그녀의 기대에 얼마든지 보답할 수 있으므로 더 한층 노력하여 달라는 것을 강조하여 두었다.

이 회답으로 그녀는 기분을 전환하고 전에 너무 실례되는 편지를 보내서 미안하다고 하면서 사과했다.

그런데 내가 임명하기로 정해놓은 남자의 발령에 다소 시간이 걸렸다.

그러고 있는 사이에 이번에는 그녀의 남편으로부터 편지가 왔다. 자세히 보니까 이전의 편지와 그 필적이 같았다. 그 편지에는 그 이후 아내는 실망감에 충격을 받고 신경쇠약에 걸려 위암 증상이 나타났으며, 현재는 빈사 상태에 있다고 적혀 있었다.

아들을 임명해 주면 아내의 병도 나을 것이라고 했다.

그러나 그럴 수는 없었다. 나는 다시 한 번 편지를 쓰지 않으면 안 되었다. 이번에는 그녀의 남편 앞으로 보냈다. 부인의 병 진단이 잘못되어 있기를 빈다고 말하고, 또 그녀의 병은 참으로 애처롭지만 이 인사 문제는 변경할 수가 없다고 말해 주었다.

그때는 사령(辭令)이 이미 나온 뒤였다.

그가 편지를 받은 지 이틀 후, 나는 백악관에서 음악회를 개최했다. 그런데 맨 처음에 우리 부부에게 인사한 사람이 이 부부였다. 그 부인은 이삼 일 전만 하여도 사활(死活)을 다투는 병석에 있었을 터인데…….

솔 휴로크는 미국 음악계에서 일류급 매니저였다. 그는 20년간에 걸쳐서 샬리아핀, 이사도라 던컨, 파블로바 등과 같은 세계적으로 유명한 예술가들과 함께 일했다.

그는 성미가 까다로운 예술가들을 움직이기 위해서는 그들의 유달리 뛰어난 개성에 대한 동정심이 철두철미하게 필요하다고 말했으며, 그것을 그는 무엇보다도 먼저 배웠다고 한다.

그는 샬리아핀의 매니저로 3년간을 일했으나, 이 대가수의 괴팍한 성격 때문에 항상 골머리를 앓고 있었다.

가령 샬리아핀이 밤무대에 서게 되어 있었는데, 낮에 전화로 "기분이 나쁘다. 목의 컨디션이 좋지 않기 때문에 오늘밤은 노래를 할 수 없다."라고 말하는 일이 흔히 있었다.

휴로크는 이미 그의 버릇을 알고 있었기 때문에 결코 역정을 부리지 않았다. 매니저와 예술가는 시비가 아무 소용이 없다는 것을 너무나 잘 알고 있었기 때문이다.

그래서 시급히 샬리아핀의 호텔로 달려가서 열심히 사정을 해본다.

"이것 참 안됐습니다. 노래하지 않는 편이 좋을 것입니다. 공연을 취소하도록 하겠어요. 무리하게 노래를 해서 평판이 떨어지는 것보다는 2천 달러의 계약을 취소하는 것이 당신에게는 훨씬 괜찮은 일입니다."

그러자 샬리아핀은 한숨을 지으며 말한다.

"좀 더 있다가 다시 한 번 와주시지 않겠습니까. 다섯 시쯤에는 출연할 수 있을지, 어떨지 알게 될 것입니다."

다섯 시가 되자 그는 다시 호텔로 달려가서 먼저와 같은 식으로 동정심을 보이고 무리를 하지 말도록 권유했다. 그러면 샬리아핀은 '좀 더 있으면 잘 될지도 모릅니다. 한 번 더 다시 와주시지 않겠습니까.'라고 말한다.

7시 30분. 개장 직전이 되어서야 샬리아핀은 겨우 출연할 것을 승낙했다.

그러나 미리부터 청중들에게 감기로 음성이 상해 있다는 것에 대한 양해를 구해놓는다는 조건이 붙어 있었다.

휴로크는 이러한 사정과 요령을 충분히 직감적으로 터득하고 있었기 때문에, 청중들에게 그대로 전달했다고 샬리아핀을 속여서 무대에 서게 했다.

어쩌면 그 이외에 방법이 없었기 때문이었다.

아더 I. 게이츠 박사의 유명한 저서『교육 심리학』에는 다음과 같은 말이 적혀 있다.

> 66 인간은 일반적으로 동정심을 원한다. 아이들은 상처를 보이고 싶어 한다. 때로는 동정을 구하고 싶어서 자기 스스로 상처를 만드는 일도 있다. 어른도 마찬가지이다. 상처를 보이고 재난이나 병에 대해 이야기를 한다. 특히 수술을 받았을 때의 이야기 같은 것을 보다 더 자세하게 이야기하고 싶어 한다. 불행한 자기에 대해서 자기 연민의 정을 느끼고 싶어 하는 마음은 정도의 차이는 있겠지만 누구에게나 있는 법이다."

■■■ 그 때문에 타인을 설득하는 요령의 아홉 번째 방법 :

☞ 상대방의 생각이나 희망에 대해서 따뜻한 동정심을 갖는 것이다.

아름다운 감정에 호소한다

상대방의 신뢰도를 정확히 판단할 수 없을 때는 일단 그를 훌륭한 신사로 가주하라. 그러면 틀림없이 성공한다. 인간은 누구나 정직하게 살고자 한다.

나는 미주리주에서 자라났는데 가까운 곳에 유명한 대도적(大盜賊) 제시 제임스가 살던 농장(農場)이 있었다. 이 농장에는 제시의 아들이 지금도 살고 있다.

나는 그 아들의 부인으로부터 제시가 열차나 은행을 습격하였을 때의 상황과 뺏은 돈을 이웃 동네의 가난한 농부들에게 나누어 준 이야기들을 자주 들었다.

제시 제임스도 쌍권총을 쏘는 쿠로레나 알 카포네처럼 자기 스스로는 이상주의자라고 생각하고 있었던 모양이다. 모든 인간은 자기 자신을 높이 평가하고, 훌륭한 인물이라고 생각하기를 좋아한다.

미국의 대은행가이며 미술품 수집가로 유명한 J. P. 모건은 인간의 심리를 해부해서, '보통 인간의 행위에는 두 가지의 이유가 있다. 그 한 가지는 그럴듯하게 윤색(潤色)된 이유, 또 다른 한 가지는 진실한 이유이다.'라고 한적이 있다.

'진실한 이유'는 다른 사람이 이러쿵저러쿵 말하지 않아도 당사자는 그것을 잘 알고 있으므로 존이 그 점을 강조할 필요는 없다.

인간은 누구나 이상주의적인 성향을 가지고 있으며 자기의 행위에 대해서는 아름답게 윤색된 이유를 달고 싶어 한다.

그러니까 상대방의 생각을 바꾸기 위해서는 이 아름다운 이유를 꾸미고 싶어 하는 심정에 호소하는 것이 유효하다.

이것을 비즈니스에 응용하면 어떻게 되는가.

펜실베이니아주의 글렌놀덴에서 아파트를 경영하고 있는 해밀턴 J. 파렐 씨의 경험을 통하여 생각하여 보자.

파렐 씨의 아파트에는 계약 기한이 4개월이 남아 있는데도 결단코 이사를 가겠다는 사람이 있었다. 매달 55달러를 내는 셋방이다.

다음 얘기는 그 파렐 씨가 나의 강습회에서 공개한 것이다.

그 가족은 나의 아파트에서 한겨울을 넘겼다. 겨울은 일 년 중에서 가장 경비가 많이 드는 시기이다. 가을이 되기까지는 아마 새로운 입주자를 구할 수가 없을 것이다. 말하자면 나의 입장으로 생각하면 2백20달러가 공중에 붕 떠버리는 것이다.

나는 화가 났다.

보통 때 같으면 나는 계약서를 들이대고 무리하게 꼭 이사를 가겠다면 계약 기간의 모든 방세를 지불하고 가라고 다그쳤을 것이다.

그러나 한편 그러한 야단스러운 소란을 떨지 않고 할 수 있는 방법은 없을까 생각해본 끝에 다음과 같이 말했다.

"댁의 사정은 잘 알겠습니다만, 제가 볼 때는 아무래도 당신이 이사를 가리라고는 생각되지 않습니다. 여러 해를 이 세만 놓아 먹고 사는 저에게는 사람을 보는 눈이 발달돼 있습니다. 당신은 약속을 어기거나 하는 그런 사람이 아니라는 것을 들여다보고 있습니다. 이것만은 내기를 해도 좋다고 생각합니다."

나는 더욱 자신 있게 말했다.

"그런데 한 가지 당신에게 부탁이 있습니다. 이 문제는 그냥 가만히 놓아뒀다가 이삼일 후에 다시 상의하기로 합시다. 그래도 여전히 마음이 변하지 않는다면 당신의 생각대로 이사를 가도 좋습니다. 나도 내가 사람을 잘못 보았다고 생각하고 단념하는 수밖에 없습니다. 아무튼 당신은 약속을 휴지로 돌릴 그런 사람은 아니라고 나는 굳게 믿고 있습니다. 서로가 사람의 일이니 어쩌다 잘못 생각하거나 빗나가는 일이 있을지도 모르겠습니다."

며칠 후 그 사나이는 자기 손으로 집세를 내려고 왔다. 그는 아내와 잘 상의를 해서 이사가는 것을 포기하기로 한 모양이다. 결론은 역시 계약을 실행하는 것이 인간으로서 가장 중요한 것임을 인식하게 되었기 때문이라고 했다.

노스크리프 경(卿: 1865~1922 영국의 언론인)은 공개하고 싶지 않은 자기의 사진이 어떤 신문에 실려 있는 것을 보고 그 편집장에게 편지를 썼다.

그러나 그는 편지에 '나의 마음에 들지 않기 때문에 그 사진은 신문에 실지 말아달라'고 쓰지는 않았다. 그는 좀 더 아름다운 인간의 감정에 호소했다. 곧, 누구나가 품고 있는 어머님의 존경과 애정에 호소했던 것이다.

"그 사진을 신문에 게재하지 말아주시기를 바랍니다. 저희 어머님이 매우 싫어하는 사진이기 때문입니다."

록펠러 2세도 그의 아이들의 사진이 신문에 실리는 것을 방지하기 위해서 인간의 아름다운 감정에 호소했다.

"아이들의 사진을 신문에 게재하는 것은 내가 동의할 수 없다."라고 말하지 않았다. 그는 어린 자식들이 공명심에 날뛰거나 천하게 물들지 않게 하기 위해 만인의 공통된 심정에 호소했다.

"당신들 가운데도 아이를 가진 분들이 있으면 잘 이해하리라고 생각합니다만, 너무 세상에 드러내놓고 떠들어대는 것은 아이의 장래를 위해서 불행한 결과를 초래할 뿐입니다."

사이어스 커티스는 널리 알려진 〈새터데이 이브닝 포스트〉지와 〈레이디스 홈즈 저널〉지의 창설자이다. 그는 메인주의 빈민가에서 태어나 거액의 재산을 일군 입지전(立志傳)적인 인물이다.

사업 초창기에 그는 다른 잡지사와 같은 정도의 원고료를 지불할 능력이 없었다. 하물며 일류급의 작가에게 쓰일 만한 원고료는 도저히 지불할 수가 없었기 때문에 상대방의 아름다운 감정에 호소하기로 작정했다.

가령, 당시의 유행작가 올콧 여사에게는 기필코 원고를 써주십사고 부탁을 하고 1백 달러의 수표를 썼으나, 그 수표를 그녀 자신에게 건네준 것이 아니고 그녀가 열심히 지지하고 있는 자선단체에 보내어 성공하였다.

독자들 중에는 '그런 수법은 노스리프나 록펠러 같은 센티멘탈한 작가에게는 잘 들어맞을지 모르지만 까다로운 상대로부터 임금(賃金)을 받아내려고 할 경우에는 과연 통용될 수 있을까'하고 의문을 갖는 사람이 있을지 모른다.

그럴 수도 있는 얘기이다. 도움이 되지 않는 경우도 있을 것이며 상대에 따라서는 통용되지 않을지 모른다.

만약 당신이 이 이상의 방법을 알고 있어서 그 결과에 만족하고 있다면 구태여 이러한 방법을 쓸 필요는 없다. 그러나 그렇지 않다면 한 번 이것을 시험해 보면 어떨까.

어찌 되었든 다음의 이야기는 제임스 토머스라고 하는 사람이 나의 강습회에서 발표한 체험담으로 꽤 흥미 있는 얘기이다.

어느 자동차 회사의 고객 여섯 명이 제각기 한 가지씩의 항목이 잘못되었다며 자동차 수리대금을 지불할 수 없다고 주장했다. 그러나 회사 측에서는 수리할 때마다 고객의 사인을 받아놓고 있었기 때문에 절대로 틀림이 없다고 믿었고, 또 믿고 있는 대로 손님들에게 지불할 것을 독촉했다.

문제는 이것이 애당초의 잘못이었다. 말하자면 수금계원은 다음과 같은 방법으로 미불금의 징수를 행하였으나 과연 그것이 옳았던 것인가, 반문하지 않을 수 없었다.

① 각 단골을 찾아가서 청구서를 보낸 후 여러 달이 지났으니까 이번 달에는 꼭 지불해줘야 한다고 정면으로 맞부딪쳤다.

② 청구서는 절대로 틀리지 않았다. 따라서 잘못된 것은 고객 쪽이라고 분명히 못박았다.

③ 자동차 문제는 회사 쪽이 손님보다도 훨씬 더 잘 알고 있다. 그러니까 더 논쟁의 여지가 없다고 설명했다.

④ 그 결과는 치열한 시비로 번졌다.

이상과 같은 징수 방법으로 과연 손님이 선뜻 대금을 지불할 것인지, 어떤지를 생각해봐야 한다.

수금원은 마침내 법적(法的)인 수단에 호소하려고 하고 있었으나 때마침 지배인이 이 사실을 알게 되었다.

지배인이 조사를 해본 결과 문제의 손님은 모두가 평소에 대금 지불 성적이 우수한 손님인 것을 파악했다. 그러면 어딘가에 잘못이 있는 것이다. 수금 징수 방법에 무슨 근본적인 실책이 있을 것 같았다. 지배인은 토머스를 불러서 이 문제를 해결하도록 명령했다.

이때 토머스 씨가 취한 징수 방법은 다음과 같았다.

① 미납된 수리 대금에 대해서는 한마디 언급도 하지 않고 다만 지금까지의 회사 서비스 상태를 조사하고 싶어서 방문했다고 말했다.

② 상대방의 얘기를 들어보지 않고서는 어떤 판단도 할 수 없다고 말했다. 그리고 덧붙여서 회사 측에도 실수가 있을지 모른다고 말하였다.

③ 그가 알고 싶은 것은 고객의 자동차에 관한 것일 뿐이며, 그 차에 대해서는 차 주인 고객이 누구보다도 가장 잘 알고 있으며 그야말로 권위자라고 말하였다.

④ 고객으로 하여금 말하게 만들고 고객의 이야기를 동정심과 흥미를 가지고 귀담아 들었다.

⑤ 얼마 있다가 상대방이 진정을 되찾았을 때 그의 공정한 판단에 호소하였다.

말하자면 그의 아름다운 심정에 호소한 것이다.

"우리들이 부족해서 폐를 끼치게 되어 참으로 죄송합니다. 수금원의 태도에 아마 매우 기분이 상하게 되었을 것입니다. 회사를 대표해서 깊이 사과의 말씀 드립니다. 얘기를 듣고 보니 저는 귀하의 공정하고 관대한 인격에 아주 감탄했습니다. 실은 한 가지 소청이 있습니다만 이 일은 당신이 아니면 할 수 없습니다. 그리고 당신이 가장 잘 알고 있는 일입니다. 다름이 아니오라 이 청구서 말입니다. 이것을 당신께서 정정해 주신다면 저도 안심을 할 수 있습니다. 당신이 우리 회사의 대표자라는 입장에서 정정해 주십시오. 만사를 당신께 일임하고 그 정정대로 우리는 처리하겠습니다."

이 방법은 멋지게 주효하였다.

여섯 명의 고객 중에서 다만 한 사람만이 끝까지 회사 측이 잘못되어 있다고 버티고 일부분의 대금을 지불하지 않았으나 다른 다섯 명의 손님은 모두가 기분 좋게 전액을 지불하였다.

특히 재미있는 일은 그후 2년 동안 제임스 토머스가 이 여섯 명의 고객으로부터 새 차를 주문받았다는 사실이다.

토머스 씨는 이에 대해서 다음과 같이 말하였다.

> 66 상대방의 신뢰도를 정확히 판단할 수 없을 때는, 일단 그를 훌륭한 신사로 간주하라. 그러면 틀림없이 성공한다. 인간은 누구나 정직하게 살고자 한다.
>
> 이에 대한 예외는 거의 드물다. 사람을 속이는 그러한 인간도 상대방으로부터 진심으로 신뢰를 받고 정직하고 공정한 인물로 인정받으면 좀처럼 나쁜 일을 할 수가 없다.

■■▨▨ 그 때문에 타인을 설득하는 요령의 열 번째 방법 :
☞ 사람의 아름다운 감정에 호소하는 것이다.

극적인 연출의 효과를 생각한다

현대는 연출의 시대이다. 단순히 사실만을 열거하는 것으로는 충분하지 않다. 사실대로 동력을 부여하고, 흥미를 보태어서 연출하지 않으면 안 된다.

몇 해 전, 〈필라델피아 이브닝 블루틴〉 신문으로서는 중대한 중상모략(中傷謀略)에 빠진 일이 생겼다. 곧 악의(惡意)에 찬 소문이 유포되기 시작한 것이다.

이 신문의 수입 대부분을 광고에 의존하고 있고, 기사가 아주 적기 때문에 독자들은 흥미를 상실했으며, 광고를 내어도 효과가 희박하다는 것이 그 소문의 골자였다.

이에 대한 시급한 대책을 세워서 소문의 뿌리를 뽑아야 하는 것이 신문사의 입장이었다.

그래서 다음과 같은 방법을 취하기로 결정했다.

〈블루틴〉지는 평상시 하루치 지면의 기사를 모두 골라내어 그것을 따로따로 분류해서 한 권의 책자로 꾸며 출판을 했다. 그 책은 『하루』라는 제목으로 3백7페이지나 되었고 충분히 2달러는 된다고 생각되었으나, 그것을 불과 2센트에 팔기로 했다.

이 책자는 〈블루틴〉지에 재미있는 읽을거리가 많이 게재되어 있다는 사실을 효과적으로 알려주기 위해 취한 방법이었다. 참으로 멋진 연출 솜씨라고 할 만하다. 단순하게 숫자를 나열하거나 이야기로 변명해서는 며칠이 걸려도 할 수 없는 일을 일거에 해치운 셈이었다.

뉴욕 대학의 리처드 버튼 교수와 알반 비스 교수는 1만5천 건의 상담(商談)을 분석하여 『논쟁에 이기는 법』이라는 제목의 책자를 저술하고, 같은 원리를 '판매의 여섯 가지 원칙'이라는 제목으로 강연하였으며, 나중에는 영화로 만들어서 대기업의 세일즈맨들에게 보여주었다.

그들은 연구의 결과를 단순히 설명만 하지 않고 실례(實例)를 들어서 제시해 주었다. 청중 앞에서 실제로 시비를 해 보이며 판매의 올바른 방법과 그릇된 방법을 가르쳐준 것이다.

현대는 연출의 시대이다. 단순히 사실만을 열거하는 것으로는 충분하지 않다. 사실대로 동력을 부여하고, 흥미를 보태어서 연출하지 않으면 안된다. 흥행적인 수법을 사용할 필요가 있는 것이다.

즉 영화나 라디오, 텔레비전 등은 모두 이러한 수법을 사용하고 있다. 사람들의 주의를 끌기 위해서는 이러한 방식을 취하는 것이 무엇보다도 유효하고 적절하다.

인테리어 디자이너들은 연출의 효과가 얼마나 중요한지를 잘 알고 있을 것이다.

가령, 새로운 쥐약을 개발한 제조회사가 소매점의 쇼윈도에 살아 있는 두 마리의 쥐를 사용하여 장식을 꾸미기로 하였다. 쥐를 쇼윈도에 넣어둔 일주일간은 쥐약의 판매고가 보통 때의 다섯 배나 증가했다고 한다.

〈아메리칸 위클리〉지의 제임스 B. 보인튼 씨는 방대한 양의 시장조사 보고서를 작성해 달라는 의뢰를 받았다. 어떤 일류 콜드크림 제조회사에서 제품의 가격을 내려야 할 것인가, 내리지 말아야 할 것인가를 결정하기 위해서 급히 자료가 필요하다는 요청을 해온 것이다.

조사 결과를 작성한 보인트 씨는 그것을 의뢰한 사람에게 전달하러 갔다. 이 의뢰자는 업계(業界)에서는 거물이며 더구나 까다롭기로 정평이 나 있는 잔소리형의 인물이었다.

보인튼 씨가 맨 처음에 보고서를 지참했을 때는 큰 낭패를 당했다.

다음 그 보인튼 씨의 이야기를 소개하겠다.

처음 시작하였을 적에는 나의 조사 방법에 대해서 실로 헛된 논쟁을 하고 말았다. 논쟁을 한 끝에 드디어 나는 상대방을 제압하고 울분을 풀어 승복시킬 수는 있었으나 유감스럽게도 보고서를 제출할 수는 없었다.

두 번째 그를 찾아갔을 때, 나는 숫자의 표(表)나 자료 따위에 구애됨이 없이 조사한 사실을 극적으로 연출하여 보였다.

내가 그의 방으로 들어갔을 때 그는 전화를 걸고 있었다. 그 사이에 나는 가방 속에서 서른두 개의 콜드크림 용기(容器)를 끄집어내어서 그의 책상 위에 나란히 놓았다. 그가 알고 있는 모든 제품, 말하자면 그의 경쟁 상대의 제품 전부를 내보인 것이다.

각 용기에는 나의 조사 결과를 기입한 표가 붙어 있었다. 그 낱낱의 표가 그 크림의 판매 상태를 간명하고 극적으로 말한다는 식으로 되어 있었다.

그 효과는 눈부신 것이었다. 지난번과 같은 논쟁이 일어날 여지는 전혀 없었다.

그는 하나하나 그 용기를 끄집어내어서 그것에 붙은 표를 읽었다.

그와 나 사이에는 서로의 대화가 화해 무드를 이루고 교환되었으며 극히 가벼운 질문이 오고 갈 뿐이었다.

그는 상당한 흥미를 느낀 모양이었다. 10분의 면담 약속이 20분이 넘고, 40분을 지나서 한 시간이 되어도 우리들은 역시 그 이야기를 계속하고 있었다.

나는 이전과 같은 사실을 제공하였으나 이때는 연출 효과를 노린 점이 달랐던 것이다. 흥행적(興行的)인 수법(手法)이 이렇게 효과가 있으리라고는 생각하지 못했다.

■■■ 그 때문에 사람을 설득하는 요령의 열한 번째 방법 :

☞ 극적인 연출의 효과를 생각하는 것이다.

상대방의 경쟁심을 자극한다

성공한 사람은 모두 게임을 좋아한다. 게임을 통해 자기표현의 기회가 주어졌기 때문이다. 정정당당하게 싸워 이기는 기회, 이것이 여러 가지 경쟁을 성립시키는 요소이다.

찰스 슈와브가 담당하고 있는 공장 중에서 업적이 오르지 않는 공장이 있었다.

슈와브는 공장장을 초청하여 다음과 같이 물었다.

"당신은 퍽 유능한 사람으로 알고 있는데, 의외로 성적이 오르지 않으니 어떻게 된 일인가?"

그러자 책임자인 공장장이 머리를 긁적이며 말했다.

"저도 그 이유를 알 수가 없습니다. 어르고 달래고 치켜세워 주고 해서 모든 수단을 강구하고 있으나 직공들이 일하는 것이 도무지 시원치 않은 것 같습니다."

마침 그때 주간 근무자와 야간 근무자의 교대 시간이 되었다.

슈와브는 분필을 찾아 손에 쥐고, 교대 준비를 하고 있는 주간 근무자에게 물어보았다.

"자네 근무반에서는 오늘 몇 번 주물(鑄物)을 흘려 보냈는가?"

"여섯 번입니다."

슈와브는 아무 말도 하지 않고 그 공장의 바닥 위에 '6'이라는 글자를 써

놓고 나가버렸다.

야간 근무조가 들어와서 이 숫자를 보고 그 의미를 주간 근무자에게 물어 보았다.

"보스가 이 공장에 왔다 갔어. '오늘 몇 번 주물을 흘려 보냈는가'라고 묻기에 여섯 번이라고 대답하니 이렇게 '6'자를 써놓고 갔네. 알았어?"

슈와브는 다음 날 아침에 다시 찾아갔다. 야간 근무조가 '6'을 지우고 커다란 글자로 '7'이라고 써놓았다.

주간반이 출근해서 보니 바닥 위에 '7'이라고 크게 쓰여 있었다. 야근반이 더 성적을 올린 셈이다. 주간반은 경쟁심을 불태워 노력한 결과 퇴근 시에는 '8'이라고 써놓고 갔다. 이렇게 해서 이 공장의 능률은 자꾸 올라가게 되었다.

성적이 불량했던 이 공장은 얼마 안 가서 다른 공장을 누르고 생산율에 있어서 제1위를 점유하기에 이르렀다.

이에 대해서 슈와브 자신의 말을 소개하여 보자.

> **66** 일에는 경쟁심이 가장 중요하다. 악착스러운 돈벌이의 경쟁이 아니고 상대방보다도 뛰어나겠다는 경쟁심을 이용하여야 한다."

우위를 점유하고 싶다는 욕구와 경쟁의식, 그 불굴의 투지, 굳센 남자의 기백에 호소하는 것도 하나의 방법이다.

이 불굴의 투지가 자극되지 않았다면 루스벨트도 대통령이 되지 못했을

지도 모른다. 스페인과의 전쟁에서 승리하고 돌아오자 그는 즉시 뉴욕 주지사로 선출되었다. 그런데 반대파는 루스벨트에게는 법적으로 주(州) 거주인으로서의 자격이 없다고 항의하였다.

이 주장을 그는 충격적으로 받아들이고 놀라서 사퇴하겠다고 말하기까지 했다. 그러자 토머스 콜리어 플래트가 그에게 고함을 질렀다.

"자네가 그래도 산 후앙 언덕의 전선에서 싸웠다는 용사인가? 이 비겁한 친구야!"

그제서야 루스벨트는 사의를 번복하고 싸울 결심을 하였다.

그다음 얘기는 역사가 나타내고 있는 그대로이다.

루스벨트의 불굴의 투혼을 자극한 이 한마디는 그의 생애를 바꾸어 놓았을 뿐만 아니라 미합중국의 역사에도 중요한 영향을 던져 주었다.

찰스 슈와브는 이와 같은 자극이 가지는 위력을 알고 있었다.

알 스미스도 역시 그것을 알고 있었다.

알 스미스가 뉴욕 주지사로 근무하고 있을 때 유명한 신신 교도소의 소장감이 없어서 전전긍긍하고 있었다. 교도소 내의 질서가 문란해지고 부패해 있어서 대단한 악평이 일어나게 되었다. 스미스는 신신을 지배할 수 있는 강력한 인물이 필요했다. 인선을 한 결과, 뉴햄프턴의 루이스 로즈가 적임자로 지목되었다.

로즈를 불러내어 스미스는 "어때요, 당신이 신신의 일을 돌봐주지 않겠어요? 상당한 경험이 있는 인물이 아니면 근무할 수가 없어요."라고 쾌활하게 말하였다.

로즈는 좀 난처했다. 신신의 소장이 된다는 것은 하나의 문젯거리로 생각해볼 사안이었다. 정치 세력의 풍향(風向) 여하에 따라 어떻게 될지 모르는 지위인 것이다. 소장은 자주 교체되고 있었다. 임기가 불과 3개월인 자도 있었고, 자칫 잘못했다간 위험하다고 로즈는 생각하였다.

그가 주저하고 있는 것을 보고 스미스는 몸을 제치고 웃으면서 다음과 같이 말하였다.

"대단한 일이기 때문에 마음이 내키지 않는 것도 무리가 아니라고 생각해요. 실제로 좀 거대한 일이니까요. 여간한 사람이 아니면 근무하지 못할 것이오."

상대방의 오기를 돋우게 한 것이다. 로즈는 웬만한 인물 같아서는 감당할 수 없는 작업을 해보고 싶은 심정이 되었다.

로즈는 당장에 부임하여 크게 분발했다. 그리고 명소장으로서 그의 이름을 모르는 사람이 없을 정도가 되었다.

그의 저서 『교도소에서의 만 2년』이라는 책자는 수십만 부가 팔렸다. 라디오 방송에도 나왔다. 그의 저서에 있는 내용을 소재로 영화가 몇 편이나 제작되었다.

그리고 그의 〈수감자 대우 개선론〉은 형무소에 기적적인 개혁을 초래했다.

파이어스턴 고무회사의 창설자 하버드 S. 파이어스턴은 다음과 같이 말하고 있다.

66 그저 손쉽게 급료만 주면 사람이 모이고, 인재가 확보될 거라는 생각은 대단한 착오다. 무엇보다 게임의 정신 ─ 경쟁심을 도입하는 것이 필요하다."

성공한 사람들은 하나같이 모두 게임을 좋아한다. 게임을 통해 자기 표현의 기회가 주어졌기 때문이다.

정정당당하게 싸워 상대를 이기는 기회, 이것이 여러 가지 경쟁을 성립시키는 요소이다. 그러므로 우위(優位)를 점하고 싶은 욕구와 충족감을 얻고 싶은 소망을 자극하는 것이다.

■■■ 그 때문에 상대를 설득하는 요령의 열두 번째 방법 :

☞ 상대방의 경쟁심을 자극하는 것이다.

DALE CARNEGIE

4

상대방을
교정(矯正)하기 위한 방법

- 먼저 칭찬하라

- 타이를 때는 간접적으로 하라

- 자신의 실수를 인정하라

- 명령조로 말하지 말라

- 체면을 살려라

- 사소한 일이라도 칭찬하라

- 기대를 걸어라

- 격려를 아끼지 말라

4. 상대방을 교정(矯正)하기 위한 방법

셰익스피어는 '덕이 없어도 덕이 있는 듯이 행동하자'고 말했다. 상대의 아름다운 점을 계발해 주고 싶다면, 그가 그 아름다운 점을 갖추고 있는 것으로 하고 장점을 이야기해 주면 그 사람은 당신의 기대에 어긋하지 않도록 노력할 것이다.

먼저 칭찬하라

인간의 심리를 잘 이용하려면 먼저 칭찬하는 게 좋다. 우리는 칭찬받은 뒤에 약간의 잔소리를 들어도 그다지 기분이 나쁘지 않은 것이다.

언젠가 대통령의 초대를 받고 주말을 백악관에서 보낸 일이 있는 친구가 있었다. 그가 대통령의 방에 들어서자 대통령은 비서에게 이렇게 말했다.

"오늘은 아주 잘 어울리는 좋은 옷을 입고 왔군. 그대는 정말 미인이야."

평소에 말수가 적은 대통령이 이만큼 찬사를 하는 일은 아주 드물었다. 느닷없이 그런 소리를 들은 그 아가씨는 몹시 당황하여 볼을 붉게 물들였다.

그러자 대통령은,

"그렇게 굳어질 것 없어요. 기분 좋으라고 한 말이니까. 그리고 이제부터는 문장 구두점(句讀點)에 조금 더 주의를 해야겠어."

라고 말했다.

그의 방법이 약간 노골적이었는지 모르지만 인간의 심리를 잘 이용하려면 먼저 칭찬하는 게 좋다. 우리는 칭찬받은 뒤에 약간의 잔소리를 들어도 그다지 기분이 나쁘지 않은 것이다.

이발사는 면도를 하기 전에 근육을 풀기 위해 얼굴에 비누 거품을 바른다. 매킨리가 대통령 선거에 입후보했을 때 이발사의 이 방법을 그대로 흉내 냈다.

어느 유명한 공화당원이 선거 연설의 초고를 써 일대의 명연설이라고 자부하고 자신만만하게 매킨리에게 들려주었다. 들어보니 잘된 곳도 있지만 전체적으로 쓸 만하지 않았다. 매킨리로서는 이 사람의 자존심을 상하지 않게 하고 또 그 열의를 존중해 주지 않을 수 없었다. 그러나 이 연설에 대해서는 '아니오'라고 말하지 않으면 안 되었다. 그는 이 난처한 일을 보기 좋게 처리했다.

"참 잘됐소. 훌륭한 연설이야. 이만한 연설의 원고를 쓸 수 있는 사람은 그리 많지 않아. 적당한 경우에 쓰면 1백 퍼센트의 효과가 있겠어. 그러나 이번 경우에는 조금 적당치 않다고 생각하는데……. 물론 자네의 입장에서 보면 이만큼 훌륭한 것은 없을 것이겠지만 내 입장에서 생각해 보지 않으면 안 되는데……. 어때, 나의 취지에 따라 다시 한 번 써 줄 수 없겠는가? 다 되거든 수고롭지만 좀 보내 줄 수 있겠지?"

상대는 알아듣고 매킨리가 말한 대로 고쳐 써 왔다. 그리고 유능한 찬조 연사로서 대활약을 했다.

링컨의 서한 가운데 두 번째로 유명한 것을 소개하고자 한다. (가장 유명한 것은 빅스비 부인 앞으로 보낸 편지로, 그녀의 다섯 아들이 전사한 데 대한 조문 편지이다).

링컨은 이 편지를 꽤 급하게 쓴 것으로 생각된다. 그러나 그것이 경매에서 1만2천 달러에 팔렸다. 1만2천 달러라고 하면 링컨이 50년간 일해 저축한 돈보다도 많은 액수다.

이 서한은 남북 전쟁에서 북군이 가장 위태로운 입장에 놓여 있을 즈음인 1863년 4월 26일에 쓴 것이다.

북군은 작전상의 잘못으로 18개월간 계속 패배의 쓴잔만 마셔왔다. 사상자의 수만 늘어나고 국민은 얼굴빛을 잃어갔다. 탈주병은 수천으로 늘어나고 공화당의 상원의원조차 링컨을 퇴진시키려고 했다. 링컨이,

"바야흐로 우리의 운명은 파멸의 위기에 부딪쳤다. 천우신조도 이제는 바랄 수 없고 한 가닥 희망의 빛조차 찾아볼 수 없게 되었다."

라고 한탄하던 시기에 쓴 것이다.

이 편지는 국가의 운명이 한 장군의 어깨에 걸려 있는 위급한 시기에서 링컨은 어떻게 해서 그 완고한 장군의 생각을 고치게 했던가, 그간의 사정을 나타내고 있다.

이 편지는 그가 대통령 취임 이후에 쓴 편지 중에서 가장 통렬한 것이다.

그러나 후커 장군의 중대한 과실을 책망하기에 앞서 그를 칭찬하고 있는 점을 무심히 보아 넘길 수 없다.

그 과실은 중대한 것이었다. 그러나 링컨은 그런 말투를 쓰지 않고 있다. 될 수 있는 한 신중하게 외교적으로 마음을 쓰고 있었다.

"귀관이 하는 방법에 대하여 나에게는 약간 만족하게 생각할 수 없는 점이 있소."

라고 말하고 있는 것으로 보아, 실로 '아' 다르고 '어' 다르다는 점을 여실히 알려 준다.

다음은 후커 장군에게 보낸 편지다.

나는 귀관을 포토맥 전선의 지휘관으로 임명하였습니다. 물론 나는 확신을 가지고 그것을 결정하였습니다만, 귀관이 취하는 방법이 나에게는 약간 만족스럽지 않을 수 있다는 것을 생각하여 주었으면 합니다. 나는 귀관이 용맹하고 훌륭한 군인이라는 것을 굳게 믿고 있습니다. 물론 나는 그런 군인을 좋아합니다. 귀관은 또 정치와 군사를 혼동하지 않는 인물이라고 확신합니다. 그것은 올바른 일입니다.

귀관은 절대적인 자신을 가지고 있습니다. 절대로 필요하다고는 할 수 없더라도 크게 존경할 만하다고 생각합니다. 귀관에게는 야심에 찬 의욕이 있습니다. 정도를 넘지 않으면 크게 좋은 일입니다.

그러나 귀관이 번사이드 장군의 지휘하에 있을 때 초조하게 공을 생각한 나머지 명령을 어기고 마음대로 행동하여 국가와 명예 있는 장군에 대하여 중대한 과실을 저질렀습니다.

들리는 바에 의하면 귀관은 정치 및 군사에 있어서는 독재자의 필요를 역설하고 있는 듯합니다. 물론 나는 그것을 알고 귀관을 지휘관으로 임명했습니다. 그러나 그것은 결코 귀관의 의견에 동의한 결과는 아닙니다. 독재권을 인정하기에는 그것에 의해서 성공하는 것이 보장되어 있지 않으면 안 됩니다.

내가 귀관에게 희망하는 것은 먼저 군사적으로 성공하는 것입니다. 그러기 위해서는 독재권을 걸고라도 좋다고 나는 생각합니다. 금후에도 정부는 전력을 다해서 다른 지휘관과 같이 귀관에게도 원조하겠습니다.

귀관의 언동에 영향을 받아 군대 내에서 상관을 비난하는 풍조가 일고 드디어는 그것을 귀관 자신에게로 향하여 오고 있는 것이 아닌가 하고 나는 두려워하고 있습니다. 될 수 있는 한 귀관을 원조해서 그와 같은 사태의 발생을 막으려고 합니다.

그러한 경향이 나타나면, 나폴레옹이라도 우수한 군대를 만들기 어려운 것입니다. 경거망동은 엄격히 삼가해 주십시오. 경거망동을 삼가하시고 최후의 승리를 얻도록 전력을 다해 주십시오.

우리는 매킨리도, 또 링컨도 아니다. 우리가 알고 싶은 것은 이 방법이 일상생활에서 어떠한 효과를 가져올 것인가 하는 점이다.

그러면 필라델피아의 워크 건설 고우 씨의 예를 들어 보자. 고우 씨는 우리들과 조금도 다름없는 보통시민이다. 필라델피아에서 열린 내 강습회의 한 사람이다.

워크 회사에서는 어느 건축공사를 청부받아 지정 기일까지 완성하기 위해 공사를 서두르고 있었다.

만사가 순조롭게 진행되고 있었으나 준공 일보 직전에 돌연 건물의 외부 장식에 쓰이는 청동 세공의 하청업자로부터 기일 내에 납품할 수 없다는 통지를 받았다. 큰일이 아닐 수 없었다. 얼마만큼의 손해를 입었는지 알 수가 없었다. 단 한 사람의 업자 때문에 공사 전체가 좌절되는 것이다.

장거리 전화를 걸어서 사정을 말해 보았지만 아무리 해도 어쩔 도리가 없었다. 그래서 고우 씨는 호랑이 굴에 들어가는 역할을 맡아 뉴욕으로 떠났다.

고우 씨는 그 회사의 사장실에 들어서자 먼저 이렇게 말했다.

"브루클린에는 당신과 같은 성을 가진 분이 한 사람도 없더군요."

"그렇습니까? 그것은 나도 미처 몰랐습니다."

사장이 놀라고 있는 것을 보고 고우 씨는 설명하기 시작했다.

"오늘 아침 이곳에 도착하자마자 바로 당신의 주소를 찾으려고 전화번호부를 들추어 보았습니다. 그러나 브루클린의 전화번호부에는 당신과 같은 성을 가진 사람이 한 사람도 없었습니다."

"그랬어요?"

이렇게 말하며 사장은 열심히 전화번호부를 펼쳐 보고 있었다.

"네. 흔하지 않은 성이에요. 저희 조상은 2백 년쯤 전에 아일랜드에서 이 뉴욕으로 건너왔습니다."

그는 자랑스럽게 자기 가족과 조상의 이야기를 말하기 시작했다. 그것이 끝나자 고우 씨는 상대 공장의 규모와 설비에 대해 극구 칭찬했다.

"정말 훌륭한 공장입니다. 잘 정돈되어 있을 뿐만 아니라 청동공장으로서는 일류입니다."

"나는 사업에 평생을 걸고 살았습니다. 조금은 자랑을 해도 좋으리라 생
각합니다. 어떻습니까? 공장을 한 번 둘러보지 않겠습니까?"

공장을 둘러보면서 고우 씨는 그 시설과 제도를 칭찬하고 다른 업자에게
서는 볼 수 없는 우수한 것이라고 말했다. 그가 신기한 기계를 보고 감탄하
니까 사장은 그 기계는 자기가 발명한 것이라고 신이 나서 상당 기간 동안
그 기계를 조작하여 보았다. 점심도 같이했다. 그때까지 고우 씨는 한마디
도 용건에 대하여 언급하지 않았다는 점에 유의하여 주기 바란다.

점심을 마치고 난 사장은 이렇게 말을 꺼냈다.

"자, 그러면 사업 이야기로 넘어갑시다. 물론 당신이 오신 목적은 충분히
알고 있습니다. 당신과 이렇게 즐거운 이야기를 하리라고는 생각지 못했습
니다. 다른 회사의 주문을 늦추더라도 당신 것은 꼭 제 시간에 맞추어드릴
터이니 안심하고 돌아가십시오."

고우 씨 편에서는 아무 부탁도 하지 않았지만 목적은 완전히 달성된 것
이다. 약속대로 제품은 도착하였고 건물은 예정 기일 안에 완성되었다.

만약 고우 씨가 강경책을 취했다면 과연 어떤 결과가 되었을 것인가?

■■■ 상대방을 교정하기 위한 요령의 첫 번째 방법 :

☞ 먼저 칭찬하는 것이다.

타이를 때는 간접적으로 하라

고객은 카운터 앞에서 기다리고 점원들은 저편 구석에 모여 잡담이 한창이었다. 그는 아무 말도 없이 판매장으로 들어가서 주문을 받고 물건의 포장을 점원에게 부탁한 후, 그대로 돌아오고 말았다.

어느 날 찰스 슈와브가 정오에 공장을 돌아보고 있을 때 여러 종업원들이 담배를 피우고 있었다. 그들 머리 위에는 '금연' 표시가 붙어 있었다. 슈와브는 그들에게 다가서서 한 사람 한 사람에게 담배까지 나눠 주고, '금연' 푯말을 손으로 가리키며,

"모두 밖에 나가서 피우고 오지."

라고 말했다. 결국 그에 관해서 한마디의 말도 하지 않고 담배까지 주면서 체면을 세워주었기에 그들이 복종하는 것은 당연한 일이다.

존 워너메이커도 이 같은 방법을 썼다.

워너메이커는 하루에 한 번 필라델피아에 있는 그의 점포를 둘러보는데, 어느 날 한 고객이 카운터 앞에서 기다리고 있는 것을 발견했다. 그 부인이 서 있는 것을 아무도 모르고 있는 것 같았다. 점원들은 저편 구석에 모여 잡담이 한창이었다.

워너메이커는 아무 말도 없이 슬그머니 판매장으로 들어가서 주문을 받고 물건의 포장을 점원에게 부탁한 후, 그대로 돌아오고 말았다.

설교 잘하기로 널리 알려진 헨리 워드 비처가 죽은 것은 1887년 3월 8일이었다. 다음 일요일에는 비처의 후임으로 라이만에버트가 교회에 초빙되어 첫 설교를 하게 되었다.

그는 열심히 설교의 초고를 쓰고 세심한 주의를 다해 추고를 거듭했다. 다 된 후에 그것을 부인에게 읽어 주었다. 원고를 읽는 듯한 연설은 본래 재미가 없는 것처럼 이것도 그 예에서 빠지지 않았다. 그러나 그 아내는 현명했다.

"틀렸어요. 재미없어요. 듣는 사람이 잠들겠어요. 마치 백과사전을 읽는 것 같아요. 오랫동안 설교를 하셨으면 그런 것쯤은 아셔야죠. 더 자연스럽게 할 수 없어요?"

이렇게는 말하지 않았다.

"〈북미평론(北美評論)〉에 내면 꼭 훌륭한 논문이 될 거예요."

그녀는 그저 그렇게 말했을 뿐이었다. 결국 칭찬과 함께 연설에는 적당치 않다는 것을 교묘하게 말하였다. 그도 그 의미를 알았다. 물론 설교의 초고는 휴지통으로 들어갔고 그는 메모도 없이 설교하였다.

■■■ 상대방을 교정하기 위한 요령의 두 번째 방법 :

☞ 간접적으로 타이르는 것이다.

자신의 실수를 인정하라

<u>겸손과 칭찬은 우리들의 일상 교제에도 커다란 효과를 발휘할 수 있다. 바르게만 응용한다면 인간관계에 기적을 낳을 수 있다.</u>

몇 년 전 나는 내 조카를 비서로 두었다. 3년 전에 고향의 고등학교를 졸업한 19세의 아가씨로 사회생활 경험이 없는 상태였다. 지금이야 능숙한 비서라고 할 수 있지만 처음에는 실수를 많이 저질렀다.

어느 날 나는 잔소리를 하려고 했다. 그러나 고쳐 생각하고 내 자신에게 이렇게 타일렀다.

'잠깐 기다려라, 데일. 너는 조세핀보다 훨씬 나이가 많지 않느냐? 그리고 일의 경험은 그녀의 몇만 배는 가지고 있다. 그녀에게 너와 같은 능력을 기대한다는 것은 근본적으로 무리다. 더욱이 너의 능력이라고 해봤자 대단한 것도 아니잖느냐. 첫째 너는 19세 때 어떤 일을 했었던가 생각해 보라. 실수만 저지르지 않았는가 말이다.'

정직하고 공평하게 생각해 보면 당시의 나보다도 그녀가 야구에서 말하면 타율이 높다는 결론에 도달했다. 나보다 타율이 높다는 것은 과한 칭찬이 아니다.

그 후부터 그녀에게 잔소리를 할 때는 다음과 같이 하기로 했다.

"조세핀, 이것은 안 된다. 그러나 내가 지금까지 저지른 실패에 비하면 이 정도는 아주 적은 거야. 처음에는 틀리는 것이 당연하지. 경험을 쌓아야 비로소 잘못이 없어지는 거야. 내가 젊었을 때에 비하면 지금의 네가 훨씬 낫다. 나는 많은 실수를 저지른 기억이 있기 때문에 너에게 잔소리할 마음은 없다. 어떠냐? 이렇게 해보면……."

사람에게 잔소리를 하는 경우 겸허한 태도로 자기는 결코 완전하지 못하고 자주 실수를 한다고 전제하고서 상대의 잘못을 주의하여 주면 상대는 그다지 불쾌한 생각을 하지 않을 것이다.

독일 제국 최후의 황제로 거만했던 빌헬름 2세 밑에서 수상직을 맡았던 폰 블로우 공은 이 방법의 필요성을 절실하게 느꼈다. 당시의 빌헬름 황제는 방대한 육해군을 통수하고 천하무적을 자랑했다.

그러던 어느 날 큰 소동이 일어났다. 영국 방문 중에 황제가 대단한 폭언을 했는데 그것이 〈데일리 텔리그라프〉지에 보도된 것이다. 순식간에 영국 조야의 분격을 샀고, 독일 본국의 정치가들도 황제의 독선적인 언동에 아연해지고 말았다.

그는 영국에 호의를 갖는 유일한 독일인이라고 한다든가, 일본의 위험에 대해 대해군을 건설하였다든가, 영국이 러시아와 프랑스로부터 공격을 받지 않아 안심하고, 또 보어 전쟁에 영국의 로버트 경이 승리를 얻게 된 것도 역시 그의 덕분이라고도 말했다.

문제가 예상 외로 커지자 황제도 놀랐다. 결국 황제는 폰 블로우의 조언

대로 말했을 뿐이니 책임은 폰 블로우에게 있다고 선언하라는 것이다.

"폐하, 폐하를 움직여 그와 같은 말씀을 하시게 할 힘을 가지고 있는 자는 영국에도 독일에도 아무도 없다고 생각합니다만 ……."

폰 블로우는 이렇게 대답했으나 그 순간 '아차' 하고 생각했다. 황제는 노하기 시작했다.

"당신은 나를 바보 취급하는가. 당신 같으면 절대로 저지르지 않을 실수를 내가 했다고 말하는가!"

폰 블로우는 책망하기 전에 칭찬을 먼저 했어야 하는 것을 잊었구나, 하고 깨달았으나 이미 쏟아진 물과 같았다. 그는 최선의 대책을 강구했다. 책망하고 난 후에 칭찬한 것이다. 이것이 훌륭하게 기적을 낳았다.

그는 공손하게 이렇게 말했다.

"저는 결코 그러한 뜻으로 말씀드린 것이 아닙니다. 현명하신 폐하를 어찌 저 같은 자와 비교하겠습니까. 육해군의 일은 말씀드릴 필요조차 없고 자연 과학의 깊은 조예는 놀라지 않을 수 없습니다. 폐하는 청우계(晴雨計)나 무선 전신 등의 설명을 해주셨습니다. 저는 그때마다 감탄할 따름입니다. 저는 그 방향의 일은 부끄럽게도 아무것도 아는 것이 없습니다. 단순한 자연 현상조차 설명을 못합니다. 오직 역사의 지식을 조금 알고 정치나 특히 외교에 필요한 지식을 다소 가지고 있을 뿐입니다."

황제의 얼굴에는 미소가 감돌았다. 폰 블로우가 칭찬하였기 때문이다. 폰 블로우는 황제를 치켜올리고 자신을 깎아내린 것이다. 이렇게 되니까 황제는 어떠한 일이라도 용서하여 주었다.

"언제고 내가 말하고 있는 대로 서로 돕고 힘을 합하여 잘해 나가는 게 좋지 않겠나. 굳세게 손을 맞잡고 앞으로 전진하세."

황제는 폰 블로우의 손을 몇 번이고 굳게 잡았다. 마지막에는 진심으로,
"폰 블로우를 욕하는 자는 혼내주겠다."
라고까지 말했다.

폰 블로우는 위험한 지경에서 겨우 살아났다. 그러나 그 사람만큼 빈틈이 없는 외교가도 역시 실수를 한 것이다. 우선 처음에 먼저 자기의 단점과 황제의 장점을 말했어야 했는데 거꾸로 황제를 바보 취급했던 것이다.

이 예를 보더라도 확실히 겸손과 칭찬은 우리들의 일상 교제에도 커다란 효과를 발휘할 수 있다. 바르게만 응용한다면 인간관계에 기적을 낳을 수도 있을 것이다.

■■■ 상대방을 교정하기 위한 요령의 세 번째 방법 :
☞ 먼저 자기의 잘못을 말한 후에 상대에게 충고하는 것이다.

명령조로 말하지 말라

'이것으로 잘 될지 모르겠는데' 등과 같이 상대의 의견을 청한다. 상대의 자존심을 상하게 하지 않고 존재감을 주는 것도 되며 반감 대신에 협동심을 일으키게 한다.

얼마 전 나는 미국의 일류 전기 작가 아이다 테벨 여사와 식사를 같이했다. 내가 『사람을 움직인다』라는 책을 쓰고 있는 중이라고 그녀에게 말했더니, 화제는 인간관계의 여러 문제로 옮겨가 활발한 의견이 교환되었다.

그녀는 오웬 D. 영의 전기 소설을 쓰고 있을 때 영과 3년간 같은 사무실에서 근무했다고 하는 사람을 만나 영에 대한 이야기를 여러 가지 들었다고 말했다.

그 말에 의하면 영은 누구에게나 결코 명령조로 말하지 않았다고 한다. 명령이 아니라 암시를 주었다는 것이다.

"이것을 해라."

"그렇게 해서는 안 된다."

라고는 하지 않았다.

"이렇게 생각하면 어떨까?"

"이것으로 잘될지 모르겠는데."

등과 같이 상대의 의견을 청했다.

편지를 구술하여 쓰게 한 후 그는,

"이것을 어떻게 생각하는가?"

라고 물었다.

그의 부하가 쓴 편지를 한 번 훑어보고,

"이곳은 이러이러한 말투로 한다면 더 좋아질 것 같은데 어떨까요?"

라고 말하는 때도 자주 있었다.

그는 언제나 자주적으로 일을 하게 할 기회를 준 것이다. 결코 명령하지 않고 자주적으로 하게 한다. 그리고 실패에 의해서 배우게 했다.

이러한 방법을 쓰면 상대는 자기의 잘못을 바로 고치기 쉽게 된다. 또 상대의 자존심을 상하지 않고 존재감을 주는 것도 되며 반감 대신에 협동심을 일으키게 한다.

> ■■■ 상대방을 교정하기 위한 요령의 네 번째 방법 :
> ☞ 명령조로 말하지 않고 의견을 구하는 것이다.

체면을 살려라

상대의 체면을 세운다! 이것은 중요한 일이다. 그럼에도 그 중요함을 이해하고 있는 사람은 과연 몇이나 될 것인가?

제너럴 일렉트릭 회사는 찰스 스타인케츠 부장의 이동이라는 미묘한 문제에 부딪쳤다.

그는 전기에 관해서는 일류 기술자였으나 기획부장으로서는 적임자가 아니었다. 회사로서는 그의 감정을 상하게 하고 싶지 않았다. 사실 그는 없어서는 안 될 인물이긴 하지만 한편 매우 신경질적인 사람이었다. 그래서 회사는 새로운 직명을 신설해서 그를 그 직에 임명했다. '제너럴 일렉트릭 회사 고문기사'라고 하는 것이 그 직명이다. 그렇다고 업무에는 별로 변한 게 없다. 그리고 부장에는 다른 사람을 임명했다.

스타인케츠도 기뻐했다.

중역들도 좋아했다. 그만큼 다루기 어려운 자의 체면을 세워줌으로써 무사히 움직이게 한 것이다.

상대의 체면을 세운다! 이것은 중요한 일이다. 그럼에도 그 중요함을 이해하고 있는 사람은 과연 몇이나 될 것인가?

자기의 기분을 살리기 위하여 타인의 감정은 짓밟고 지나간다. 상대의 자존심 같은 것은 전혀 생각지 않는다. 사람들 앞에서 사정 없이 고용인이

나 어린아이들을 나무란다.

　조금 더 생각해서 한두 마디 동정어린 말을 걸어 상대의 심정을 이해하여 주면 그쪽이 훨씬 잘될 것을!

　사환이나 종업원들을 아무래도 해고하지 않으면 안 될 어쩔 수 없는 경우에는 이 일을 잘 생각해 주기 바란다.

　마샬 A. 글렌저라고 하는 공인회계사로부터 나에게로 온 편지의 한 구절을 소개하자.

　종업원의 해고라는 것은 아무리 생각해도 유쾌한 일이 아니다. 해고당하는 몸이 되면 더욱 그러할 것이다. 우리 상품은 계절에 따라 수요가 좌우되는 수가 많아 매년 3월이 되면 많은 인원을 해고할 지경에 처한다.

　해고 담당역은 결코 유쾌한 것이 아니다. 따라서 될 수 있는 대로 일을 간단하게 처리하는 습관이 우리들 사이에서는 생겨났다. 통례적으로 다음과 같이 한다.

　"스미스 씨, 앉으세요. 아시다시피 계절도 지났으므로 당신의 일도 없어졌습니다. 처음부터 바쁜 동안에만 봐주신다는 약속이었지요."

　상대는 이 말로 꽤 타격을 받을 것이다. 내동댕이쳐진 기분일 것이다. 그들의 태반은 회계일로 일생을 보내는 사람들인데 이렇게 깨끗하게 목을 자르는 회사에는 한 가닥의 애정도 느껴지지 않을 것이다.

　그래서 나는 임시 고용인들을 해고할 때에는 좀 더 동정 어린 방법을 취해 보았으면 하고 생각했다. 각자의 성적표를 잘 조사한 뒤에 그 사람을 불러 다음과 같이 말했다.

"스미스 씨, 당신의 일하는 솜씨에는 정말 감복했습니다(실제로 그가 일을 잘 했다고 치고). 뉴욕에 출장가 주셨을 때는 정말 애쓰셨지요. 그렇게 훌륭하게 해주셔서 회사의 위상도 높아졌습니다. 당신은 그렇게 실력이 있으시니까, 어디에 가시든 걱정 없겠습니다. 우리들도 당신을 믿고 있고 또 될 수 있는 한 힘이 되고자 생각하고 있습니다. 제발 이 사실을 잊지 말아 주십시오."

그 결과 그는 해고당한 것을 그다지 괴롭게 여기지 않고 밝은 기분으로 떠나간다. 밀려서 쫓겨나는 듯한 기분이 아닌 것이다. 회사에 일만 있으면 계속해서 고용해 줄 것이 틀림없다고 생각하기 때문이다.

회사가 다시 그들을 필요로 했을 경우에는 기쁘게 다시 와 줄 것이다.

■■■ 상대방을 교정하기 위한 요령의 다섯 번째 방법 :

☞ 사람의 체면을 지켜주는 일이다.

사소한 일이라도 칭찬하라

상습 범죄자까지도 약간의 발전, 향상된 것을 적당하게 칭찬하여 주면 그들은 갱생하려는 마음을 일으킨다. 비행을 책망하는 것보다 훨씬 효과가 있다.

내 친구 중에는 피트 바로라는 서커스 단장이 있다. 그는 개와 말을 끌고 각지를 순회하고 있었다. 나는 피트가 개에게 묘기를 가르치는 것을 보고 퍽 재미있게 생각했다.

개가 조금이라도 잘하면 어루만져 주고 고기를 주고 지나치게 칭찬해 준다.

이 방법은 절대로 새로운 것이 아니다. 동물의 훈련에는 옛부터 이 방법을 쓰고 있다.

우리들은 이 뻔히 알고 있는 방법을 왜 인간에게 응용하지 않는 것일까? 왜 회초리 대신 쇠고기를, 비평 대신 칭찬을 하지 않는가? 가령 조금이라도 발전을 보이면 마음으로부터 칭찬해 봄직하지 않은가? 그것에 힘을 얻어 상대는 더욱더 발전하고 나아질 것이다.

신신 교도소의 소장 루이스 E. 로즈에 의하면, 상습 범죄자까지도 약간의 발전, 향상한 것을 칭찬해 주면 대단한 효과를 보였다고 한다.

실은 이 단원을 집필 중에 그로부터 편지를 받았는데, 그 가운데 이런 글이 있었다.

> 66 사소한 것일지라도 죄수들은 노력을 적당하게 칭찬하여 주
> 면 그들은 갱생하려는 마음을 일으킨다. 비행을 엄하게 책망하는
> 것보다 훨씬 효과가 있다."

적어도 지금까지 나는 신신 교도소에 들어갔던 일은 없다. 그러나 내가
지금까지 걸어온 길을 되돌아보면 칭찬의 말이 나의 생애에 대전환을 가져
온 기억은 확실히 있다.

누구에게나 생각나는 일이 있을 것이다. 역사에서 현저한 예를 얼마든
지 볼 수 있다.

지금부터 50년 전 10세쯤의 소년이 나폴리의 어느 공장에서 일하고 있
었다. 그는 성악가가 되고 싶었다. 그러나 처음 만난 교사는, '너에게 노래
는 합당치 않다. 마치 덧문이 바람에 흔들리는 것같은 목소리다.'라고 말해
그를 낙담시켰다.

그러나 그의 어머니는 가난한 농부의 부인이었으나 그를 끌어안고 온화
하고 애정 어린 말로 격려했다.

"너는 꼭 훌륭한 성악가가 될·것이다. 엄마는 확실히 알 수 있거든. 그 증
거로 너는 점점 잘 부르고 있지 않니?"

그녀는 얼굴이 새까맣게 되도록 열심히 일을 해서 아들에게 음악공부를
시켜 주었다. 그 어머니의 칭찬과 격려가 소년의 생애를 일변시켰다.

그의 이름은 독자 가운데도 아실 분이 많으리라 생각되는 유명한 엔리코 카루소였다.

꽤 오래된 이야기인데, 런던에 작가를 지망하는 젊은이가 있었다. 그에게는 유리하다고 생각되는 조건이 무엇 하나 없었다. 학교도 4년밖에 다니지 않았고 아버지는 빚에 쪼들리다 못해 교도소로 갔다. 하루 세 끼니의 밥도 거르기 일쑤였다. 그러던 중에 그에게 일자리가 생겼다. 쥐구멍 같은 창고 속에서 구두약 용기에 상표를 붙이는 일이었다.

밤에는 으슥한 골방에서 다른 두 소년과 함께 잤다. 그 두 소년이란 빈민가의 부랑아였다. 그는 자신이 없었기 때문에 남의 웃음거리가 되지 않으려고 사람들이 잠든 틈을 타 자리에서 빠져나와 그의 처녀 작품을 우송하였다. 차례로 계속해서 작품을 보내 보았으나 모두 되돌아왔다.

그러나 기어이 그에게도 기념할 날이 돌아왔다. 어떤 작품이 채택된 것이다. 원고료는 한 푼도 받지 못했으나 편집자에게서 칭찬을 들었다.

그는 인정받은 것이다.

그는 감격한 나머지 흐르는 눈물을 닦지도 않고 거리를 돌아다녔다. 자기의 작품이 활자화되어 세상에 나온다는 것이 그의 생에 커다란 변화를 가져왔다. 만일 그것이 없었다면 그는 일생 동안을 움막 같은 곳에서 지냈을지도 모른다. 이 소년이 바로 찰스 디킨스다.

한 소년이 런던의 어느 식품 상점에서 일하고 있었다. 아침 5시에 일어나 청소와 심부름으로 하루 14시간이나 혹사당했다. 이 중노동에 그는 견딜 수 없을 정도로 괴로워하고 있었다. 그렇지만 2년간이나 참고 견디었으나 그 이상은 도저히 참을 수가 없어, 어느 날 아침 식사도 하지 않고 상점을 빠져나와 가정부로 일하고 있는 엄마의 품으로 15마일이나 되는 길을 걸어서 돌아갔다.

그는 미친 듯이 울면서 지금의 상점에서 일하는 것보다는 차라리 죽어버리는 것이 낫겠다고 흐느꼈다. 그리고 그는 모교의 교장 선생 앞으로 곤경을 호소하는 긴 편지를 보냈다.

곧 회답이 왔다.

'너는 두뇌가 상당히 명석하여 그러한 중노동은 적당치가 않다. 좀더 지적인 일을 하도록 하라.'고 한 후, 그를 위하여 학교의 교육실습생 자리를 제공해 주었다.

이 칭찬은 소년의 장래를 일변시켜 영문학 사상에 불멸의 공적을 남겼다. 77권의 책을 저술하여 펜으로 1백만 달러 이상의 부를 누린 이 사람은 H. G. 웰스이다.

■■■ 상대방을 교정하기 위한 요령의 여섯 번째 방법 :
☞ 비록 사소한 일이라도 아낌 없이 칭찬해 주는 것이다.

악인과 교제하지 않으면 안 될 때에는, 그를 존경해야 할 신사로 보고 그렇게 대하는 것이다. 그 이외에 그들에게 맞설 방법은 없다.

내가 아는 사람 중에 어네스크 전트라고 하는 부인이 있다.

그 부인은 어느 날 가정부를 고용하기로 정하고, 한 가정부를 다음 주 월요일부터 오라고 말하였다. 그리고 전 주인이었던 부인에게 전화를 걸어 물어보았더니 그 가정부에게는 다소의 결점이 있다는 것을 알았다.

약속한 날에 가정부가 오자 부인은 이렇게 말했다.

"넬리, 나는 며칠 전에 전 주인에게 전화를 해서 넬리에 대해 물어보았어요. 어린애도 잘 돌봐준다고 들었어요. 하지만 청소는 잘못한다고 하던데 아니겠지요? 나는 믿어지지 않아요. 넬리가 입고 있는 옷이 깨끗한 것을 보면 알 수 있어요. 넬리는 그 옷매무새와 똑같이 집안도 깨끗하게 해줄 게 틀림없어요. 우리 서로 잘해 나갈 수 있을 거예요."

두 사람은 잘해 나갔다. 넬리는 부인의 기대에 어긋나지 않으려고 열심히 일했다. 집안은 언제나 깨끗하게 청소되어 있었다. 부인의 기대에 보답하려고 시간 외의 청소도 마다하지 않았다.

볼드윈 기선 제조회사의 사무엘 버클렌 사장은 이렇게 말했다.

"무엇이든 장점을 발견하여 그것을 칭찬해 주면, 대부분의 사람은 이쪽이 마음먹은 대로 좇아온다.”

요컨대 상대의 어떤 점을 교정하고 싶다면 그 점에 대하여 그는 이미 다른 사람에 비해 월등하다고 말해 줄 일이다.

셰익스피어는 ‘덕이 없어도 덕이 있는 듯이 행동하라’고 말했다. 상대의 아름다운 점을 계발해 주고 싶다면, 그가 그 아름다운 점을 갖추고 있는 것으로 하고 공공연하게 그와 같이 대하여 주는 것이 좋다.

장점을 이야기해 주면 그 사람은 당신의 기대에 어긋나지 않도록 노력할 것이다.

헨리 클레이 리스너는 프랑스에 주둔 중인 미국 병사들의 품행을 좋게 하기 위하여 그 방법을 썼다. 명성이 높은 제임스 G. 하버드 대장은 ‘프랑스에 주둔 중인 2백만에 이르는 미국 병사들은 가장 청렴결백하고 가장 이상적인 군인’이라고 했다. 지나치게 칭찬한 것이지만 리스너는 이것을 잘 이용했다.

그는 이렇게 말하고 있다.

> 66 나는 대장의 말을 전 병사들에게 철저히 교육했다. 그것이 들어맞았는지 아닌지는 문제가 아니다. 가령 맞지 않았더라도 장군이 이 같은 의견을 가지고 있다는 것을 알고 있기만 해도 병사들은 감격하고 장군의 기대에 따르려고 노력할 것이다.”

속담에 ‘개를 죽이려면 먼저 미친개라고 외쳐라’라는 말이 있다. 한 번 악평이 나면 다시는 회복되기 어렵다는 의미이지만 거꾸로 호평이 나면 어떻게 될 것인가?

부자·가난뱅이·도둑, 그 외 어떠한 인간이라도 좋은 평판이 나면, 대개는 그 평판에 부끄럽지 않도록 노력하는 것이다.

악인과 교제하지 않으면 안 될 때는, 그를 존경해야 할 신사로 보고 그렇게 대하는 것이다. 그 이외에 그들에게 맞설 방법은 없다.

신사 대접을 받으면 그는 신사로서 부끄럽지 않도록 비상한 노력을 아끼지 않을 것이다. 그리고 다른 사람에게서 신뢰받은 것을 대단한 자랑으로 여기게 된다.

이것은 신신 교도소장의 경험에서 나온 말이다.

■■■■ 상대방을 교정하기 위한 요령의 일곱 번째 방법 :
☞ 기대를 거는 것이다.

격려를 아끼지 말라

자주 기운을 북돋우고, 하기만 하면 쉽게 할 수 있다는 생각을 갖게 하고,
상대의 능력을 이쪽은 믿고 있다고 알려 주는 것이다.

내 친구 중에는 사십이 넘은 독신자가 있다. 그런데 그 친구가 최근 어느
여성과 약혼을 했다. 그런데 상대 여성은 그에게 댄스를 배우라고 했다. 그
에 대하여 그는 나에게 이렇게 말했다.

> 나는 젊었을 때 댄스를 배워 그대로 20년간을 똑같은 방법으
로 추고 있으니, 언젠가는 다시 고쳐 배울 필요가 확실히 있다. 맨
처음에 찾아간 교사는 나의 댄스를 엉망이라고 했다. 그건 사실일
것이다. 처음부터 고쳐 배우지 않으면 안 된다기에 나는 마음이 내
키지 않아 그 교사에게 배우는 것을 포기했다. 다음 교사는 사실을
말하지 않는 것 같았으나 나는 그 편이 마음에 들었다. 그는 나의 댄
스가 다소 시대에 뒤떨어졌으나 기본이 착실히 되어 있으므로 새로
운 스텝은 문제가 없을 것이라고 말하였다. 처음 교사는 나의 결점
을 강조해서 나를 맥 풀리게 했는데 이 교사는 그와는 반대였다. 장
점을 칭찬하고 결점에 대해서는 별 말이 없다. 리듬을 잘 알고 소질
도 보통 이상이라고 말해 주었다. 그렇게 말해 주니까 자기는 서투

르다는 것을 알고 있으면서도 자칫 그렇지 않은 것 같은 마음도 들게 마련이다. 물론 교습료를 지불했으니까 속빈 인사말 정도도 이상할 것은 없으나 그런 것을 생각할 필요는 없다. 어쨌든 칭찬받은 덕택으로 나의 댄스는 확실히 숙달되었다. 교사의 말에 용기가 나고 희망이 솟았다. 향상심이 생긴 것이다."

어린아이나 남편이나 종업원을 바보라든가, 무능하다든가, 재능이 없다든가 하는 말로 나무라는 것은 향상심의 싹을 자르는 것이 된다. 자주 기운을 북돋우고, 하기만 하면 쉽게 할 수 있다는 생각을 갖게 하고, 상대의 능력을 이쪽은 믿고 있다고 알려 주는 것이다. 그렇게 하면 상대는 자신의 우수함을 나타내 보이려고 부지런히 노력한다.

로웰 토머스는 이 방법을 쓰고 있다. 그는 이 방면에 도가 트인 사람이다. 사람을 분발시키고 자신감을 주고 용기와 신념을 심어 주는 일에 능하다.

이런 일이 있었다.

며칠 전 나는 토머스 부부와 함께 주말을 보냈다. 그 토요일 밤, 훨훨 타오르는 난로 옆에서 나는 브리지를 하지 않겠느냐고 권고를 받았다. 브리지 ─ 천만의 말씀을! 브리지는 나에게는 영원의 수수께끼 같은 것이다. 전혀 할 줄 모른다.

"데일, 브리지 같은 거 아무것도 아니야. 따로 비결이 있는 것도 아니야. 그저 기억력과 판단력의 문제야. 자네는 기억력에 대한 책을 저술한 일도 있잖은가? 자네에게는 안성맞춤의 게임이거든."

그러다 보니 나는 태어나서 처음으로 브리지 테이블에 마주 앉아 있었다. 멋지게 치켜세우는 바람에 쉽사리 할 수 있을 것 같은 마음이 생겨 이러한 결과가 된 것이다.

브리지라고 하면 엘리 칼바트슨을 생각하게 된다. 브리지를 할 만한 정도의 사람이면 누구든 그의 이름을 알 것이다.

그가 쓴 브리지에 관한 책은 여러 나라의 언어로 번역되어 이미 1백만 부는 팔리고 있다고 한다. 그도 어느 젊은 여성으로부터 '당신에게는 브리지를 잘할 수 있는 훌륭한 소질이 있다.'라는 말을 듣지 않았더라면 이 방면에서 밥을 먹고 살아가지는 못했을 것이다.

칼바트슨이 미국에 온 것은 1922년으로 처음에는 철학과 사회학의 교사가 되려고 하였으나 적당한 근무처가 없었다. 그래서 그는 석탄 판매를 했으나 실패했다. 계속해서 커피 판매를 했으나 역시 그도 여의치 않았다.

그 당시 그는 브리지를 가르치는 사람이 되겠다는 생각은 더욱 없었다. 트럼프 놀이는 서툴기만 할 뿐 아니라, 다른 사람에게까지 피해가 갔다. 처음부터 끝까지 질문만으로 끝낸 꼴이 됐다. 그리고 승부가 끝나면 게임의 경과를 다른 사람은 아랑곳없이 귀찮으리만큼 검토하기 때문에 모두들 그와 함께 하기를 싫어할 형편이었다.

그런 어느 날, 그는 조세핀 딜론이라는 미모의 브리지 교사와 사귀게 되어, 급기야 결혼까지 했다. 그녀는 그가 면밀하게 카드를 분석하고 생각하는 것을 보고 그에게 트럼프 경기에 대한 선천적인 소질이 있다고 칭찬했다.

칼바트슨으로 하여금 브리지의 대권위자가 되게 한 것은 그녀의 격려의 말이었다고 한다.

■■■ 상대방을 교정하기 위한 요령의 여덟 번째 방법 :

☞ 격려하여 능력에 자신을 갖게 하는 것이다.